BADEN-WÜRTTEMBERG KOCHT

15 DER ANGESAGTESTEN KOCHSTARS
AUS BADEN-WÜRTTEMBERG GEWÄHREN EINEN BLICK HINTER DIE KULISSEN
UND PRÄSENTIEREN IHRE IDEEN UND BESTEN REZEPTE.

SCHWARZWALDSTUBE, SPEISEMEISTEREI, GOURMETRESTAURANT SCHLOSSBERG, SEEHOTEL & RESTAURANT DIE ENTE, BURGRESTAURANT STAUFENECK, GOURMET-RESTAURANT OLIVO, BRENNERS PARK-RESTAURANT, HOTEL & RESTAURANT ROSE, GASTHOF TRAUBE, RÜBENACKER'S RESTAURANT KAISER, RÖTTELE'S RESTAURANT & RESIDENZ, SCHILLERS GUTE STUBE, WILDER RITTER, LAGO HOTEL & RESTAURANT AM SEE, RESTAURANT TOP AIR

Baden-Württemberg kocht | **Inhalt**

BRENNERS PARK-RESTAURANT – Paul Stradner | 010 |

BURGRESTAURANT STAUFENECK – Rolf Straubinger | 020 |

GOURMET-RESTAURANT OLIVO – Nico Burkhardt | 040 |

GOURMETRESTAURANT SCHLOSSBERG – Jörg Sackmann | 050 |

INHALT

GASTHOF TRAUBE – Henrik Weiser | 030 |

HOTEL & RESTAURANT ROSE – Benjamin Maerz | 060 |

BRENNERS PARK-RESTAURANT   010 |
Paul Stradner

BURGRESTAURANT STAUFENECK   020 |
Rolf Straubinger

GASTHOF TRAUBE   030 |
Henrik Weiser

GOURMET-RESTAURANT OLIVO   040 |
Nico Burkhardt

GOURMETRESTAURANT SCHLOSSBERG   050 |
Jörg Sackmann

HOTEL & RESTAURANT ROSE   060 |
Benjamin Maerz

Baden-Württemberg kocht | **Inhalt**

LAGO HOTEL & RESTAURANT AM SEE – Klaus Buderath | 070 |

RESTAURANT TOP AIR – Marco Akuzun | 080 |

RÜBENACKER'S RESTAURANT KAISER – Dietmar Rübenacker | 100 |

SCHILLERS GUTE STUBE – Burkhard Schork | 110 |

SEEHOTEL & RESTAURANT DIE ENTE – Tommy R. Möbius | 130 |

SPEISEMEISTEREI – Frank Oehler | 140 |

RÖTTELE'S RESTAURANT & RESIDENZ – Armin Röttele | 090 |

SCHWARZWALDSTUBE – Harald Wohlfahrt | 120 |

WILDER RITTER – Christian Baur | 150 |

INHALT

LAGO HOTEL & RESTAURANT AM SEE   070 |
Klaus Buderath

RESTAURANT TOP AIR   080 |
Marco Akuzun

RÖTTELE'S RESTAURANT & RESIDENZ   090 |
Armin Röttele

RÜBENACKER'S RESTAURANT KAISER   100 |
Dietmar Rübenacker

SCHILLERS GUTE STUBE   110 |
Burkhard Schork

SCHWARZWALDSTUBE   120 |
Harald Wohlfahrt

SEEHOTEL & RESTAURANT DIE ENTE   130 |
Tommy R. Möbius

SPEISEMEISTEREI   140 |
Frank Oehler

WILDER RITTER   150 |
Christian Baur

REZEPTREGISTER   160 |

MENÜREGISTER   162 |

OUTTAKES   164 |

ADRESSEN   170 |

"BADEN-WÜRTTEMBERG KOCHT" – 176 SEITEN VOLLER GENUSS:
15 DER ANGESAGTESTEN STARKÖCHE AUS BADEN-WÜRTTEMBERG
ÖFFNEN IHRE PERSÖNLICHEN REZEPTBÜCHER UND GEWÄHREN
EINEN EXKLUSIVEN EINBLICK IN IHRE RESTAURANTS UND KÜCHEN.

15 RESTAURANTS 15 STARKÖCHE UND IHRE BESTEN REZEPTE

Der kulinarische Reichtum Baden-Württembergs ist messbar: Mehr Michelin-Sterne oder Gault-Millau-Kochmützen hat kein anderes deutsches Bundesland. Kochen und Genießen liegt den Baden-Württembergern scheinbar ganz einfach in den Genen. Man denke nur an Baiersbronn: Unglaubliche sieben Michelin-Sterne leuchten über dem kleinen Schwarzwaldort.

Die spannende Küche Württembergs und Badens wurde ja vor allem durch die schweizerische und französische Kochkunst beeinflusst. Im gesamten Neckartal werden edle Weine angebaut und gekeltert. Ein klarer Auftrag für die beiden Autoren Stephanie Fuchs und Georg Hoffelner, sich quer durch diese Gourmetregion zu bewegen, um die aufregendsten Restaurants und Köche zu besuchen. Die beiden Foodhunter nehmen Sie mit auf eine spannende kulinarische Reise und präsentieren gemeinsam mit den besten Köchen Baden-Württembergs 45 Rezepte, die Lust auf Genuss machen.

Was dieses Kochbuch von anderen unterscheidet: Hier stehen nicht nur die genialen Küchenkreationen der 15 Protagonisten im Rampenlicht, auch die Köche selbst bekommen jene Bühne, die ihnen zusteht. Und auf dieser gewähren sie exklusive Einblicke in ihre Wirkungsstätten, plaudern über Vorbilder, Küchenphilosophien und verraten das eine oder andere Küchengeheimnis.

In Szene gesetzt wurden sie dabei von Meisterfotograf Wolfgang Hummer, der mit seiner Kamera ein einzigartiges kulinarisches Stimmungsbild zeichnet.

Ganz egal, ob Sie den Stars dieses Buchs einen Besuch abstatten oder selbst an die Töpfe und Pfannen gehen – wir wünschen Ihnen jedenfalls viel Freude beim Nachkochen und Lesen. Baden-Württemberg kocht! Kochen Sie mit!

Jürgen Pichler *Katharina Wolschner*
Herausgeber Chefredakteurin

Brenners Park-Restaurant | **Paul Stradner**

FRISCH, SAFTIG, STEIRISCH: **PAUL STRADNER** IST EIN ÖSTERREICHISCHER SONNYBOY, WIE ER IM BUCHE STEHT, UND SORGT DURCH SEINE LUFTIGEN KREATIONEN IM **BRENNERS PARK-RESTAURANT** FÜR GENIALE ÜBERRASCHUNGEN.

VOLLE FAHRT VORAUS

Kaum betritt man das Reich des gebürtigen Steirers Paul Stradner, strahlt einem auch schon ein einnehmend sympathisches Grinsen entgegen. Trotz der tollen ehrfürchtigen Wirkungsstätte „Brenners Park-Hotel & Spa Baden-Baden" strahlt der junge Küchenchef eine unglaubliche Leichtigkeit aus. Was man jedoch wissen muss: Der 32-Jährige hat bereits mehr als zehn Jahre Berufserfahrung mit Stationen in den besten Restaurants Europas. Größen wie Jean-Georges Klein vom „L'Arnsbourg" in Baerenthal oder Harald Wohlfahrt von der berühmten „Schwarzwaldstube Traube Tonbach" weihten ihn in die Lehren der Haute Cuisine ein. Und Stradner macht seinen Lehrmeistern nun alle Ehre, denn nur wenige Monate nach Amtsantritt als Küchenchef des renommierten „Brenners Park-Restaurants" hat er sich durch seine ideenreichen Kreationen einen Michelin-Stern erkocht.

Brenners Park-Restaurant | **Paul Stradner**

STEIRERMAN IS VERY GOOD

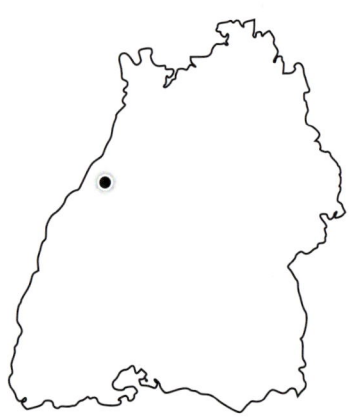

Brenners Park-Hotel & Spa Baden-Baden
Schillerstraße 4–6
D-76530 Baden-Baden
Tel.: +49 (0) 72 21/90 00
E-Mail: information@brenners.com
www.brenners.com

Und Paul Stradner zwar nicht in Hollywood, aber dafür im Luxus-Liner unter den derzeitigen Baden-Badener Nobelhotels: Seit mehr als 138 Jahren lassen sich prominente und internationale Gäste in den insgesamt 100 Zimmern, dem mit einem Michelin-Stern dekorierten Restaurant und dem luxuriösen Spa des Kurhotels am Rande des Schwarzwalds verwöhnen. Der sympathische Küchenchef kultiviert im renommierten Haus einen tief in der französischen Küche verankerten Küchenstil: Einfachheit gepaart mit großer Virtuosität sprechen ihm die fein geschulten Kritikergaumen des ganzen Landes zu. Famos gelingt es ihm, jene kulinarischen Identitätsmerkmale des „Brenners", wie den „Rehrücken Baden-Baden", mit jugendlichem Pep in die Moderne zu holen. Die perfekte Basis für die Zukunft.

Brenners Park-Restaurant | **Paul Stradner**

TAFELSPITZ IM GELEE
mit Ziegenfrischkäsemousse, Rübchen und steirischer Kürbiskernöl-Vinaigrette

FÜR 4 PERSONEN:

TAFELSPITZ IM GELEE:
180 ml Tafelspitzessenz
150 g Tafelspitz, gekocht
1 EL Petersilie, fein gehackt
1 EL Schnittlauch, fein geschnitten
2 EL Balsamessig, mild
2 EL Karottenwürfel, fein
1 EL Selleriewürfel, fein
3 Bl. Gelatine, Salz

ZIEGENFRISCHKÄSEMOUSSE:
50 g Ziegenfrischkäse
25 g Joghurt
75 g Sahne, geschlagen
2 EL Balsamessig, mild
1 Bl. Gelatine, Salz

VIOLETTER RETTICH:
1 Rettich, weiß
50 ml Rote-Bete-Saft, Salz

SELLERIEPÜREE:
70 g Knollensellerie, ohne Schale
½ Schalotte
20 g Butter, Sahne, Salz

LAUCHZWIEBELEIS:
60 g Joghurt, 15 ml Sahne
15 g Yopol, 1 g Guarkernmehl
65 g Grünes vom Frühlingslauch
15 g Granny-Smith-Äpfel, geschält
Meersalz

SCHALOTTENCHIPS:
1 Schalotte, 30 ml Wasser
10 ml Weißweinessig, Salz

KÜRBISKERNÖL-VINAIGRETTE:
30 ml Kürbiskernöl, 1 g Salz
0,5 g Zucker, 15 ml Geflügelfond
10 ml Balsamessig, mild

TAFELSPITZ IM GELEE: Den Tafelspitz in kleine Würfel schneiden. Anschließend die Tafelspitzessenz aufkochen, die eingeweichte Gelatine zur heißen Essenz geben. Die Karottenwürfel, Selleriewürfel und den geschnittenen Tafelspitz ebenfalls zugeben. Leicht auskühlen lassen und, bevor das Gelee fest wird, die Petersilie und den Schnittlauch untermischen. Mit Salz und Balsamessig abschmecken.

ZIEGENFRISCHKÄSEMOUSSE: Den Ziegenfrischkäse mit dem Joghurt glatt rühren. Ein Viertel Ziegenfrischkäse-Joghurt-Masse erwärmen und die weiche ausgedrückte Gelatine unterrühren. Anschließend das Ganze wiederum mit der restlichen Ziegenfrischkäse-Joghurt-Masse verrühren, die geschlagene Sahne unterheben, mit Salz und Essig mild abschmecken.

VIOLETTER RETTICH: Den Rettich schälen, in einen Gemüse-Spaghetti-Hobel spannen und zu Spaghetti schneiden. 10 Minuten leicht einsalzen und für einige Minuten in den Rote-Bete-Saft einlegen.

SELLERIEPÜREE: Die Schalottenwürfel in Butter anschwitzen und nach zwei Minuten auch die Selleriewürfel zugeben. Mit Sahne auffüllen, weich kochen, salzen, in den Pacojet-Becher füllen und tiefkühlen.

LAUCHZWIEBELEIS: Alle Zutaten in einen Küchenmixer geben und gut mixen. Anschließend in einen Pacojet-Becher geben und tiefkühlen.

SCHALOTTENCHIPS: Die Schalotte schälen und so dünn wie möglich mit der Aufschnittmaschine der Länge nach aufschneiden. Das Wasser mit dem Essig vermischen, salzen und die Schalottenscheiben durchziehen. Anschließend auf eine Silikonmatte legen und im Ofen bei ca. 50 °C Umluft einen Tag trocknen lassen.

KÜRBISKERNÖL-VINAIGRETTE: Alle Zutaten verrühren.

PROFITIPP:
»Am besten werden die Schalottenchips, wenn sie in einem Dörrgerät getrocknet werden.
Paul Stradner, Küchenchef

WEINEMPFEHLUNG:

**WEISSBURGUNDER 2012
QUALITÄTSWEIN B. A.**
JAGDHAUS HUBERTUS
BADEN-BADEN
Der goldgelbe Pinot blanc mit grünen Reflexen, seinem Duft von Quitten und Aprikosen erinnert im Ausklang an frische Orangenschalen.
www.weingut-knapp.de

SCHWIERIGKEITSGRAD: MITTEL | ZUBEREITUNGSZEIT: 1 STUNDE

Brenners Park-Restaurant | **Paul Stradner**

PÜREE VON DER URKAROTTE
mit Fingermöhren, Graubroterde, wachsweich gekochtem Wachtelei und Koriandersud

FÜR 4 PERSONEN:

PÜREE VON DER URKAROTTE:
250 g Urkarotten, geschält
30 ml Geflügel- oder Gemüsefond
45 g Butter, 80 ml Sahne, Salz

GRAUBROTERDE:
120 g Graubrot, ohne Rinde
30 g Butter
Salz
1 EL Malzmehl

KORIANDERPASTE FÜR DEN KORIANDERSCHAUM:
½ Bd. Koriander, frisch

KORIANDERSCHAUM:
200 ml Geflügel- oder Gemüsefond
50 g Butter
50 ml Sahne
2 EL Korianderpaste
2 g Sojalecithin
Salz

WACHTELEI:
6 Wachteleier
3 g Goldpulver (Sosa)

PÜREE VON DER URKAROTTE: Alle Zutaten gemeinsam in einem Topf aufstellen und zugedeckt weich kochen. Anschließend mit einem kräftigen Mixer zu einem glatten Püree weiterverarbeiten, mit Salz abschmecken. Vor dem Servieren eventuell etwas geschlagene Sahne unterheben.

GRAUBROTERDE: Das Graubrot in kleine Stücke schneiden und in Butter zu knusprigen goldbraunen Croutons rösten. Danach auf Küchenpapier legen, an einen warmen Ort stellen und warten, bis das meiste Fett wieder ausgelaufen ist. Mit einer Kaffeemühle stoßweise in grobe Krümel zermahlen, anschließend das Malzmehl unter die Krümel mischen und mit Salz abschmecken.

KORIANDERPASTE FÜR DEN KORIANDERSCHAUM: Den Bund Koriander in einem Mörser zu einer Paste zerstoßen (wie Basilikumpesto).

KORIANDERSCHAUM: Den Geflügelfond mit der Butter und der Sahne aufkochen. Die Korianderpaste und Sojalecithin mit einem Stabmixer untermixen. Wenn erforderlich, anschließend durch ein feines Sieb passieren. Vor dem Gebrauch mit einem Milchaufschäumer gut aufschäumen. Leicht salzen.

WACHTELEI: Die Wachteleier in Wasser genau eine Minute und 45 Sekunden abkochen und in Eiswasser abschrecken. Von der Schale befreien, durch das Goldpulver wälzen und vor dem Servieren warm stellen.

PROFITIPP:
« Um einen schönen Korianderschaum zu erhalten, ist es wichtig, die Flüssigkeit bei einer Temperatur von 55 °C zu verarbeiten.
Paul Stradner, Küchenchef

WEINEMPFEHLUNG:

2009ER RIESLING SPÄTLESE TROCKEN
NEUWEIERER MAUERBERG
GUT NÄGELSFÖRST, BADEN-BADEN
Duftige Nase, reifes, üppiges Kernobst und gelber Pfirsich. Im Mund dann weich, herbe, mollige Würze, etwas Bitterorangen, Aprikose, würzig-mineralischer Nachhall und leichte Bitternoten.
www.naegelsfoerst.de

Brenners Park-Restaurant | Paul Stradner

ISLÄNDISCHES KABELJAUFILET
mit Nordseekrabben, Erbsenpüree, geröstetem Speck und frischen Morcheln

FÜR 4 PERSONEN:

KABELJAUFILET:
700 g Kabeljaufilets
14 g Meersalz, Olivenöl
6 Vakuumbeutel
Frischhaltefolie

NORDSEEKRABBEN:
30 Nordseekrabben, frisch
Butter

SPECKCHIPS:
3 Bauchspeckscheiben
vom Schwein, mild gesalzen

ERBSENPÜREE:
220 g Erbsen, tiefgekühlt
84 ml Sahne
Salz, Peffer

MORCHELN:
20–30 Morcheln,
klein bis mittelgroß
Butter

KRUSTENTIER-NUSSBUTTER:
50 g Butter
15 g Hummerbutter
2 EL Kalbsjus
Salz

GARNITUR:
Affilakresse

KABELJAUFILET: Die Kabeljaufilets auf der Fleischseite mit Meersalz gleichmäßig einsalzen und 10 Minuten einwirken lassen. Das Meersalz abwaschen und gut trockenlegen. Anschließend mit Olivenöl leicht bepinseln und der Länge nach in Frischhaltefolie einrollen. Die Filets in 6 gleich große Stücke schneiden und einzeln vakuumieren. Vor dem Servieren im Wasserbad bei 44 °C 7 Minuten garen, aus dem Vakuumbeutel sowie der Frischhaltefolie nehmen und kurz in der Pfanne auf beiden Seiten anbraten.

NORDSEEKRABBEN: Die Krabbenschwänze aus der Schale brechen und vor dem Servieren kurz in zerlassener Butter warm schwenken.

SPECKCHIPS: Die Speckscheiben zwischen 2 Silikonmatten legen und im vorgeheizten Ofen bei 180 °C Umluft 6 Minuten rösten. Anschließend auf Küchenpapier legen und im Ofen bei 50 °C Umluft über Nacht trocknen lassen. Danach in 6 gleich große Stücke brechen oder schneiden. Die Abschnitte für den Speckcrunch aufheben.

ERBSENPÜREE: Die Erbsen in der Sahne aufkochen, mit einem Stabmixer fein mixen und mit Salz und Pfeffer abschmecken. In einen Pacojet-Becher geben, einfrieren und anschließend 4 Mal pacossieren, wobei das Püree zwischen den 4 Vorgängen immer wieder tiefgekühlt werden muss.

MORCHELN: Die Morcheln putzen und kurz vor dem Servieren in der frischen Butter ansautieren.

KRUSTENTIER-NUSSBUTTER: Mit der frischen Butter unter ständigem Rühren auf mittlerer Flamme eine Nussbutter herstellen. Anschließend die Hummerbutter sowie den Kalbsjus zugeben, mit Salz abschmecken und beim Servieren lauwarm über den Kabeljau gießen.

» **PROFITIPP:**
Sollte kein Vakuumgerät zur Verfügung stehen, so kann der Fisch auch herkömmlich portioniert und in der Pfanne auf den gewünschten Garpunkt gebraten werden.
Paul Stradner, Küchenchef

WEINEMPFEHLUNG:

WINKLERBERG CHARDONNAY SPÄTLESE TROCKEN 2011
WEINGUT STIGLER
IHRINGEN KAISERSTUHL
Ein Chardonnay mit klaren Fruchtaromen und feiner Säurestruktur. Wächst auf Vulkanverwitterungsboden an der Südspitze des Kaiserstuhls.
www.weingut-stigler.de

SCHWIERIGKEITSGRAD: MITTEL | ZUBEREITUNGSZEIT: 45 MINUTEN

Burgrestaurant Staufeneck | **Rolf Straubinger**

RAFFINIERTE KOMBINATIONEN UND MEDITERRANES FLAIR: **ROLF STRAUBINGER** KREIERT IN SEINEM **BURGRESTAURANT STAUFENECK** KULINARISCHE KUNSTWERKE FÜR DIE EWIGKEIT.

DER AROMEN PICASSO

Rolf Straubinger ist ein Kulinarik-Künstler mit Leib und Seele. Es scheint so, als würde durch jede Ader seines Körpers hundertprozentig reines gastronomisches Blut fließen. Seine Küche ist ein Funken sprühendes Potpourri aus klassisch Französischem und regionalen Traditionsgerichten, wobei die Jahreszeiten ebenso einen großen Stellenwert einnehmen wie Gewürze und Aromen aus aller Welt. Seit mehr als 20 Jahren hält Rolf Straubinger bereits ohne Unterbrechung einen Michelin-Stern für sein Restaurant auf „Burg Staufeneck" in Salach. Den Ruf als einer der besten Fischköche der Welt erwarb er sich in den 90er-Jahren beim „Bocuse d'Or". Dass der multitalentierte Spitzenkoch aber nicht nur durch fantastische Fischgerichte glänzt, beweist er mit genialen Kreationen wie „Rehrücken mit Erbse, Mango und gefülltem Champignon" oder „Pannacotta von der Gänseleber".

Burgrestaurant Staufeneck | **Rolf Straubinger**

ZIEMLICH COOLER BURGHERR

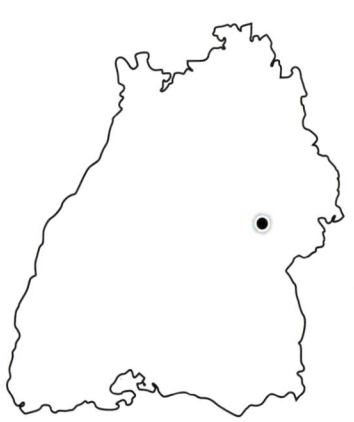

Burgrestaurant Staufeneck
Burg Staufeneck
D-73084 Salach
Tel.: +49 (0) 71 62/933 44-0
E-Mail: info@burg-staufeneck.de
www.burg-staufeneck.de

Die Sonne sengt vom Himmel, Servicekräfte flitzen von Tisch zu Tisch und in der Küche herrscht Action pur: Es geht meist unglaublich geschäftig zu auf dem viel besuchten Burggelände Staufeneck. Doch einer bleibt inmitten der Hunderten Gäste und Dutzenden Mitarbeiter stets ausgesprochen relaxed: Küchenchef Rolf Straubinger. Wie kaum jemand anderer schafft es der Sternekoch, Gäste nicht nur durch sein Gespür für Aromen, Kontraste und Ergänzungen aus allen Landesteilen anzuziehen, sondern durch kulinarische Erlebniswelten, die sich nicht nur auf sein „Burgrestaurant Staufeneck" beschränken. Ob Gourmetrestaurant, Burgstüble, Scheune, Terrasse, Caterings oder das Hotel: Die Familien Straubinger und Schurr haben eine historische Burganlage zu neuem Leben erweckt.

Burgrestaurant Staufeneck | **Rolf Straubinger**

SURF 'N' TURF
auf Schwäbisch

FÜR 4 PERSONEN:

SURF 'N' TURF:
260 g Kalbsbries
4 Tiefseelangustinen
12 Kalbsbrustwurstscheiben
30 g Butter
Meersalz, Pfeffer

KARTOFFELFOND:
60 g Schalotten
½ Knoblauchzehe
20 ml Olivenöl, 50 g Butter
500 g Kartoffelscheiben
Meersalz, Pfeffer
½ Lorbeerblatt
1 Thymianzweig
1 l Geflügelfond, hell

KARTOFFELVINAIGRETTE:
50 ml Kartoffelfond
15 ml Chardonnay-Essig
10 ml Traubenkernöl
1 TL Senfkörner, 1 TL Schnittlauch

SALSA-VERDE-GELEE:
50 g Blattpetersilie
100 g Cornichons
12 g Kapern, mit Fond
2 g Salz, 2 g Zucker
30 ml Essiggurkenfond
3 Bl. Gelatine, Knoblauch
Olivenöl

KONFIERTE RADIESCHEN:
3 Radieschen
Meersalz, Zucker, Öl
Chardonnay-Essig

RADIESCHENGEL:
100 ml Radieschensaft
0,7 g Agar-Agar
½ Bl. Gelatine
Meersalz, Zucker
Chardonnay-Essig

GARNITUR:
Mangoldblätter, rot
Langustinencoulis

SURF 'N' TURF: Das Kalbsbries 25 Minuten bei 70 °C sous-vide-garen. Medaillons schneiden und diese mit Meersalz und Pfeffer würzen, in brauner Butter herausbraten. Damit die Langustinenschwänze gerade bleiben, auf der Unterseite einschneiden und ebenfalls kurz anbraten. Die Kalbsbrustwurst mit Kartoffelfond-Dressing marinieren.

KARTOFFELFOND: Schalottenstreifen mit Knoblauch in Olivenöl und Butter ohne Farbe anschwitzen. Kartoffeln dazugeben, mit Meersalz und Pfeffer würzen, Lorbeer und Thymian hinzufügen und mit Geflügelfond auffüllen. So lange köcheln lassen, bis die Kartoffeln weich sind. Danach kräftig durch ein Sieb drücken, damit eine leichte Bindung entsteht.

KARTOFFELVINAIGRETTE: Alle Zutaten vermischen und zu einer homogenen Vinaigrette mixen.

SALSA-VERDE-GELEE: Alle Zutaten fein mixen. Wegen der Säure benötigt man etwas mehr Gelatine. Die Gelatine kalt einweichen, auspressen, erwärmen und mit der gemixten Salsa mischen. In kleine Formen einfüllen und erkalten lassen. Anschließend herausdrücken und mit etwas Olivenöl marinieren.

KONFIERTE RADIESCHEN: Radieschen waschen und vierteln. Mit Salz und Zucker sowie Essig und Öl marinieren, vakuumieren und nach einer Stunde wieder öffnen.

RADIESCHENGEL: In den Radieschensaft Agar-Agar unterrühren, aufkochen lassen und eine Minute köcheln lassen, danach die eingeweichte Gelatine dazugeben. Den gelierten Saft zu einem Gel mixen, mit den restlichen Zutaten abschmecken.

» **PROFITIPP:**
Das Bries kann auch sehr gut roh gebraten werden.
Rolf Straubinger, Küchenchef

WEINEMPFEHLUNG:

GROSSE RESERVE SPÄTBURGUNDER ROSÉ TROCKEN 2012
WEINGUT ALDINGER
FELLBACH, DEUTSCHLAND

Dieser kräftige Roséwein zeigt eine milde Säure und würzigen Nachhall. Somit kann dieser Wein als perfekter Begleiter zu Gerichten mit Krustentieren eingesetzt werden.
www.weingut-aldinger.de

SCHWIERIGKEITSGRAD: MITTEL | **ZUBEREITUNGSZEIT:** 2 STUNDEN

Burgrestaurant Staufeneck | **Rolf Straubinger**

WAIDMANNSHEIL

FÜR 4 PERSONEN:

REHRÜCKEN:
4 Rehrücken, à 100 g
1 Msp. Wacholderstaub
Meersalz, Rosa Beeren

GEFÜLLTE CHAMPIGNONS:
4 Steinchampignons, ausgehöhlt
4 Rehrückenfilets, à 100 g
40 g Trompetenpilze, Fleischfarce
32 Apfelschuppen, ausgestochen

ERBSENPÜREE:
700 g Tiefkühl-Erbsen
250 ml Sahne, 50 g Butter
20 Bl. Petersilie, Meersalz
Zucker, Muskat

MANGOCHUTNEY:
1 Mango, vollreif
30 g Zucker, braun, 25 g Ingwer
½ Chilischote, ½ Sternanis
1 Nelke, 20 ml Essig, weiß

PFIFFERLINGE:
20 Pfifferlinge, geputzt
10 g Butter
Meersalz
Pfeffer

GARNITUR:
Mangofruchtfleisch-Cannelloni
Affilakresse
80 ml Rehsauce
40 Erbsenhälften

REHRÜCKEN: Den Rehrücken mit Wacholderstaub, Meersalz und Rosa Beeren würzen, vakuumieren und bei 62 °C Wassertemperatur 14 Minuten garen, 5 Minuten ruhen lassen, kurz anbraten.

GEFÜLLTE CHAMPIGNONS: Die Champignons mit den Rehrückenfiletwürfeln und den Trompetenpilzen sowie der Fleischfarce füllen. Mit den Apfelschuppen belegen und bei 140 °C 11 Minuten auf 50 °C im Kern garen. Das Ganze 5 Minuten ruhen lassen.

ERBSENPÜREE: Die Erbsen in Salzwasser ganz weich blanchieren und gut abkühlen. Die Sahne auf 100 Milliliter reduzieren, mit der Blattpetersilie, der Butter sowie den Gewürzen im Pacojet 24 Stunden gefrieren, danach 2 bis 3 Mal pacossieren und durch ein Sieb streichen. Pro Person etwa 60 Gramm kurz und schnell vor dem Anrichten erwärmen.

MANGOCHUTNEY: Den Zucker leicht karamellisieren lassen, die fein geschnittene Chilischote ohne Kerne sowie den geriebenen Ingwer und das Mangofleisch dazugeben. Danach mit Essig ablöschen, Gewürze hinzufügen und 25 Minuten sämig einkochen. Darauf die Gewürze entfernen und mit dem Pürierstab mixen.

PFIFFERLINGE: Die Pfifferlinge mit Butter kurz sautieren und leicht würzen.

ANRICHTEN: Das warme Erbsenpüree auf der Tellermitte platzieren. Den Rehrücken tranchieren, mit gefüllten Champignons, Mangochutney und den sautierten Erbsenhälften anrichten. Die Mango-Cannelloni, Kresse und Pfifferlinge als Garnitur verwenden. Die Rehsauce annappieren.

> **PROFITIPP:**
> Den Rehrücken nicht zu abgelagert verwenden. Am besten nach 8 bis 10 Tagen verarbeiten.
> Rolf Straubinger, Küchenchef

WEINEMPFEHLUNG:

PINOT NOIR 2009
WEINBAU GREINER
WEINSTADT, REMSTAL
Der Ausbau erfolgt zwölf bis 18 Monate ausschließlich in neuen französischen Barriques bester Herkunft. Der Wein wird unfiltriert abgefüllt.
www.greiner-weinbau.de

Burgrestaurant Staufeneck | Rolf Straubinger

SCHWARZWÄLDER KIRSCH
nach Staufenecker Art

FÜR 4 PERSONEN:

KIRSCHSORBET:
88,3 ml Wasser
120 g Kirschpüree von Ponthier
2,5 g Sorbetstabilisator
32 g Zucker
22,5 g Puderglucose

KIRSCHPRALINE:
150 g Kirschen, entsteint
230 ml Portwein
60 g Puderzucker
120 ml Kirschsaft

KIRSCH-CHANTILLY:
500 ml Kirschsaft
50 ml Kirschwasser
4 Bl. Gelatine
165 g Sahne, halb geschlagen

SCHOKOLADEN-BROWNIE-BODEN:
12 g Butter, 12 g Zucker
3 g Vollei, 20 g Mehl
1,5 g Kakaopulver

SCHOKOLADEN-BROWNIE-FÜLLUNG:
25 g Butter, 7 g Zucker
30 g Kuvertüre, zartbitter
11 g Eiweiß, 10 g Eigelb

SCHOKOLADENPRALINE:
12 g Fondant
5,5 ml Glucosesirup
1,3 g Haselnüsse
1,3 g Hanfsamen
0,25 g Kakao
0,15 g Salz

GARNITUR:
Kirschgelmatten
Kirschgeleekonfekt
Hanfsamenstreusel

KIRSCHSORBET: Das Wasser auf 40 °C erwärmen, Zucker, Sorbetstabilisator und Puderglucose mischen und hinzugeben. Das Ganze auf 80 °C erwärmen. Fruchtpüree hinzugeben und 12 Stunden kühl reifen lassen. Danach in die Eismaschine geben.

KIRSCHPRALINE: Alle Zutaten vakuumieren und im Sous-vide-Becken bei 75 °C 32 Minuten ziehen lassen. Anschließend in Eiswasser abkühlen.

KIRSCH-CHANTILLY: Den Kirschsaft auf 180 Milliliter reduzieren lassen, die Gelatine zuvor in kaltem Wasser einweichen und zusammen mit dem Kirschwasser zur Reduktion geben. Zum Schluss die Sahne zugeben und alles kalt stellen.

SCHOKOLADEN-BROWNIE-BODEN: Die Butter, den Zucker und das Vollei schaumig schlagen. Mehl mit Kakao mischen, unterkneten und kalt stellen.

SCHOKOLADEN-BROWNIE-FÜLLUNG: Kuvertüre und Butter in der Mikrowelle schmelzen. Eiweiß, Eigelb und Zucker im Wasserbad schaumig schlagen und die vorgewärmte Schokoladen-Butter-Mischung langsam unterheben. 4 Ringe à 8 Zentimeter mit dem bereits kalt gestellten Schokoladenmürbteig auslegen und 2 Esslöffel von der Schokoladenmasse in den jeweiligen Ring füllen. Das Ganze 12 bis 14 Minuten bei 160 °C backen.

SCHOKOLADENPRALINE: Fondant und Glucosesirup aufkochen, die restlichen Zutaten hinzugeben, kurz aufkochen lassen und vom Herd nehmen. Einen Löffel in die noch heiße Masse tauchen und auf eines der vorbereiteten Backbleche mit Backpapier streichen. 1 bis 2 Minuten in den Ofen zum Trocknen geben.

» PROFITIPP:
Die Kirschpraline bereits 1 Tag vorher zubereiten und durchziehen lassen.
Florian Braun, Pâtissier

WEINEMPFEHLUNG:

KESSLER HOCHGEWÄCHS CHARDONNAY BRUT
KESSLER SEKT
ESSLINGEN AM NECKAR
Vielschichtiger Duft nach Pfirsichen, Zitrusfrüchten, Brioche und nussigen Aromen, ergänzt um eine feine Mineralität. Kräftiger Charakter, fein ausbalanciert, dennoch weich und cremig.
www.kessler-sekt.de

Gasthof Traube | **Henrik Weiser**

REDUCED TO THE MAX: SO LAUTET DAS MOTTO VON STERNEKOCH **HENRIK WEISER**, DER IN DER **TRAUBE** IN BLANSINGEN DIE HOHE KUNST DES WEGLASSENS PERFEKTIONIERT HAT.

PURISMUS IN R(H)EIN KULTUR

Mit zwei Dingen kann Henrik Weiser ganz und gar nichts anfangen: Komponenten-Orgien auf dem Teller und Avantgarde-Stilistik, wie sie in der deutschen Top-Gastronomie nach wie vor sehr präsent ist. Der gebürtige Westfale ist überzeugter Purist, seine Philosophie schnell auf den Punkt gebracht: Das Auge darf sich entspannen, der Gast sich auf das Wesentliche, nämlich das Produkt, konzentrieren. Seiner Liebe zu edler Rohware, insbesondere aus dem nahen Frankreich, verleiht Weiser, der vor seinem Wechsel in die aktuell mit 17 Gault-Millau-Punkten ausgezeichnete „Traube" unter anderem bei und mit Josef Viehhauser und Christian Rach werkte, mit Gerichten wie „Étouffée-Taubenbrust in Sarawak-Pfefferjus und glasierten Steinpilzen" oder „Kabeljau im Chorizofumet" Ausdruck. Unmöglich, sich dem Reiz dieser klaren, modernen, aromenstarken Küche zu entziehen.

Gasthof Traube | **Henrik Weiser**

KLISCHEEBEFREITES
SINNES
ELDORADO

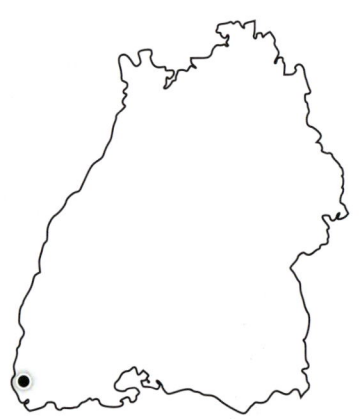

Gasthof Traube
Alemannenstraße 19
D-79588 Efringen-Kirchen/Blansingen
Tel.: +49 (0) 76 28 / 942 37 80
E-Mail: info@traube-blansingen.de
www.traube-blansingen.de

Das Wesentliche ist für die Augen unsichtbar", konstatierte Antoine de Saint-Exupéry einst. Ganz unrecht hatte er ja nicht, aber: Ausnahmen bestätigen die Regel, und die „Traube" ist eine ebensolche. Abseits touristischer Pfade des Markgräflerlandes haben Patron Nikolai Weisser und Ehefrau Ilka ein altes Bauernhaus zu neuem Leben erweckt – detailverliebt, aber ohne jedweden Anflug von Kitsch, worüber sich Herz und Auge gleichermaßen freuen. Der ästhetischen und kulinarischen Seelenstreichlerei in diesem kleinen, feinen Refugium nicht genug, kann man sich nach einem Abend mit Preziosen aus Küche und Keller in einem der neun Winzerzimmer stilvoll zur Ruhe betten. Augenscheinliches Fazit: Die „Traube" ist einfach ein ganz besonderes Fleckchen Erde, das man unbedingt sehen sollte.

Gasthof Traube | **Henrik Weiser**

TERRINE VON GEBRATENER GÄNSELEBER
mit Kirschen

FÜR 4 PERSONEN:

GÄNSELEBERTERRINE:
2 Stk. **Gänsestopfleber** zum Braten, à 500 g
300 ml **Sauternes**
50 ml **Cognac**
100 ml **Portwein**, rot
100 ml **Madeira**
150 ml **Noilly Prat**
6 g **Salz**
6 g **Pökelsalz**
6 g **Zucker**
250 ml **Rotweinsauce**
3 Bl. **Gelatine**

KIRSCHEN:
500 g **Kirschen**
200 g **Kirschen**, getrocknet
500 ml **Kirschsaft**
50 g **Zucker**
1 g **Xantana**
12 **Kirschen**
Fleur de Sel
Sarawak-Pfeffer
Balsamicoessig

GÄNSELEBERTERRINE: Leber der Länge nach halbieren und putzen. Sauternes, Cognac, Noilly Prat, Portwein und Madeira in eine Schüssel geben, Salz, Pökelsalz und Zucker dazugeben und so lange verrühren, bis die Gewürze aufgelöst sind. Gänseleberstücke in einen Vakuumbeutel geben, die Marinade angießen, verschließen und 3 Tage lang im Kühlschrank durchziehen lassen. Die Leberstücke aus der Marinade nehmen und trocken tupfen. Kurz von allen Seiten anbraten, auf ein Blech legen und im 85 °C heißen Ofen 5 Minuten garen. Herausnehmen und die Leberstücke auf Küchenpapier entfetten. Rotweinjus aufkochen, eingeweichte Gelatine ausdrücken und darin auflösen. Eine Terrinenform mit Alu- und Klarsichtfolie auslegen. Den Boden mit Jus bedecken und die Gänseleberstücke in die Form schichten. Den Rotweinjus in die Zwischenräume gießen, sodass die Leber knapp bedeckt ist. Terrine mit Klarsichtfolie abdecken und 24 Stunden kalt stellen. Aus der Form lösen, ausgetretenes Fett entfernen, portionieren und kalt stellen.

KIRSCHEN: Kirschen entsteinen. Kirschkerne in ein Passiertuch geben und mit einem Plattiereisen zerschlagen. Kirschfleisch zusammen mit den getrockneten Kirschen im Thermomix fein pürieren. In eine Schüssel geben, das Tuch mit den zerschlagenen Kirschkernen dazugeben und abgedeckt über Nacht kalt stellen. Tuch mit den Kernen entfernen, das Kirschpüree langsam bis zur gewünschten Konsistenz einkochen und kalt stellen. Zucker karamellisieren und mit dem Kirschsaft ablöschen. Auf einen Viertelliter einkochen, Xantana dazugeben und kurz mixen, bis die vollständige Bindung hergestellt ist. Den Sud mit Salz, Pfeffer und Essig abschmecken. Die restlichen Kirschen waschen, entsteinen und in dem heißen Sud einlegen. Mindestens 6 Stunden ziehen lassen.

» PROFITIPP:
Anstatt der Kirschen kann man je nach Jahreszeit auch Zwetschken oder Feigenconfit verwenden.
Henrik Weiser, Küchenchef

WEINEMPFEHLUNG:

2011 GEWÜRZTRAMINER SPÄTLESE „MAUCHENER SONNENSTÜCK"
WEINGUT LÄMMLIN-SCHINDLER SCHLINGEN-MAUCHEN
Besticht nicht nur durch seine Frische und leichte Süße zum Aperitif, sondern eignet sich auch hervorragend als Weinbegleiter zur Gänseleber mit nur 12 Vol.-%.
www.laemmlin-schindler.de

SCHWIERIGKEITSGRAD: MITTEL | **ZUBEREITUNGSZEIT:** 2 STUNDEN

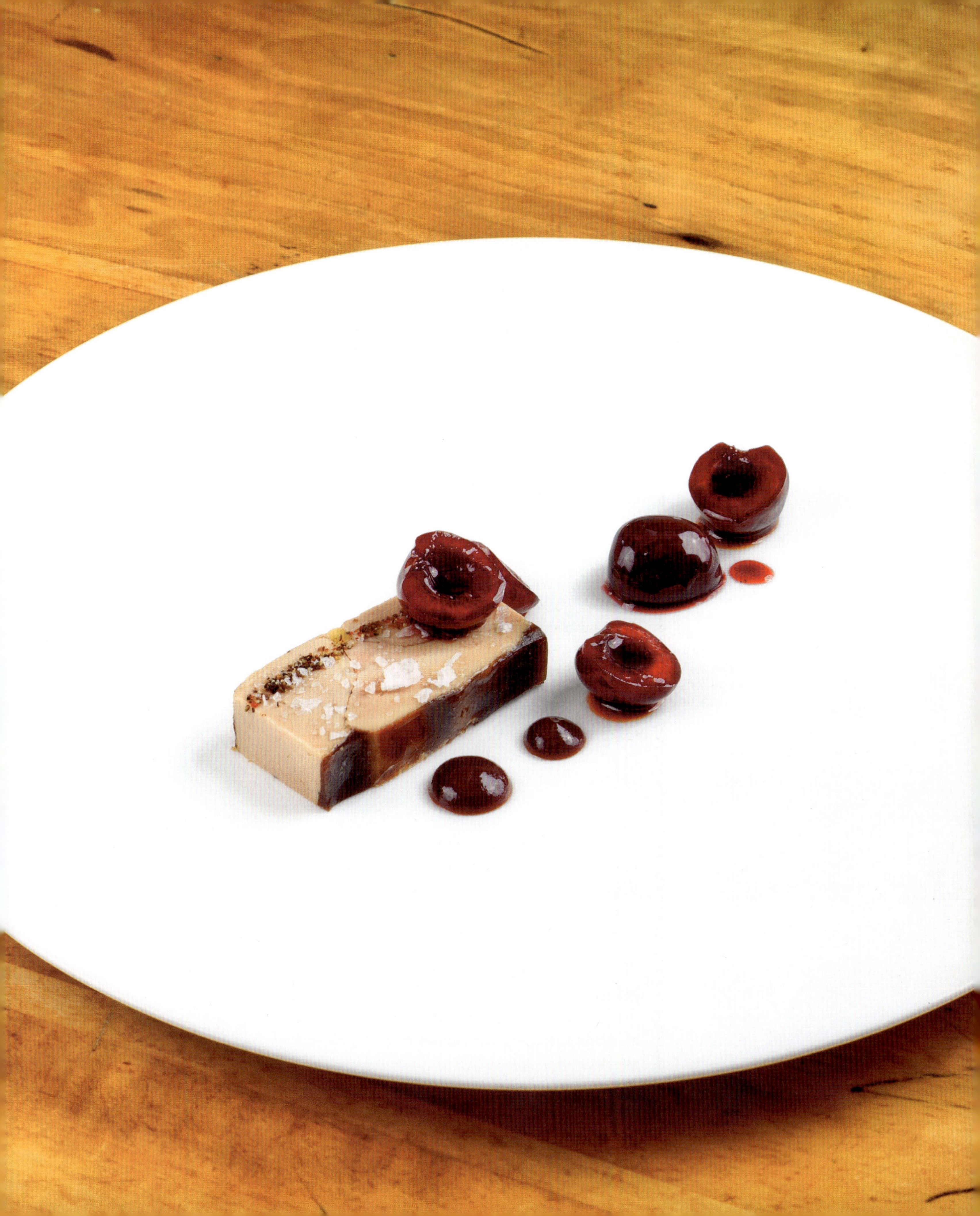

Gasthof Traube | **Henrik Weiser**

ONGLET VOM BLACK-ANGUS-RIND
mit Baroloessig-Schalottenjus, Sellerie, Roter Bete und eingelegten Perlzwiebeln

FÜR 4 PERSONEN:

ONGLET:
800 g Onglet
1 Schalotte
1 Knoblauchzehe
100 g Butter
1 Zweig Rosmarin
1 Zweig Thymian
Maldon-Salzflocken, Salz, Pfeffer

BAROLOESSIG-SCHALOTTENJUS:
6 Schalotten, 2 EL Zucker
100 ml Baroloessig
300 ml Kalbsjus, ½ Bd. Thymian
Salz, Pfeffer

SELLERIEPÜREE:
400 g Knollensellerie
100 g Butter
3 Msp. Ascorbinsäure
300 ml Mineralwasser
400 ml Sahne
Salz, Limonensaft

ROTE BETE:
2 Stk. Rote Bete
100 ml Olivenöl, 1 TL Kümmel
Himbeeressig, Salz, Zucker, Wasser

PERLZWIEBELN:
200 g Perlzwiebeln
500 ml Wasser
weißer Balsamico, Zucker
Fleur de Sel, Pfeffer
1 Zweig Rosmarin
1 Zweig Thymian

ONGLET: Onglet waschen, trocken tupfen, parieren und die mittlere Sehne entfernen. Fleisch würzen, scharf anbraten und auf ein Gitter legen. Den Ofen auf 85 °C Umluft vorheizen. Das Onglet bis zu einer Kerntemperatur von 52 °C garen. Fleisch herausnehmen und bei maximal 64 °C 10 Minuten ruhen lassen. Schalotte und Knoblauchzehe in Scheiben schneiden. Die Butter aufschäumen, Schalotte, Knoblauch und Gewürze dazugeben und das Fleisch kurz darin nachbraten.

BAROLOESSIG-SCHALOTTENJUS: Schalotten fein würfeln. Zucker karamellisieren, die Schalotten dazugeben und den entstehenden Saft einkochen lassen. Mit Essig ablöschen und komplett einkochen. Kalbsjus angießen, den Thymian dazugeben und bis zur gewünschten Konsistenz einkochen. Thymian entfernen und mit Salz und Pfeffer abschmecken.

SELLERIEPÜREE: Sellerie schälen und würfeln. Butter in einem Topf aufschäumen und die Selleriewürfel farblos anschwitzen. Salzen, Ascorbinsäure dazugeben und das Mineralwasser angießen. Abgedeckt weich dünsten. Die Sahne auffüllen und cremig einkochen. Im Thermomix fein pürieren, mit Salz und Limonensaft abschmecken und warm stellen.

ROTE BETE: Wasser mit Salz, Zucker, Kümmel und wenig Himbeeressig abschmecken und die Rote Bete darin weich kochen, schälen und in 2 Zentimeter dicke Scheiben schneiden. 8 Taler ausstechen, mit Essig und Öl marinieren. Mit Salz und wenig Zucker abschmecken.

PERLZWIEBELN: Zwiebeln schälen und in kochendes, mit Balsamico, Zucker, Salz und Pfeffer gewürztes Wasser einlegen. Rosmarin und Thymian dazugeben und langsam weich kochen. In Drahtbügelgläsern 3 Tage ziehen lassen. Zwiebeln aus dem Sud nehmen, halbieren und auf den Schnittflächen braun braten.

PROFITIPP:
«Falls Sie kein Onglet bekommen, funktioniert das Gericht auch mit der Hochrippe.
Henrik Weiser, Küchenchef

WEINEMPFEHLUNG:

2010 PINOT NOIR CS „WEILER SCHLIPF"
WEINGUT SCHNEIDER, WEIL AM RHEIN
Ein großer Wein vom Weingut Schneider. 100 % Spätburgunder, sehr weich, frei von Tanninen. Braucht rechtzeitig Luft, er will „leben" im Glas.
www.schneiderweingut.de

SCHWIERIGKEITSGRAD: MITTEL | ZUBEREITUNGSZEIT: 2 STUNDEN

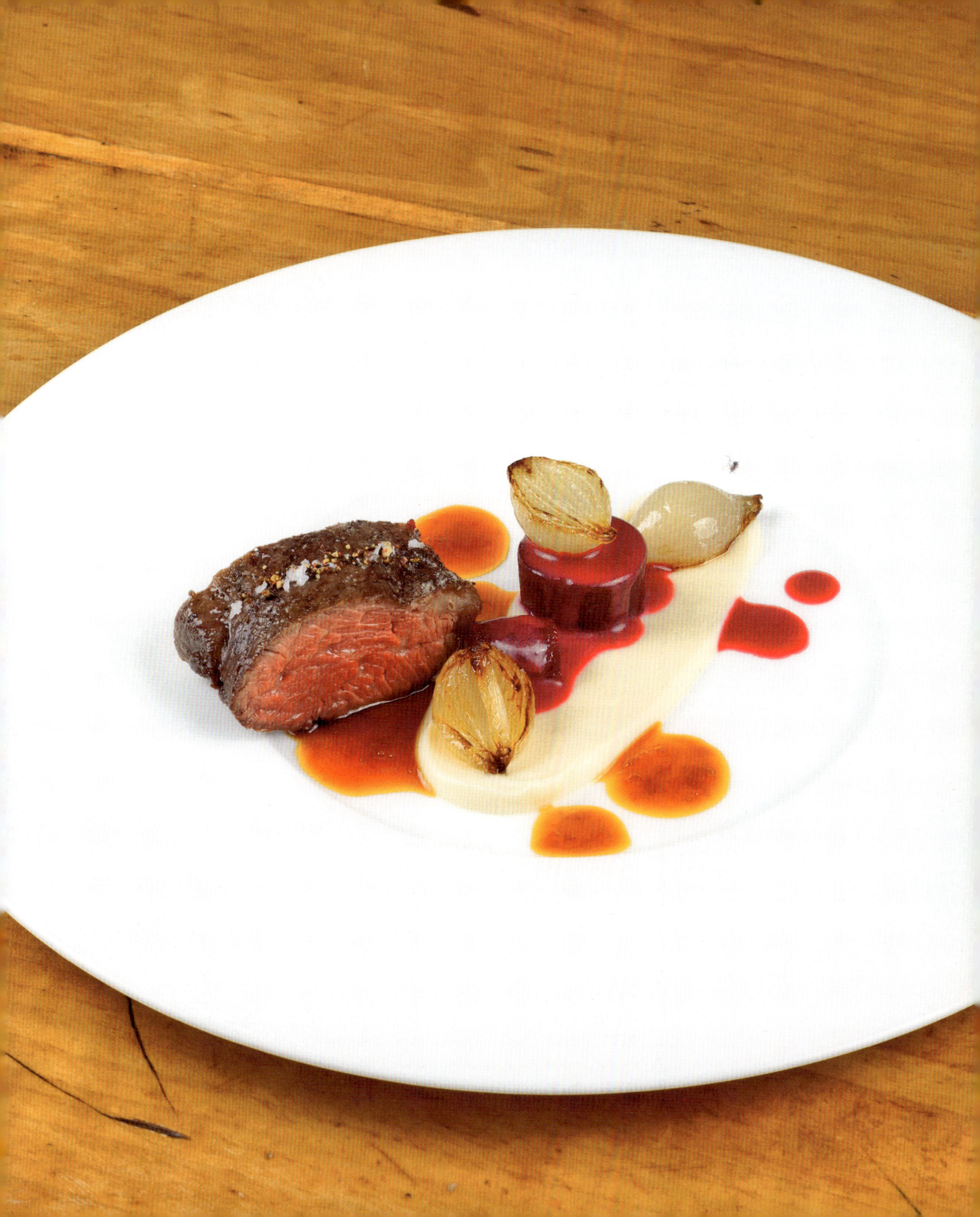

Gasthof Traube | **Henrik Weiser**

GEEISTE GIANDUJACREME
mit Pekannuss-Crumble und Cassis

FÜR 4 PERSONEN:

GIANDUJACREME:
4 Bl. Gelatine
5 Eigelb
165 ml Wasser, 100 g Zucker
125 g Giandujanougat
125 g Kuvertüre
(Caraïbe von Valrhona)
450 ml Sahne
Crème de Cacao

SCHOKOLADENGLASUR:
175 g Milchkuvertüre
63 g Gianduja, 75 ml Sahne
225 g Nappage – Absolu cristal
55 ml Wasser

GIANDUJAMOUSSE:
100 g Gianduja
100 g Milchkuvertüre
200 ml Sahne

PEKANNUSS-CRUMBLE:
110 g Mandelgrieß
130 g Pekannüsse, gehackt
140 g Butter
140 g Muscovadozucker
140 g Mehl, 10 g Fleur de Sel

CASSIS-SABAYON:
4 Eigelb
60 g Johannisbeerpüree
60 ml Champagner, 40 g Zucker

CASSIS-SORBET:
2 Bl. Gelatine
500 g Johannisbeerpüree
130 ml Wasser, 130 g Zucker

GIANDUJACREME: Gelatine einweichen. Die Eigelbe schaumig aufschlagen. Wasser und Zucker bis 118 °C kochen und unter Rühren in die Eigelbmasse einarbeiten. Gelatine in die Eigelbmasse geben und kalt schlagen. Kuvertüre und Gianduja über dem Wasserbad schmelzen, zur Eimasse geben und mit Crème de Cacao abschmecken. Sahne halb steif schlagen und unterziehen. Creme in einen Rahmen gießen und über Nacht einfrieren. Aus dem Rahmen lösen, in Riegel schneiden, auf ein Gitter legen und mit Schokoladenglasur überziehen. Bis zur Verwendung einfrieren.

SCHOKOLADENGLASUR: Kuvertüre und Gianduja über dem Wasserbad schmelzen. Sahne aufkochen, dazugeben und emulgieren. Die Nappage mit Wasser glatt rühren, zur Schokomasse geben und zu einer homogenen Masse verrühren. Zum Überziehen die Glasur auf 28 bis 30 °C temperieren.

GIANDUJAMOUSSE: Gianduja und Kuvertüre fein hacken. 100 Milliliter Sahne aufkochen, Gianduja und Kuvertüre dazugeben und glatt rühren. Restliche Sahne halb steif schlagen und unterziehen. Mousse in einen Spritzbeutel füllen und kalt stellen.

PEKANNUSS-CRUMBLE: Aus den Zutaten einen Teig kneten. Einzelne Brösel auf ein mit Backpapier ausgelegtes Blech geben und 1 Stunde bei Zimmertemperatur stehen lassen. Im 160 °C heißen Ofen 15 Minuten backen.

CASSIS-SABAYON: Alle Zutaten verrühren, über einem Wasserbad heiß aufschlagen. In eine Schüssel füllen und abgedeckt bei Zimmertemperatur stehen lassen.

CASSIS-SORBET: Gelatine einweichen. Die restlichen Zutaten zusammen aufkochen. Gelatine im heißen Ansatz auflösen. Passieren, auskühlen lassen und in einer Eismaschine gefrieren.

> **PROFITIPP:**
> Die beste Kuvertüre und das beste Nougat kommen von Valrhona.
> Henrik Weiser, Küchenchef

WEINEMPFEHLUNG:

2009 NOBLING TROCKEN-BEERENAUSLESE „LAUFENER ALTENBERG"
WINZERKELLER SULZBURG-LAUFEN, SULZBURG

Eine angenehme frische Süße, nicht zu aufdringlich und klebrig. Eine wahre Rarität, die jedes Dessert wunderbar begleitet.

www.winzergenossenschaft-laufen.de

SCHWIERIGKEITSGRAD: MITTEL | **ZUBEREITUNGSZEIT:** 2½ STUNDEN

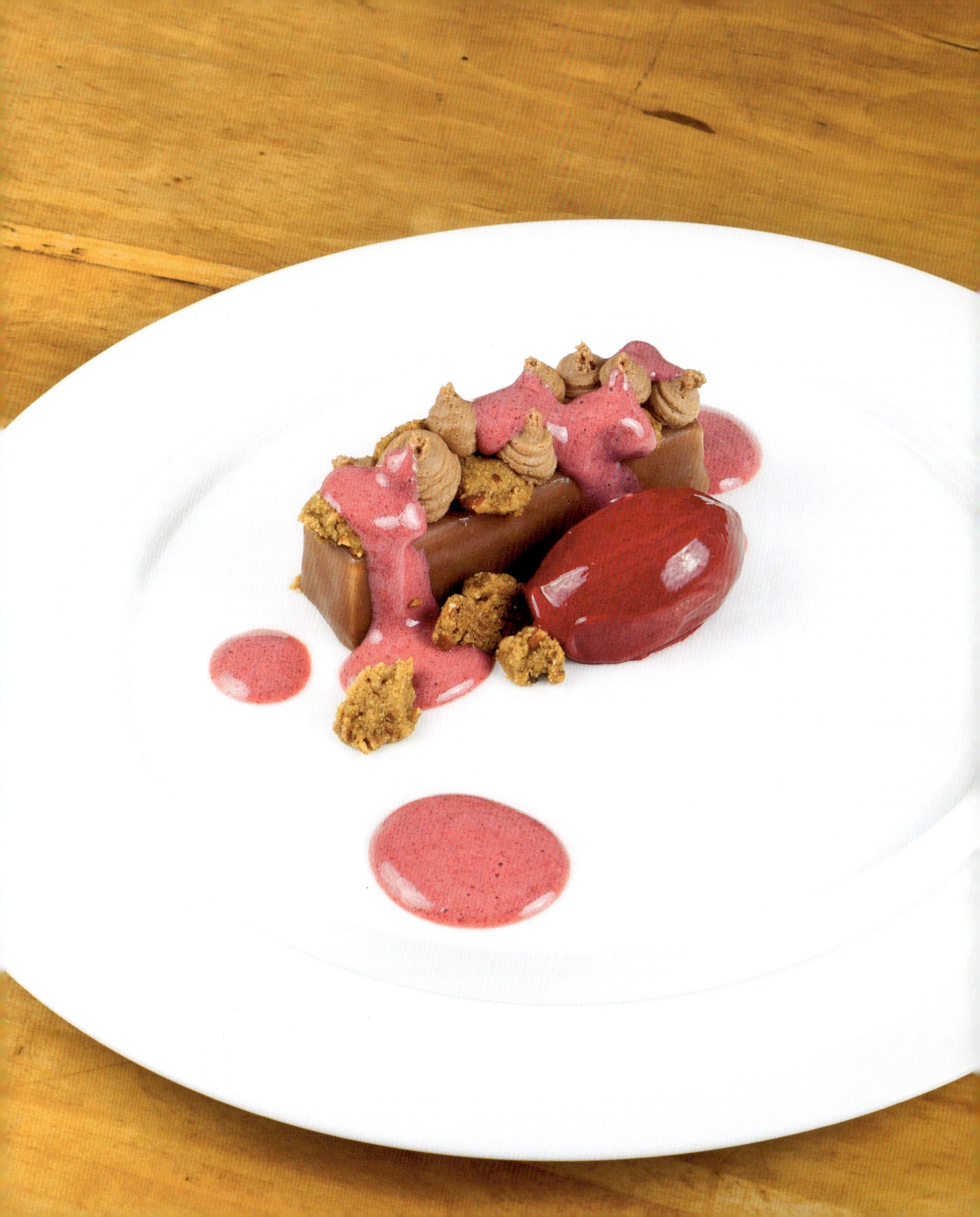

Gourmet-Restaurant OLIVO | **Nico Burkhardt**

WER IN STUTTGART DEM VERHÄTSCHELTEN GAUMEN ETWAS WIRKLICH GRANDIOSES TUN WILL, KOMMT AN **NICO BURKHARDT** UND SEINER GANZ EIGENEN IDEE VON HAUTE CUISINE IM **OLIVO** NICHT VORBEI.

STERN SCHNUPPE MIT BISS

An einer Sache mangelt es Nico Burkhardt definitiv nicht: Ehrgeiz. Immerhin lautet das Motto des 29-jährigen Shootingstars der baden-württembergischen Fine-Dining-Landschaft „Aufstehen, um zu gewinnen". Genau das tut er auch, seit er 2011 das kulinarische Zepter des „OLIVO" im Hotel „Steigenberger Graf Zeppelin" übernommen hat. Quasi vom Fleck weg holte der smarte Ausnahmekoch, der seine handwerklichen Fähigkeiten unter anderem bei Gourmet-Granden wie Heinz Winkler und Karlheinz Hauser perfektionierte, 16 Gault-Millau-Punkte, einen Michelin-Stern und zuletzt 3,5 Feinschmecker-Punkte. Und Burkhardt ist mit seinem kulinarischen Überholmanöver noch lange nicht fertig – glücklicherweise. Denn vom französisch akzentuierten, feinsinnigen Spiel mit Aromen und Texturen des (Michelin-)Sternenfängers kann man eigentlich nie genug bekommen.

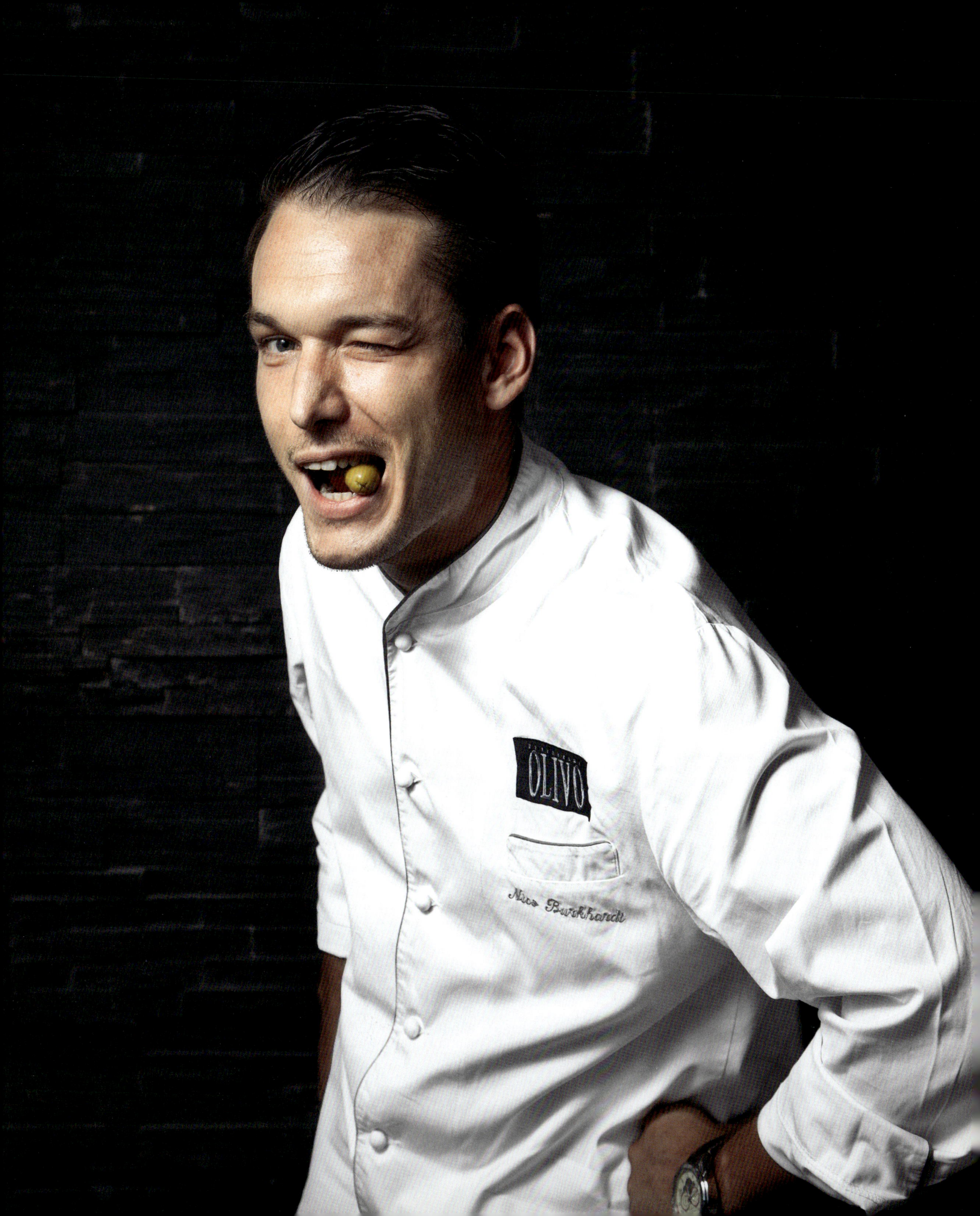
OLIVO
Nico Burkhardt

Gourmet-Restaurant OLIVO | Nico Burkhardt

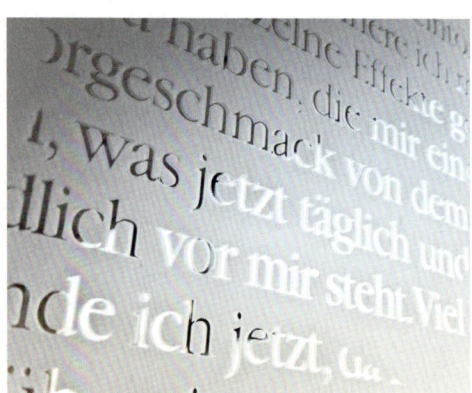

STUTTGARTS STILVOLLSTE SEITE

Gourmet-Restaurant OLIVO im Hotel
Steigenberger Graf Zeppelin
Arnulf-Klett-Platz 7
D-70173 Stuttgart
Tel.: +49 (0) 711/204-277
E-Mail: olivo@stuttgart.steigenberger.de
www.olivo-restaurant.de

Adel verpflichtet. Und im nach Graf Zeppelin benannten Steigenberger-Haus im Herzen der Hauptstadt versteht man die Zufriedenheit der Gäste als oberste Verpflichtung. Umgesetzt wird diese Maxime in jedem Winkel der charmant-modernen Luxus-Bleibe im Herzen der Stadt – vom Premium-Spa bis zur Davidoff Lounge, vom entspannt-legeren Grillrestaurant „Zeppelino'S" bis zum „Gourmet-Restaurant OLIVO", an dessen Spitze sich mit Maître Pascal Foechterlé auf der einen und Küchenchef Nico Burkhardt auf der anderen Seite das Gourmet-Dreamteam der Stadt formiert hat. In puncto Ambiente ist das Gourmet-Restaurant auf einer Linie mit Küchenchef Burkhardt. Das „OLIVO" präsentiert sich nämlich genau so schnörkellos, klar, modern und stilvoll wie die Küche des Stuttgarter Shootingstars.

Ferdinand Adolf Heinrich August Graf von Zeppelin * 8. Juli 1838; † 8. März 1917, im Volksmund auch der Alte vom Bodensee genannt, war ein deutscher General und Luftschiffkonstrukteur
Steigenberger Hotel
Graf Zeppelin
GRAF
EPPELIN
OLIVO
RESTAURANT OLIVO
RESTAURANT OLIVO

Gourmet-Restaurant OLIVO | Nico Burkhardt

KALTSCHALE VON DER SALATGURKE
Wildgarnele/Pata-Negra-Crumble/Wassermelone/Senfkorn/Pimpernelle

FÜR 4 PERSONEN:

KALTSCHALE:
3 Gurken
1 EL Schmand
1 Zweig Dill
je 1 Prise Salz und Zucker
Pfeffer aus der Mühle
etwas Zitronensaft

WILDGARNELE:
4 Wildgarnelen
200 ml Albaöl (schwedisches Rapsöl mit Butteraroma)
1 Prise Maldon Seasalt
Rosmarin, Thymian
Pfefferkörner, Knoblauchzehe
Schale einer Zitrone

PATA-NEGRA-CRUMBLE:
200 g Pata-Negra-Schinken

GURKEN-TAPIOKA:
1 Salatgurke
50 g Tapiokaperlen
Salz, Zucker, Zitronensaft

SENFKORN:
20 g Senfkörner, etwas Apfelsaft

SCHMAND:
100 g Schmand
Salz, Pfeffer aus der Mühle
etwas Zitronensaft

FERTIGSTELLEN:
5 Zweige Pimpernelle
200 g Wassermelone
1 Salatgurke

KALTSCHALE: Die Gurken waschen und klein schneiden. Anschließend alle Zutaten in einem Mixer fein pürieren. Mit etwas Salz, Zucker und einem Spritzer Zitrone verfeinern und kalt stellen.

WILDGARNELE: Den Wildgarnelen unter Wasser den Schwanz entfernen, von Schale und Darm trennen und trocken tupfen. Albaöl auf 54 °C erwärmen und die Kräuter und Gewürze hinzugeben. Anschließend die Garnelenschwänze darin kurz garen.

PATA-NEGRA-CRUMBLE: Pata Negra in dünne Scheiben schneiden und bei 60 °C im Dehydrator trocknen. Anschließend mit einer Moulinette zu einem feinen Pulver zerschroten.

GURKEN-TAPIOKA: Gurke in einem Entsafter mitsamt der Schale entsaften. Tapioka waschen und in einem Topf mit Wasser kochen, bis die Stärke durchsichtig ist. Dann unter kaltem Wasser abspülen. Den Saft mit dem Tapioka vermengen, mit etwas Salz, Zucker und einem Spritzer Zitrone abschmecken und kalt stellen.

SENFKORN: Die Senfkörner im Apfelsaft weich kochen und kalt stellen.

SCHMAND: Den Schmand mit etwas Zitrone, Salz und Pfeffer abschmecken, in einen Spritzbeutel abfüllen und kalt stellen.

FERTIGSTELLEN: Gurke halbieren, mit einem Sparschäler lange Streifen schälen und einrollen. Pimpernellen-Blätter abzupfen und mit einem beliebigen leichten Dressing marinieren. Wassermelone in Scheiben schneiden und mit einem runden Ausstecher etwa 2 Zentimeter große Scheiben ausstechen. Die verschiedenen Komponenten abwechselnd auf dem Tellerrand anrichten, mittig das Süppchen angießen und mit der Wildgarnele vollenden.

PROFITIPP:
»Produzieren Sie das Süppchen schon einen Tag vorher. So intensiviert sich der Geschmack.
Nico Burkhardt, Küchenchef

WEINEMPFEHLUNG:

MÜLLER-THURGAU HOCHEBENE 2012 OCHSENBACHER LIEBENBERG
WEINGUT GEORG UND ANJA MERKLE OCHSENBACH

Opulenter Duft nach Stachelbeeren, rosa Grapefruit und Apfel. Kräuterwürzige, komplexe Frucht und präzise Säureader, feine, salzige Nuancen im Finish. Ein außergewöhnlich charaktervoller Müller-Thurgau.
www.weingut-merkle.de

SCHWIERIGKEITSGRAD: MITTEL | ZUBEREITUNGSZEIT: 1 ½ STUNDEN

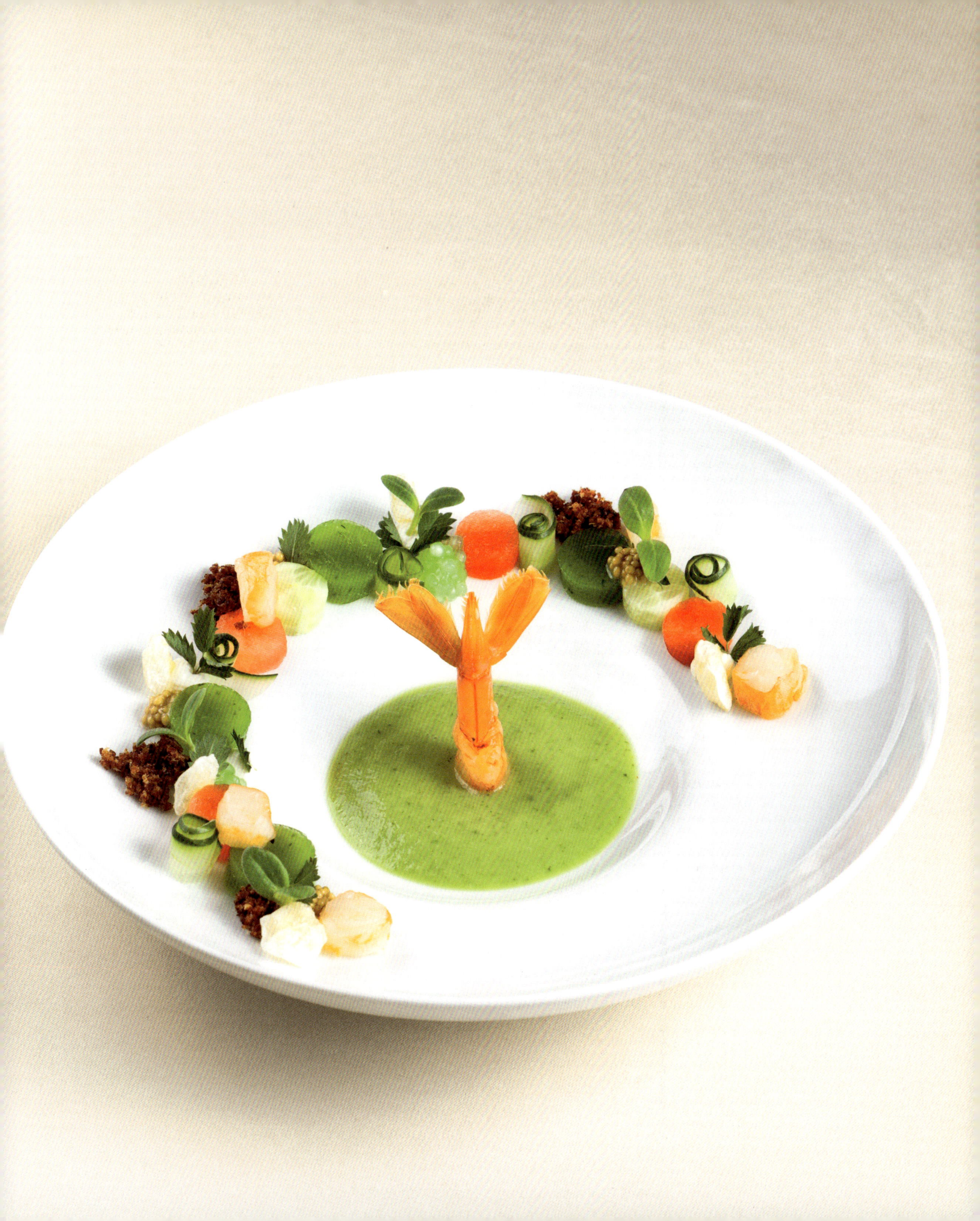

Gourmet-Restaurant OLIVO | Nico Burkhardt

DUROC-SCHWEINEBACKE À LA BBQ
Zuckermais-Textur/Parmesan/Pimiento

FÜR 4 PERSONEN:

SCHWEINEBACKE:
4 Schweinemagerbacken
1 Knollensellerie
½ Bd. Staudensellerie
2 Karotten, 1 EL Tomatenmark
100 ml Madeira, Öl, Stärke
100 ml Portwein, rot
100 ml Rotwein, 1 Knoblauchzehe
3 EL Blues Hog Barbecue Sauce
300 ml Gemüsefond
Pfeffer, Kümmel, Lorbeer, Piment

PIMIENTO:
5 Stk. rote Paprika, 100 ml Apfelsaft
Salz, Zucker, Pfeffer

MAISPÜREE:
500 g Mais, gekocht
500 ml Sahne
Salz, Zucker, Pfeffer

MAIS-ESSPAPIER:
1 EL Maispüree, Xantana

POPCORN:
50 g Popcorn-Mais, Öl
Zucker

MINI-MAIS:
1 Schale Mini-Mais
Salz, Zucker, Butter

WEISSES RAUCHPULVER:
20 g Maltosec, 10 ml Rauchöl

SCHWEINEBACKE: Gemüse in 1 mal 1 Zentimeter große Würfel schneiden. Schweinebacken von Sehnen und Silberhaut befreien. In einem Topf mit Öl das Gemüse, Gewürze und den Knoblauch anrösten, die Schweinebacken hinzugeben und mit anschwitzen. Tomatenmark hinzugeben, mit dem Alkohol ablöschen und auf ein Drittel einkochen lassen. Mit dem Gemüsefond auffüllen und das Ganze bei 180 °C 2 Stunden im Ofen schmoren. Bäckchen herausnehmen, den Sud durch ein Sieb passieren und mit der BBQ-Sauce verfeinern. Die Sauce einköcheln lassen, mit etwas Stärke abbinden und die Bäckchen darin warm halten.

PIMIENTO: Paprika schälen, Kerngehäuse entfernen, fein würfeln und in einer Sauteuse farblos anschwitzen. Mit Apfelsaft ablöschen, einkochen lassen und mit etwas Zucker, Salz und Pfeffer abschmecken.

MAISPÜREE: Mais mit der Sahne einkochen, bis diese fast verkocht ist. Danach fein pürieren, durch ein feines Sieb streichen sowie mit Zucker, Salz und Pfeffer abschmecken.

MAIS-ESSPAPIER: Einen Esslöffel des Maispürees mit Xantana vermengen, auf ein Blech mit Backpapier aufstreichen und bei 68 °C im Ofen trocknen lassen. Dann in eine beliebige Größe brechen.

POPCORN: Mais in einen Topf mit heißem Öl geben, bis die Körner platzen. Auf ein Blech geben und abkühlen lassen. Etwas Zucker in einem Topf karamellisieren. Das Popcorn schnell hinzugeben, gut vermengen und abkühlen lassen.

MINI-MAIS: Mais in kochendem Wasser mit etwas Salz und Zucker weich garen und mit Butter glasieren.

WEISSES RAUCHPULVER: Die Zutaten miteinander vermengen, bis alles eine pulverförmige Konsistenz hat.

» **PROFITIPP:**
Kaufen Sie die Bäckchen bei einem Fleischer Ihres Vertrauens, um höchste Qualität zu garantieren.
Nico Burkhardt, Küchenchef

WEINEMPFEHLUNG:

LEMBERGER 2010 HADES
STAATSWEINGUT WEINSBERG
18 Monate im Barrique gereifter Lemberger. Dunkles Rubinrot, Duft nach Pflaumen und dunklen Waldfrüchten, Zartbitterschokolade und Pfeffer. Komplex mit kräftiger Tanninstruktur und langem Nachhall.
www.staatsweingut-weinsberg.de

SCHWIERIGKEITSGRAD: SCHWER | **ZUBEREITUNGSZEIT:** 3 STUNDEN

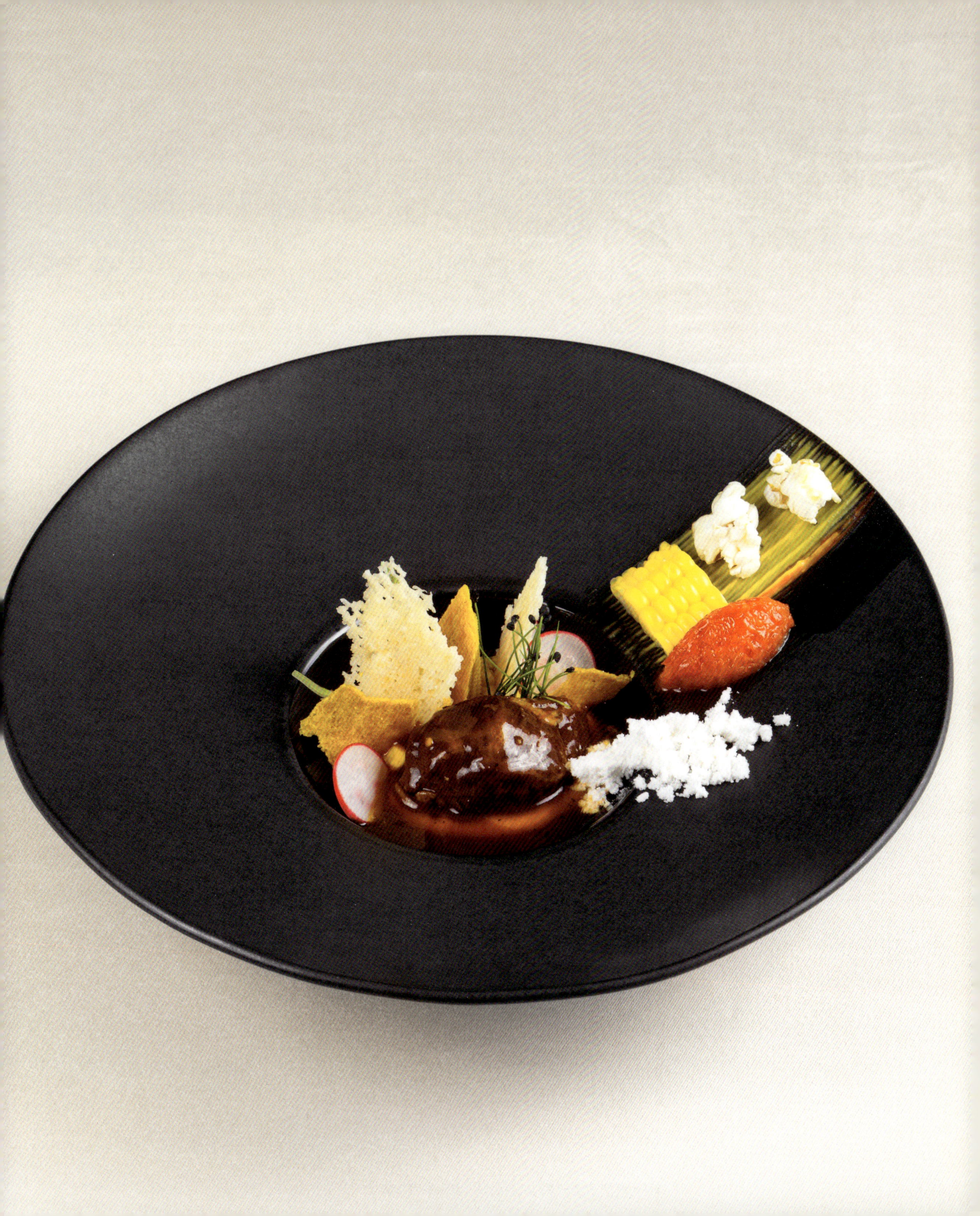

Gourmet-Restaurant OLIVO | Nico Burkhardt

MEIN ERDBEERBEET
Erdbeeren/Topfen/Holunderblüte

FÜR 4 PERSONEN:

ERDBEERSORBET:
600 g Erdbeerpüree
8 ml Glucosesirup, 10 ml Limettensaft
65 ml Wasser

ERDBEERGELEE:
300 g Erdbeerpüree
15 ml Erdbeersirup
7 ml Limettensaft
30 ml Wasser, 5 Bl. Gelatine

GELEE FÜR DEN BODEN:
400 g Erdbeerpüree
20 ml Wasser, 4 Bl. Gelatine
4 g Agar-Agar

ERDBEERMOUSSE:
200 g Erdbeerpüree
80 ml Sahne, 10 ml Limettensaft
15 g Puderzucker, 4½ Bl. Gelatine

ERDBEERCOULIS:
200 g Erdbeerpüree, 1 g Xantana
5 ml Limettensaft, 5 ml Erdbeersirup

TOPFENCOULIS:
200 g Topfen, 15 ml Limettensaft
25 g Puderzucker, 1 g Xantana

HOLUNDERBLÜTENGELEE:
100 ml Holundersirup
250 ml Wasser, 6 Bl. Gelatine
1 Vanillestange, 15 ml Limettensaft

ERDBEERMACARONS:
200 ml Erdbeersaft, 2 g Xantana
12 g Albumin, Minze

ERDBEERSORBET: Alle Zutaten zusammen aufkochen und in einer Eismaschine frieren.

ERDBEERGELEE: Alle Zutaten außer der Gelatine zusammen in einem Topf aufkochen. Gelatine in die lauwarme Masse (etwa 37 °C) einrühren und anschließend in eine flache rechteckige Form gießen. Kalt stellen und in kleine Würfel schneiden.

GELEE FÜR DEN BODEN: Erdbeerpüree mit Wasser und Agar-Agar aufkochen, die Gelatine in die nicht mehr kochende Masse geben und auf ein vorgewärmtes Plastikblech gießen. Mit einem runden Ausstecher Böden ausstechen.

ERDBEERMOUSSE: Püree mit angeschlagener Sahne vermengen und mit Limettensaft und Puderzucker abschmecken. Die Gelatine nach und nach unterheben. Die Masse in eine Form geben und kühl stellen.

ERDBEER- UND TOPFENCOULIS: Alle Zutaten mit einem Stabmixer pürieren und die fertige Masse in eine Spritzflasche füllen. Ebenso mit dem Topfencoulis verfahren.

HOLUNDERBLÜTENGELEE: Aus der Vanilleschote das Mark auskratzen. Anschließend alle Zutaten außer der Gelatine in einem Topf aufkochen. Gelatine in die lauwarme Masse einrühren, in eine rechteckige Form gießen und kalt stellen. Dann in Würfel schneiden.

ERDBEERMACARONS: Erdbeersaft mit Xantana mixen und mit Eiweißpulver in einer Kitchen-Aid aufschlagen. Auf eine Backmatte kleine Tropfen spritzen und bei 60 °C trocknen.

ANRICHTEN: Geleeboden mittig auf dem Teller platzieren, die Gelees und Mousse abwechselnd anrichten, mit dem Erdbeersorbet und etwas Minze vollenden.

PROFITIPP:
»Anstelle der Erdbeeren können Sie selbstverständlich auch anderes Obst verwenden, das gerade Saison hat.
Nico Burkhardt, Küchenchef

WEINEMPFEHLUNG:

2008 TROLLINGER BLANC DE NOIR EISWEIN
WEINGUT CURRLE, UHLBACH
Präsentiert sich in einem hellen Bernstein mit fein gold schimmernden Nuancen. Im Bukett zeigen sich reife Früchte. Eine opulente Fruchtsüße wird durch eine deutliche Beerensäure fein gepuffert.
www.weingut-currle.de

SCHWIERIGKEITSGRAD: MITTEL | ZUBEREITUNGSZEIT: 3 STUNDEN

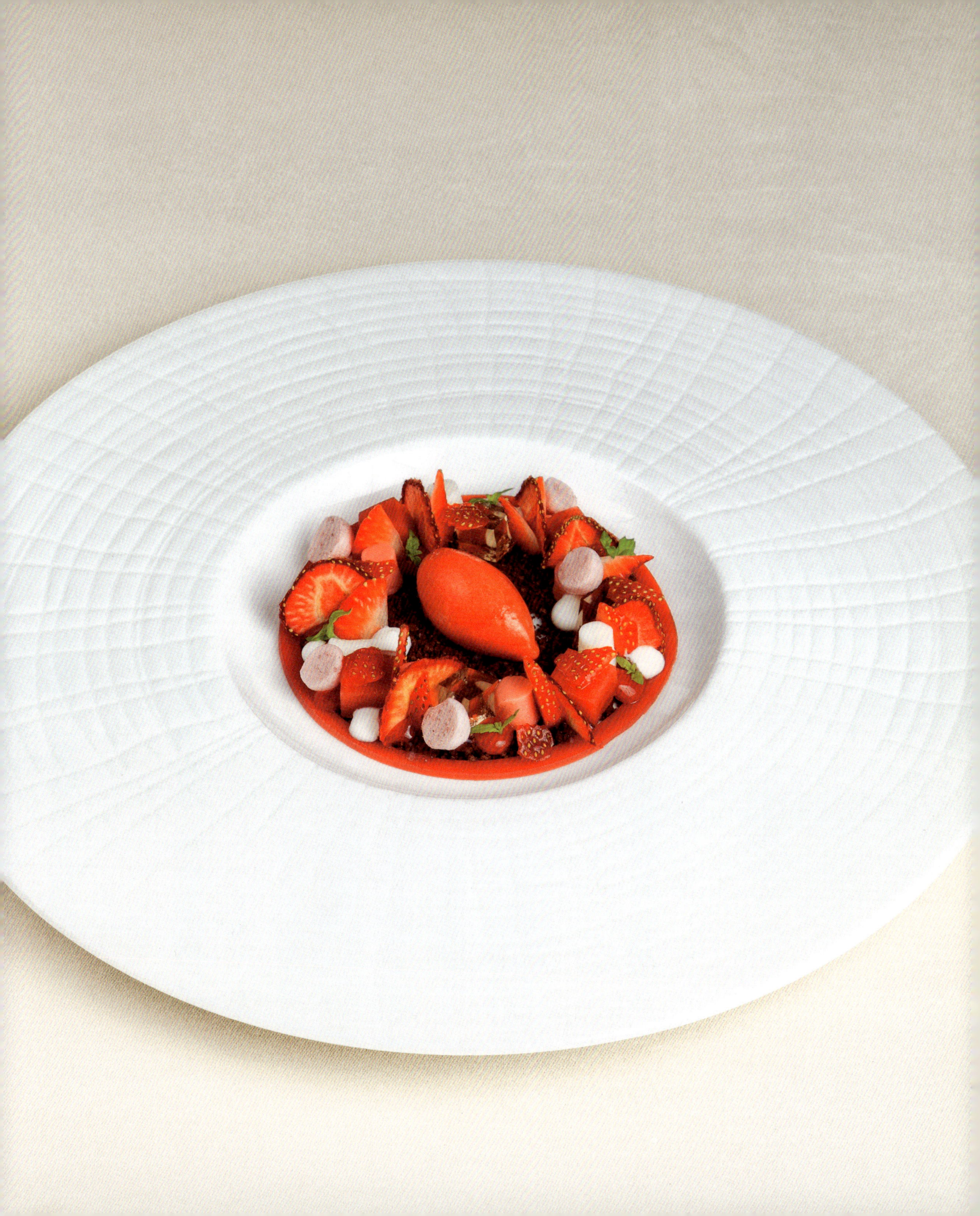

Gourmetrestaurant Schlossberg | **Jörg Sackmann**

GRENZEN SIND DA, UM SIE ZU ÜBERWINDEN: **JÖRG SACKMANN** SCHAFFT IM **RESTAURANT SCHLOSSBERG** SPIELEND DEN SPAGAT ZWISCHEN REGIONALITÄT UND WORLD FOOD.

MANN OHNE LIMITS

Sternekoch, TV-Koch, Hoteleigentümer und kulinarische Inspiration für internationale Prominenz aus Politik, Sport und Wirtschaft: Jörg Sackmann ist ein gastronomischer Wirbelwind. Gäste, die zu ihm in den Schwarzwald kommen, wollen etwas Neues erleben. Und der umtriebige Küchenchef versorgt seine Gourmetfans regelmäßig mit neuem Fine-Dining-Futter. Kreativität ohne Effekthascherei steht im „Restaurant Schlossberg" seines „Hotel Sackmann" in Baiersbronn stets im Vordergrund. Immer strebt er nach Perfektion und tüftelt kontinuierlich an neuen Rezepten oder experimentiert mit ungewöhnlichen Zutaten. So kann es gut sein, dass er etwa eine Gelbflossenmakrele mit Gurke, Kopfsalat und Lassi kombiniert oder Schwertmuschel mit Meeresspinne, Ingwer-Sud, Favabohnen und Erdnussöl. Der Ideenreichtum des Sternekochs kennt dabei keine Grenzen.

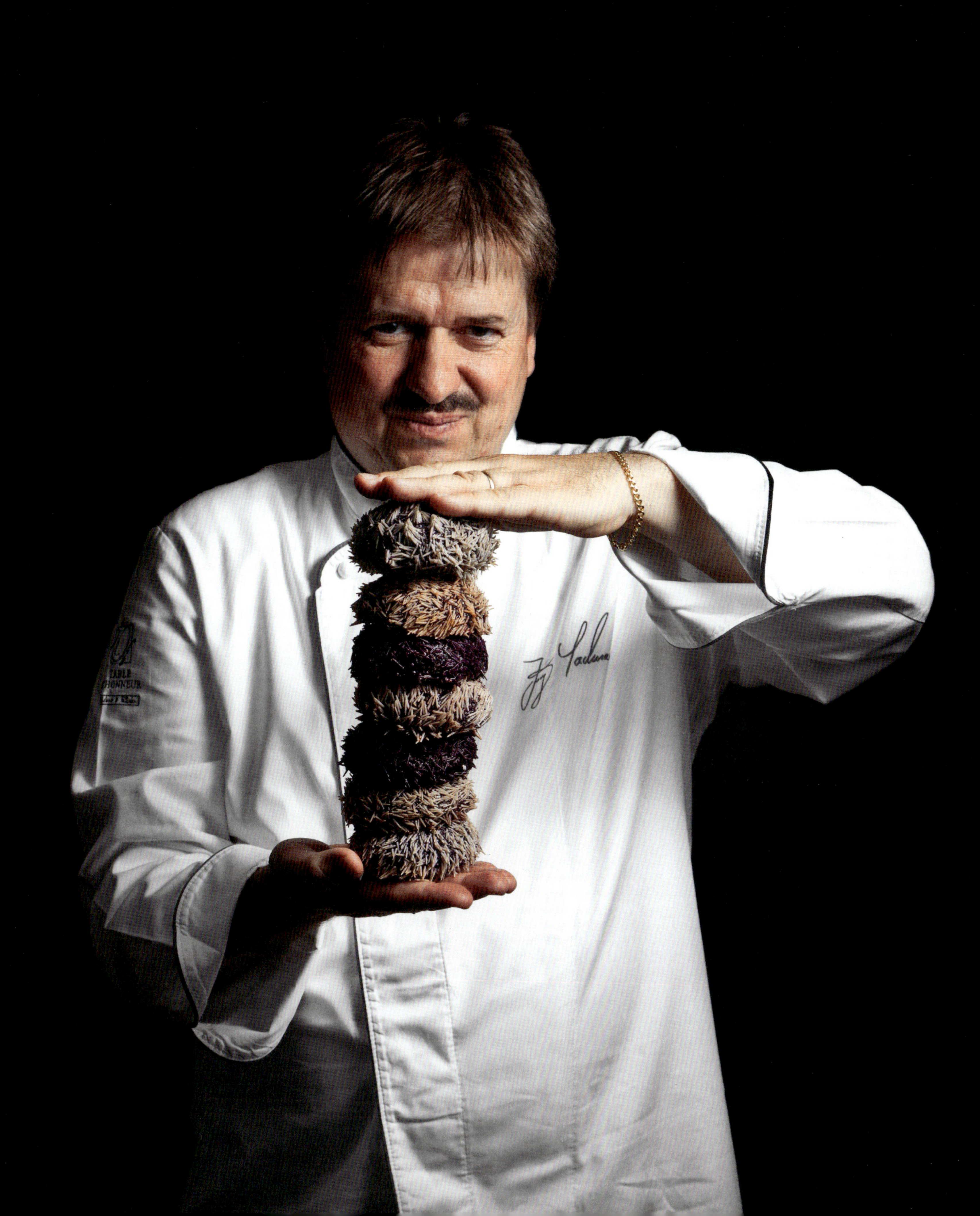

Gourmetrestaurant Schlossberg | **Jörg Sackmann**

BELIEBTE
SCHWARZWALD
IKONE

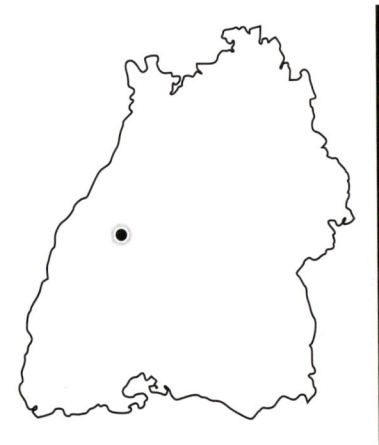

Gourmetrestaurant Schlossberg
im Hotel Sackmann
Murgtalstraße 602
D-72270 Baiersbronn
Tel.: +49 (0) 74 47/28 90
E-Mail: info@hotel-sackmann.de
www.hotel-sackmann.de

Für ambitionierte Köche gibt es definitiv entspanntere Ortschaften als Baiersbronn. Aber auch wenn die Konkurrenz mit Harald Wohlfahrt und Claus-Peter Lumpp die härteste Deutschlands ist, hat sich Jörg Sackmann weit über die Grenzen des Schwarzwalds hinaus einen respektablen Namen gemacht. Wohlfahrt war sein Lehrmeister, genauso wie Küchenlegende Eckart Witzigmann. Heute führt der talentierte Ausnahmekoch den Familienbetrieb „Romantik-Hotel Sackmann" mit 65 Zimmern und perfekt abgestimmter Gastronomie. Flaggschiff der unterschiedlichen Restaurants ist natürlich das „Gourmetrestaurant Schlossberg". Hier wird Sackmanns von der Liebe zu Aromen geprägte Sterneküche serviert. Eine beeindruckende Spielwiese, auf der er durch Perfektion bis ins Detail Tag für Tag aufs Neue überzeugt.

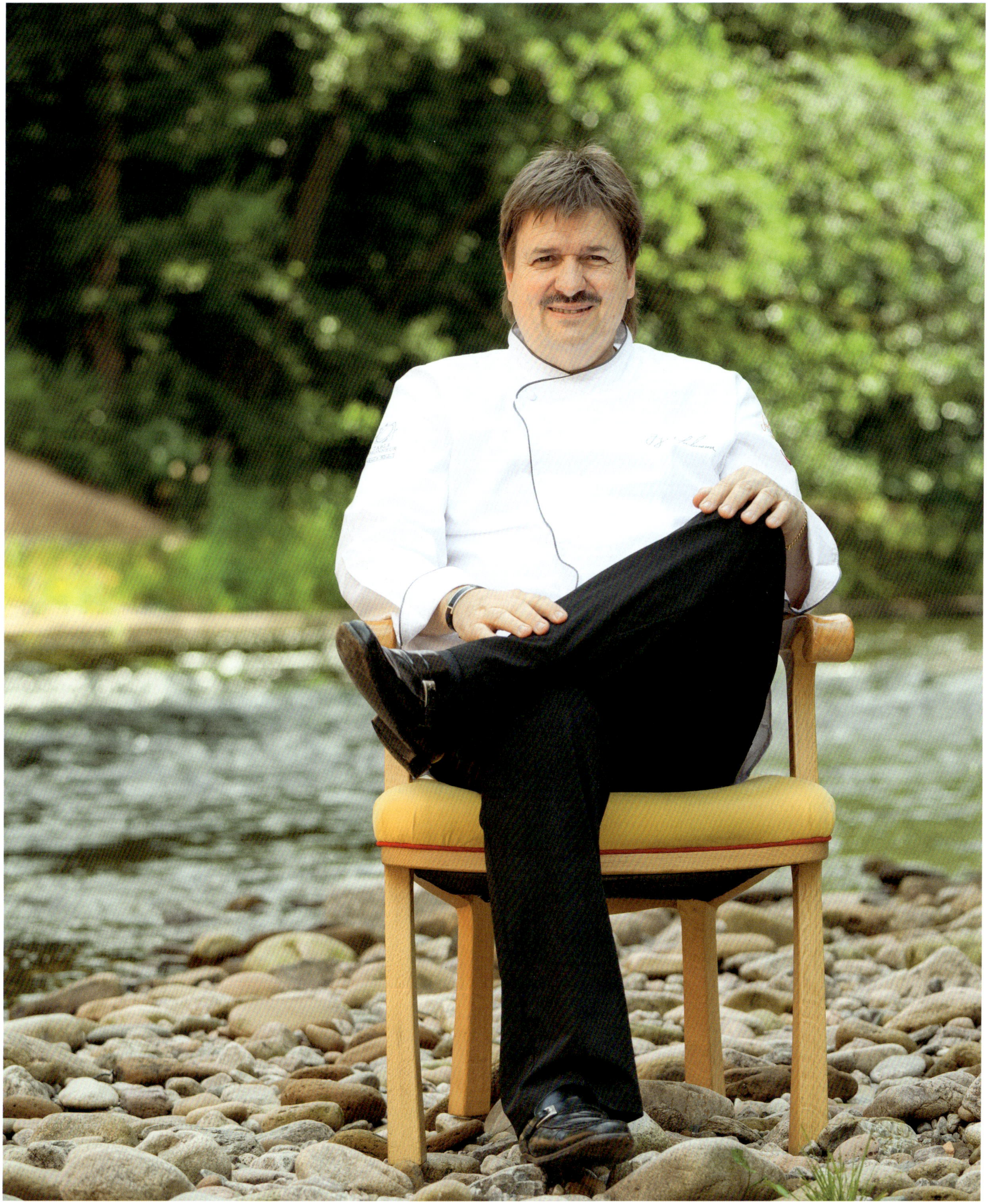

Gourmetrestaurant Schlossberg | **Jörg Sackmann**

SEEIGEL
mit Kaviar-Romanasalat, Wachtelei, Zitronenmilch

FÜR 4 PERSONEN:

SEEIGEL-MOUSSE:
15 Seeigel (ergeben 200 g Seeigelfleisch und 300 ml Seeigelsaft)
4 Bl. Gelatine, eingeweicht
400 ml Sahne
1 Eiweiß, cremig aufgeschlagen
1 Schalotte, fein geschnitten
50 ml Noilly Prat
50 ml Weißwein
50 g Crème fraîche
Maldonsalz, Piment d'Espelette
Olivenöl, Zitronensaft, Zitronenöl

ZITRONENMILCH:
1 Ei, 10 ml Zitronensaft
1 EL Zitronenöl
10 ml Estragonessig
200 ml Traubenkernöl
100 ml Olivenöl
50 ml Walnussöl
240 ml Buttermilch
Salz, Cayennepfeffer
Weißbrot, Butter

ANRICHTEN:
8 Romanasalatherzen
Schnittlauch, fein gehackt
4 Borretschstiele
4 junge Radieschen, mit Grün
8 Seeigelzungen
4 Seeigel-Mousse-Nocken
Zitronenmilch, aufgeschäumt
Wachteleier, pochiert
Weißbrotchips
Schwarzer Kaviar, Lachskaviar
Lachskaviar in
Wasabi-Erbsen-Puder gewälzt

SEEIGEL-MOUSSE: Den Seeigelsaft auf 50 Milliliter reduzieren und den aufsteigenden Schaum abpassieren. Olivenöl erhitzen und die Schalotte darin anschwitzen. Die Hälfte der Seeigel hinzufügen und mit anschwitzen. Mit Weißwein und Noilly Prat ablöschen und reduzieren. Seeigelsaft zufügen. Crème fraîche zugeben, kurz aufkochen und die eingeweichte Blattgelatine darin auflösen. Mit Salz und Piment d'Espelette abschmecken. Masse mit dem Mixstab cremig aufmixen, durch ein feines Sieb passieren und auf aufgestoßenem Eis auskühlen lassen. Cremiges Eiweiß und Sahne unterheben und würzen. In einer Glasschale kalt stellen.

ZITRONENMILCH: Ei, Zitronensaft, Zitronenöl, Estragonessig, Salz und Cayenne aufschlagen und mit den Ölen tröpfchenweise aufmontieren. Zum Schluss 240 Milliliter Buttermilch unterrühren und nochmals abschmecken. Aus Weißbrot Stäbe schneiden und diese mit geklärter Butter zwischen zwei Backpapieren bei 180 °C 4 Minuten goldbraun backen.

ANRICHTEN: Je ein Wachtelei pro Person bei 62 °C für 45 Minuten im Wasserbad pochieren und bis zum Anrichten auf Eiswasser liegen lassen.

PROFITIPP:
»Den Seeigelsaft durch ein Sieb passieren, Seeigelzungen vorsichtig mit einem Teelöffel aus dem Seeigel entfernen, damit absolut kein Splitter in das Seeigelfleisch kommt.
Jörg Sackmann, Küchenchef

WEINEMPFEHLUNG:

2008 KALLSTADTER SAUMAGEN RIESLING KABINETT TROCKEN
WEINGUT KOEHLER-RUPRECHT
KALLSTADT, PFALZ

Komplexe Aromen von Minze, Lavendel, Aprikose und knackigem grünem Apfel. Am Gaumen tolle Balance und Harmonie. Saftig und extraktreich. Tolle reife Säure.
www.koehler-ruprecht.com

SCHWIERIGKEITSGRAD: MITTEL | **ZUBEREITUNGSZEIT:** 45 MINUTEN

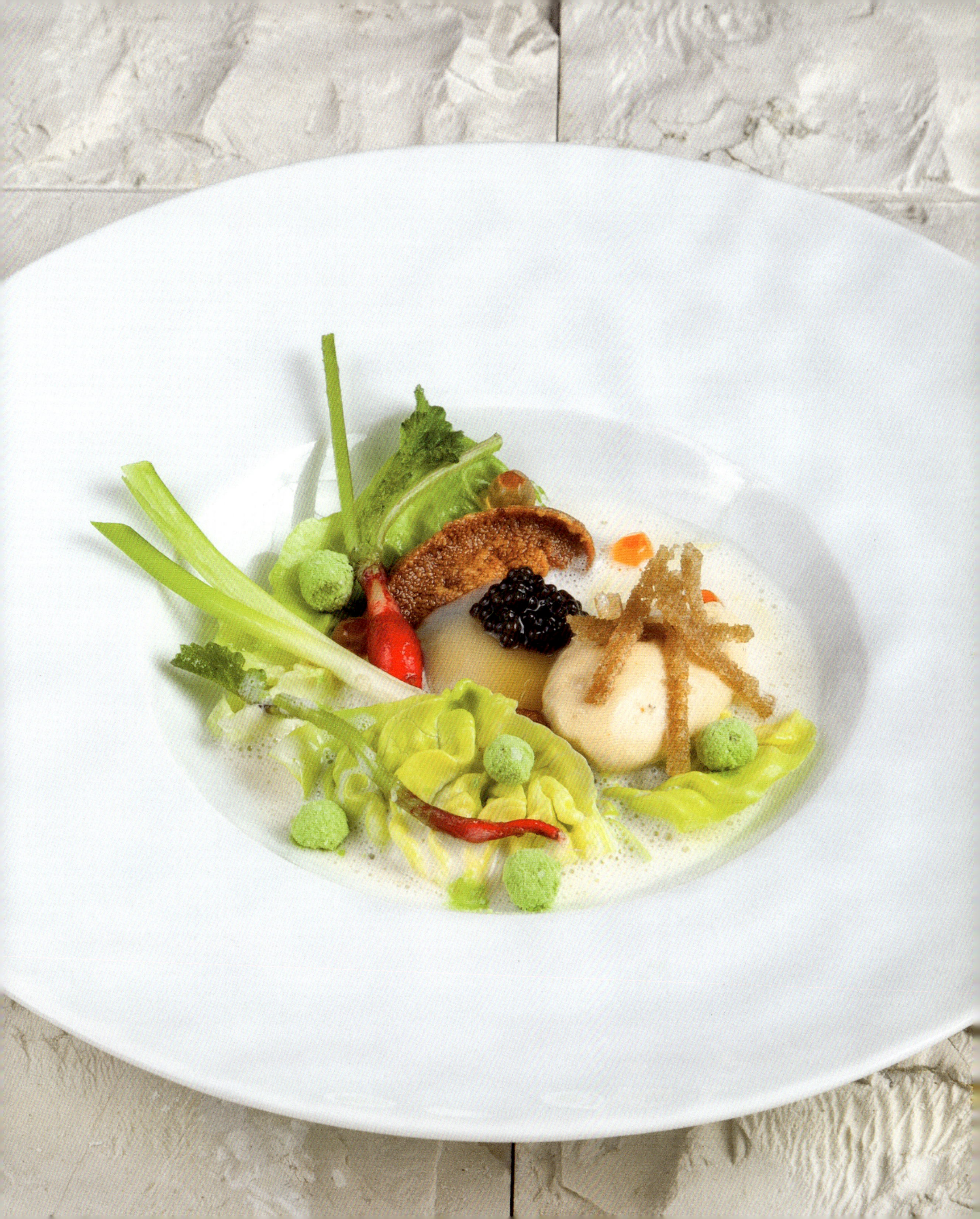

Gourmetrestaurant Schlossberg | **Jörg Sackmann**

SEEZUNGE
in der Yuzukruste, Grüntee-Wakame-Sud, Daikonrettich

FÜR 4 PERSONEN:

SEEZUNGE:
800 bis 1000 g Seezungen, in Filets
Salz, Pfeffer, Zitronensaft, Olivenöl

KRUSTENTIERFARCE:
100 g Hummerfleisch/Garnelen, roh
80 ml Sahne
1 Eiweiß
Salz, Cayennepfeffer

YUZUKRUSTE:
120 g Butter, 1 Eigelb
5 g Yuzupulver, 20 g Yuzusaft,
40 g Aprikosen, getrocknet
und fein geschnitten
100 g Mie de Pain
Salz, Cayennepfeffer

GRÜNTEE-WAKAME-SUD:
1 kg Seezungen oder Fischkarkassen,
klein geschnitten
2 Zwiebeln, weiß
1 Fenchelknolle
2 Stg. Staudensellerie
10 Champignons, 3 Tomaten
200 ml Sake, 100 ml Sherry, trocken
200 ml Weißwein
70 g Wakame-Algen, getrocknet
1 Bl. Kombu-Alge, 1 TL Teeblätter
1 l Geflügelfond, Salz
Cayennepfeffer, Sternanis
1 Thymianzweig, Fenchelsaat
700 ml Olivenöl, 2 Limetten

GETROCKNETE SHRIMPS:
200 ml Orangensaft
2 Stk. Zitronengras, feine Ringe
20 g Ingwer, fein gerieben
1 Msp. Jaipur-Curry
180 g Minishrimps

SEEZUNGE: Die Filets zwischen Klarsichtfolie legen und leicht plattieren. Die Seezunge würzen und mit der Farce auf der Hautseite 1 Zentimeter dick bestreichen. Das zweite Stück mit der Hautseite auf das erste Stück legen und in eine mit Öl und Salz bestrichene Klarsichtfolie wickeln. Die Seezunge bei 70 °C 25 bis 30 Minuten im Ofen garen.

KRUSTENTIERFARCE: Das kalte Fleisch in eine Moulinette geben und etwas mixen. Langsam kalte Sahne, Eiweiß und Gewürze hineinmixen. Durch ein feines Sieb streichen.

YUZUKRUSTE: Butter schaumig aufschlagen, das Eigelb sowie das Yuzupulver hinzugeben und gut in die Butter einarbeiten. Den Yuzusaft unter die Butter rühren, zum Schluss die Aprikosen und das Mie de Pain unterheben und mit Salz und Cayennepfeffer abschmecken. Die Butter auf ein Backpapier gleichmäßig aufstreichen und kalt stellen. In Streifen schneiden und auf die Seezunge legen.

GRÜNTEE-WAKAME-SUD: Seezungenkarkassen im Ofen bei 180 °C 20 Minuten trocknen. Gemüse, Tomaten und Champignons klein schneiden. In etwas Olivenöl anschwitzen, mit Sake, Sherry und Weißwein ablöschen, reduzieren, Gewürze zugeben und mit Geflügelfond auffüllen. Fischkarkassen und klein geschnittene Wakame-Algen zugeben, 30 Minuten langsam köcheln lassen, passieren. Nun die Hälfte einkochen, Grüntee und Kombu-Alge zugeben. Restliches Olivenöl unterrühren und mit Limettensaft würzen.

GETROCKNETE SHRIMPS: Zitronengras und Ingwer mit Orangensaft und Jaipur-Curry aufkochen und um die Hälfte reduzieren. Die Shrimps in den Fond legen und 1 Stunde ziehen lassen, danach die Minishrimps einzeln auf eine Backmatte legen und im Trockenofen bei 70 °C 24 Stunden trocknen.

PROFITIPP:
« Durch das Trocknen der frischen Fischkarkasse bekommt der Algensud ein schönes mildes Aroma.
Jörg Sackmann, Küchenchef

WEINEMPFEHLUNG:

2011 ESCHERNDORFER LUMP SILVANER ABOVO
WEINGUT RAINER SAUER
ESCHERNDORF, FRANKEN
Wurde im 900-Liter-Beton-Ei ausgebaut. Spontanvergoren, strahlend klar, salzig, elegant, feine dezente Süße im Vordergrund, zu einem komplexen Fischgericht nicht wegzudenken.
www.weingut-rainer-sauer.de

SCHWIERIGKEITSGRAD: MITTEL | **ZUBEREITUNGSZEIT:** 1 ½ STUNDEN

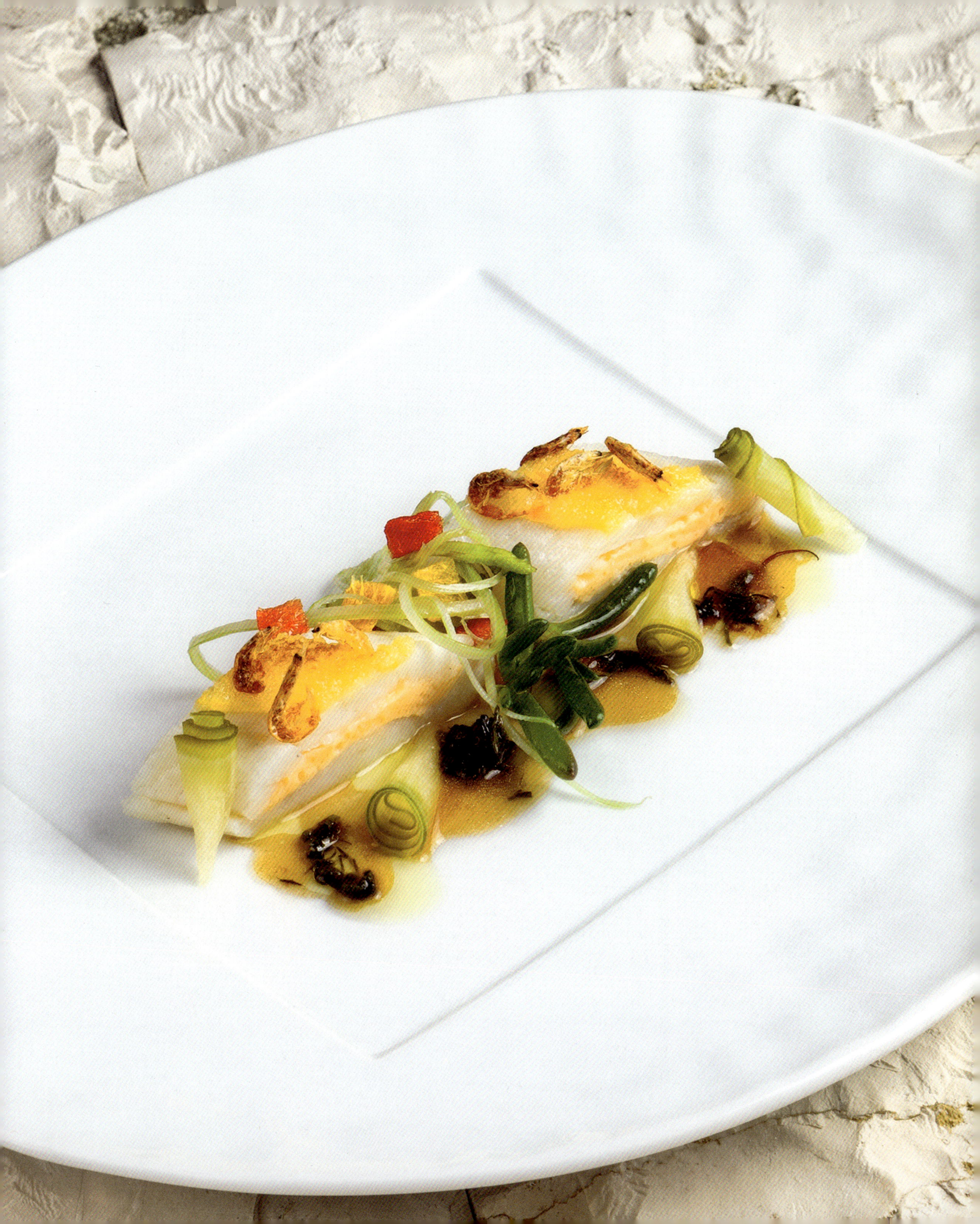

Gourmetrestaurant Schlossberg | **Jörg Sackmann**

ERDBEER-ROSENKUGEL
Kandierte Wassermelone, Kadaifibällchen, Rosengelee, Milchkonfitüreneis

FÜR 4 PERSONEN:

ROSENKUGEL:
40 g Butter, weich
20 g Puderzucker
2 Vanilleschoten, 4 Eigelb
100 g Kuvertüre, weiß
3 Bl. Gelatine
400 g Sahne, geschlagen

ROSENKUGELFÜLLUNG:
250 g Erdbeeren, 20 g Puderzucker
1 TL Rosenwasser, Zitronensaft
Zitronenmelissen-Brand

KANDIERTE WASSERMELONE:
1 Wassermelone
100 ml Läuterzucker
(Läuterzucker : Wasserzucker 1:1)
20 ml Rosenwasser, Zitronensaft
1 Vanillestange, ausgekratzt

ROSENGELEEKUGELN:
200 ml Erdbeersaft, 50 g Zucker
50 ml Champagner
1 Vanilleschote, aufgeschlitzt und ausgekratzt
1 TL Rosenwasser, 3 Bl. Gelatine

PISTAZIEN-KADAIFIBÄLLCHEN:
100 g Pistazien, geschält, 50 g Honig
80 g Butter, geschmolzen
150 g Marzipanrohmasse, 60 ml Kirschwasser
4 Nougatwürfel à 0,5 cm, Kadaifiteig

MILCHKONFITÜRENEIS:
200 ml Milch, 200 ml Sahne
1 l Kondensmilch, 250 g Zucker
5 Eigelb, 30 ml Rosenwasser

ERDBEERSAUCE:
100 ml Erdbeersaft, 4 ml Zitronensaft
40 ml Sekt, 30 g Puderzucker

SCHOKOLADENSPRAY:
100 g Kakaobutter, 100 g Kuvertüre, weiß

ANRICHTEN:
Rosenblätter, getrocknet
4 Erdbeeren
Melonenfruchtfleisch

ROSENKUGEL: Butter, Puderzucker und Vanille aufschlagen. Eigelb langsam dazulaufen lassen. Kuvertüre und Gelatine auflösen. Gelatine, dann Kuvertüre unter die Eigelbmasse heben. Sahne unterziehen und abschmecken. Masse in Halbkugelgummimatten abfüllen und einfrieren.

ROSENKUGELFÜLLUNG: Alle Zutaten vermischen und pürieren. Anschließend abschmecken.

KANDIERTE WASSERMELONE: Melone mit der Aufschnittmaschine 0,5 Millimeter dick aufschneiden. Fruchtfleisch entfernen. Alle Zutaten vakuumieren, verschließen und bei 64 °C 20 Minuten garen.

ROSENGELEEKUGELN: Gelatine einweichen und auflösen. Alle Zutaten miteinander vermischen, in kleine Pralinenhalbschalen abfüllen.

PISTAZIEN-KADAIFIBÄLLCHEN: Pistazien mahlen, Honig, Kirschwasser und Butter zugeben. Durchmixen. Marzipan mit der Pistazienmasse verkneten. Kugeln formen, mit Nougatwürfeln füllen und mit Kadaifiteig locker umwickeln. Bei 160 °C Ober- und Unterhitze 4 Minuten backen.

MILCHKONFITÜRENEIS: Kondensmilch auf 300 Milliliter einreduzieren. Milch und Sahne mit 125 Gramm Zucker fast zum Kochen bringen. Eigelb und den restlichen Zucker aufschlagen. Zur siedenden Milch geben und zur Rose abziehen. Kondensmilch und Rosenwasser zugeben. Mixen und durch ein feines Sieb passieren. In der Eismaschine gefrieren lassen.

ERDBEERSAUCE: Alle Zutaten vermischen. Glatt rühren.

SCHOKOLADENSPRAY: Alles zusammen auflösen, durch ein feines Sieb gießen und kurz vor Gebrauch in ein Lackiergerät geben. Rosenkugeln damit ansprühen.

PROFITIPP:
» Die Rosenkugel 25 bis 30 Minuten vor dem Servieren auftauen.
Jörg Sackmann, Küchenchef

WEINEMPFEHLUNG:

2012 DURBACHER PLAUELRAIN SCHEUREBE AUSLESE
WEINGUT ANDREAS LAIBLE
DURBACH, BADEN
In der Nase eine schöne Cassis-, Pfirsich- und reife Birnen-Note. Am Gaumen eine klare Frucht. Die Süße und Säure harmonieren miteinander und unterstützen unser Dessert.
www.weingut-laible.de

SCHWIERIGKEITSGRAD: MITTEL | **ZUBEREITUNGSZEIT:** 1 ½ STUNDEN

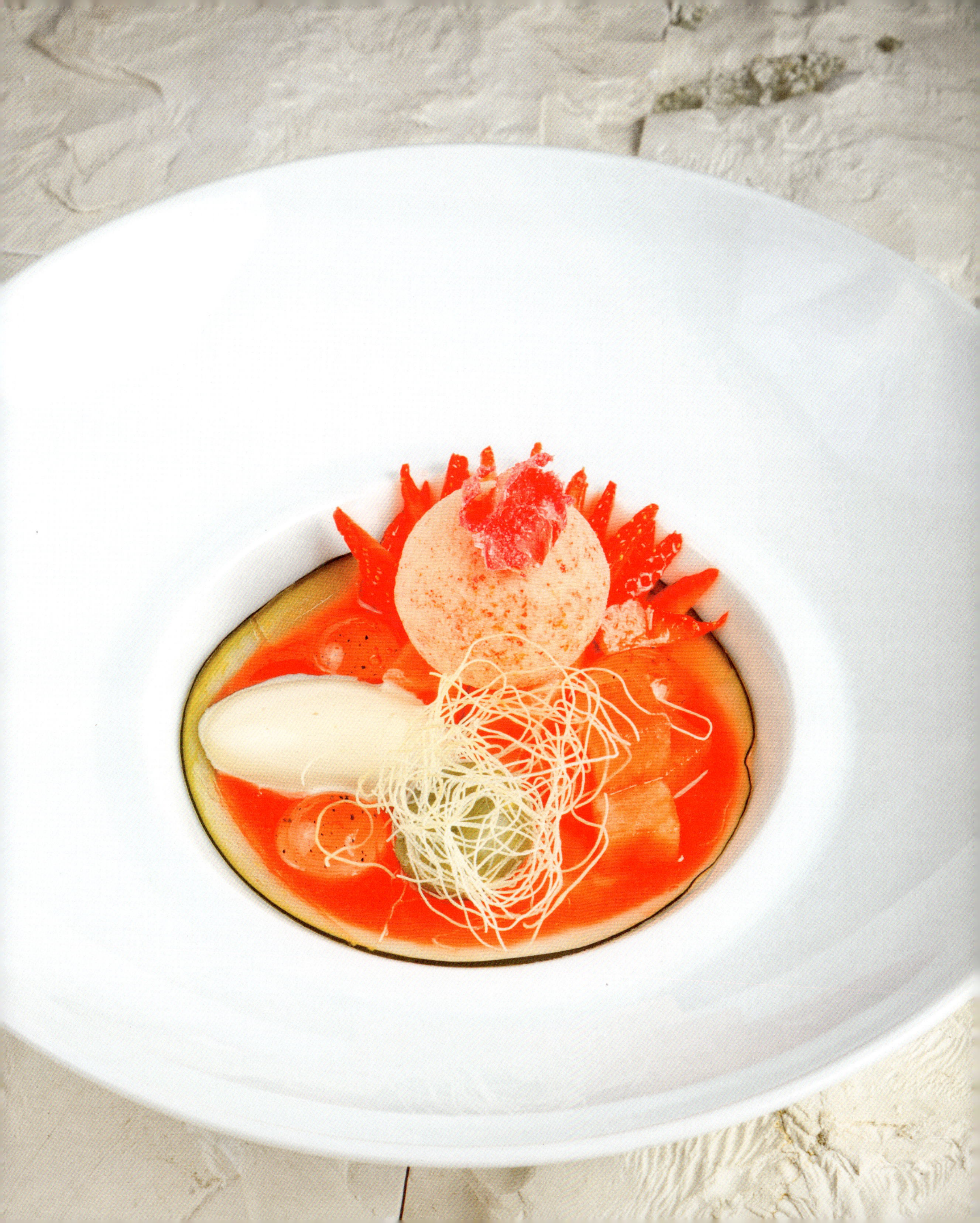

Hotel & Restaurant Rose | **Benjamin Maerz**

BENJAMIN MAERZ ZÄHLT ZU DEN 12 BESTEN KÖCHEN EUROPAS UNTER 30 UND LÄSST DURCH IDEENREICHE KREATIONEN SEIN **HOTEL & RESTAURANT ROSE** IN VOLLER BLÜTE ERSTRAHLEN.

WELT KLASSE NASE

Erst 25 Jahre jung, aber bereits Hoteleigentümer, Küchenchef und Anwärter auf einen Michelin-Stern. Unglaublich, was Benjamin Maerz seit dem plötzlichen Tod seines Vaters vor drei Jahren alles auf die Beine gestellt hat. Zeit, um in den weltberühmten Küchen der großen Meister in die Lehre zu gehen, hatte der talentierte Bietigheim-Bissinger daher nie. Umso erstaunlicher ist es, mit welcher Raffinesse und Kreativität Maerz seine Gerichte auf die Teller bringt. Auch die renommierte Organisation „Highendfood" ist auf den jungen Baden-Württemberger aufmerksam geworden und zählt ihn zu den zwölf besten europäischen Köchen unter 30 Jahren. Der sympathische Newcomer schafft es scheinbar mühelos, Kritiker wie Gäste zu überzeugen. Sein Credo: die Reinheit und Vielfalt der einzelnen Produkte bis hin zur perfekten Inszenierung auf dem Teller zu optimieren.

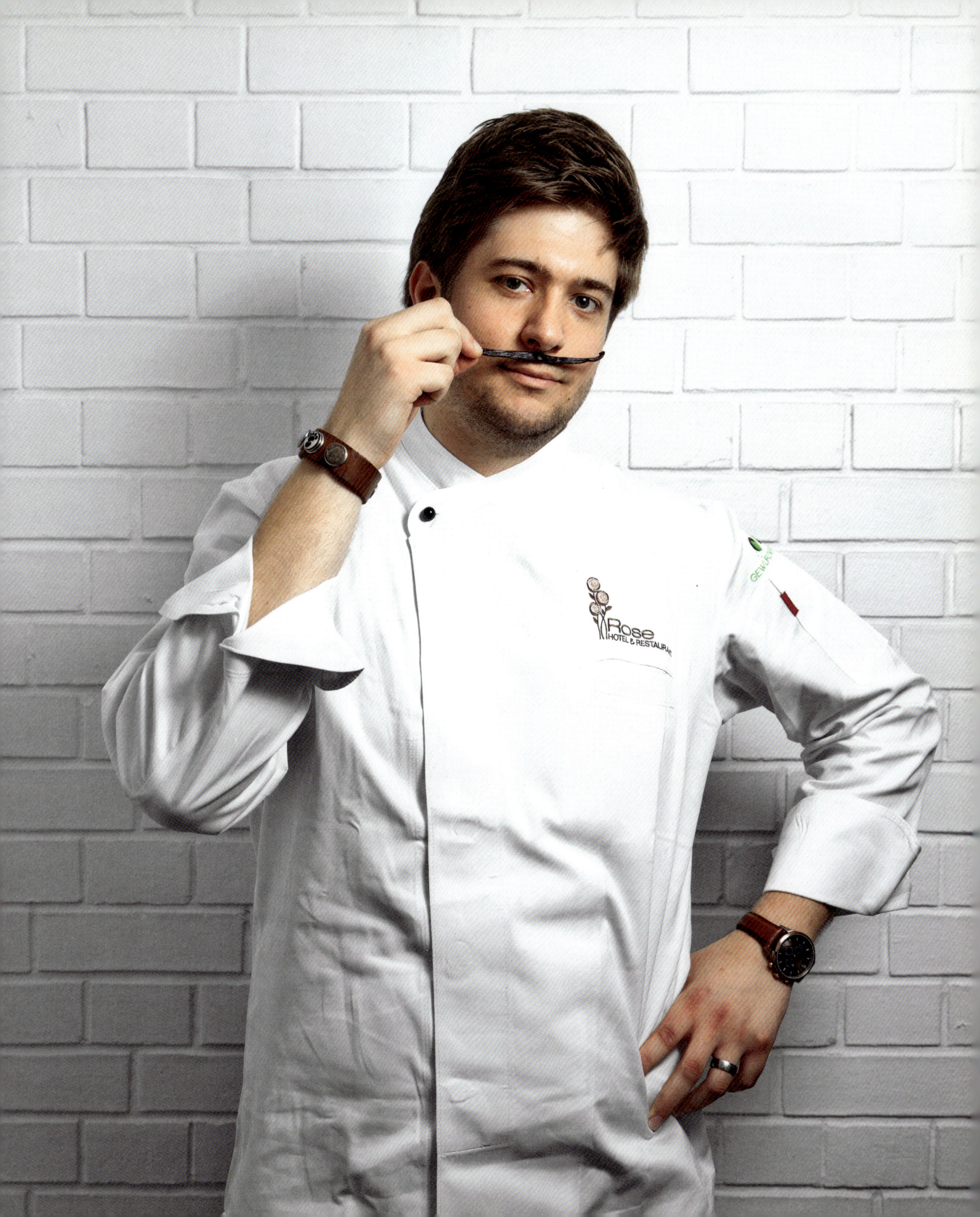
Rose
HOTEL &

Hotel & Restaurant Rose | **Benjamin Maerz**

ERFOLGREICHES FAMILY BUSINESS

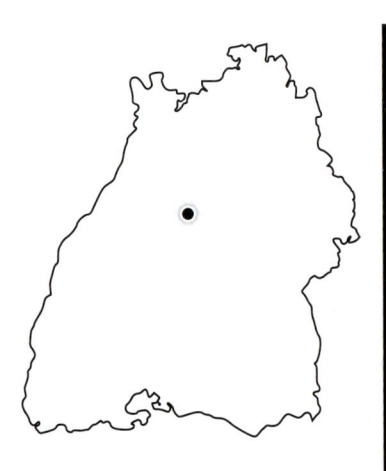

Hotel & Restaurant Rose
Kronenbergstraße 14
D-74321 Bietigheim-Bissingen
Tel.: +49 (0) 71 42/420 04
E-Mail: info@hotel-rose.de
www.hotel-rose.de

Den jugendlichen Spirit spürt man im renommierten Haus an allen Ecken und Enden. Kein Wunder, liegt doch das Durchschnittsalter im „Hotel & Restaurant Rose" bei 20 Jahren. Geführt wird der aufstrebende Familienbetrieb von den Brüdern Benjamin und Christian. Kümmert sich Benjamin um Küche und Hotel, ist Christian für Restaurantleitung und Weinkarte zuständig. Herrlich erfrischend: Alle Mitarbeiter bilden ein herzliches, freundliches und hilfsbereites Team, das sich durch respektvolle und kooperative Beziehungen auszeichnet. Das macht sich auch bei den kulinarischen Geistesblitzen bemerkbar, denn grundsätzlich wirkt an den Gerichten immer das ganze Team mit. Man testet, probiert und wenn etwas gefällt, wird es so lange perfektioniert, bis alle, und vor allem der Küchenchef, zufrieden sind.

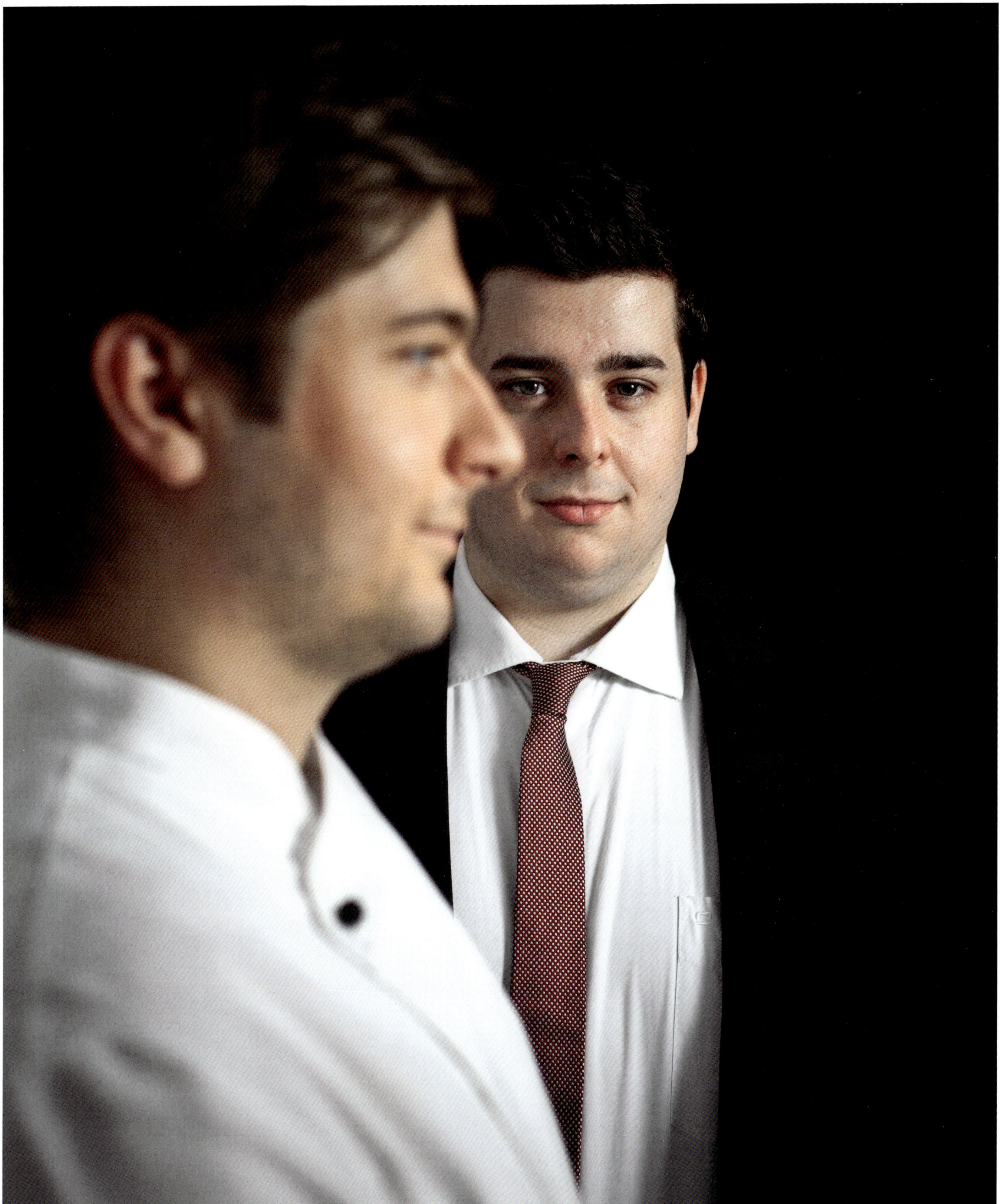

Hotel & Restaurant Rose | **Benjamin Maerz**

ENTENLEBER PIÑA COLADA
mit Ananas, Kokos und Muskat

FÜR 4 PERSONEN:

ENTENSTOPFLEBER:
150 g Entenstopfleber, entnervt
1 Msp. Sel Rose
1 TL Stopflebergewürz, Pfeffer, weiß

ENTENSTOPFLEBEREISREDUKTION:
100 ml Süßwein, 70 ml Ananassaft
70 ml Kokosmilch
1 Msp. Stopflebergewürz, Vanille
Kaffirlimonenblatt, Pfeffer, weiß
200 g Entenstopfleber, entnervt
50 g Eigelb, 1 Bl. Gelatine, Sel Rose
20 ml Blue-Mountain-Rum

GEGRILLTES ANANASRAGOUT:
½ Ananas, 40 g Zucker
80 ml Weißwein, 100 ml Orangensaft
Muskatnuss, Pfeffer, Rosmarin
1 TL Kashmir-Curry von Ingo Holland
Xantana

KOKOSGEL:
200 ml Kokospüree von Boiron
Muskatnuss, 2 g Agar-Agar

KOKOSKUGELN:
300 ml Kokospüree von Boiron
100 g Crème double, Muskatnuss
2½ Bl. Gelatine
Joghurtpulver

ANRICHTEN:
Kapuzinerkresse von Keltenhof
Ananasgel (wie Kokosgel)
Ananaschip, Ananascrispy

ENTENLEBER: Die Entenleber putzen und mit den Gewürzen auf 70 °C im Thermomix hochziehen. Die Lebermasse 16 Stunden durchkühlen lassen. Dann die Leber mit einer Küchenmaschine aufschlagen, in die Kugelformen dressieren und glatt streichen.

ENTENSTOPFLEBEREISREDUKTION: Alle Zutaten für die Reduktion aufkochen und reduzieren. Entenstopfleber putzen und mit Blattgelatine im Thermomix auf 70 °C hochziehen, Eigelb dazugeben und abziehen. Mit Sel Rose und Pfeffer abschmecken. Nun die Masse abkühlen lassen und mit der abgekühlten Reduktion mixen. Zum Schluss noch den Rum dazugeben. Die Masse dann in der Eismaschine gefrieren lassen.

GEGRILLTES ANANASRAGOUT: Die Ananas schälen und in feinste Würfel schneiden. In einer Grillpfanne die Würfel grillen und mit dem Zucker karamellisieren, mit Weißwein ablöschen und in Orangensaft aufkochen. Die Gewürze dazugeben und nach 3 bis 5 Minuten die Ananaswürfel passieren. Den Fond dann reduzieren und mit Xantana leicht binden. Die Würfel in den Sud geben und über Nacht ziehen lassen

KOKOSGEL: Alle Zutaten 2 Minuten kochen. Den Sud auskühlen, bis er geliert ist. In der Moulinette cremig mixen.

KOKOSKUGELN: Alle Zutaten für 10 Minuten auf 60 °C erhitzen, abkühlen lassen und in die Kugelformen füllen. Die Matte dann für 3 Stunden einfrieren. Nachdem die Kugeln aus der Form gedrückt wurden, mit Joghurtpulver ummanteln.

ANRICHTEN: Das Ananasragout im Halbkreis auf dem Teller anrichten, die Gele um das Ragout platzieren und die temperierten Leberkugeln auf die Ananas setzen. Mit Kapuzinerkresse und Ananaschips garnieren. Zum Schluss kommt die Nocke Lebereis.

PROFITIPP:
«Verwenden Sie einen hochwertigen und aromatischen Mauritius-Rum. Das gibt dem Gericht eine besondere Note.
Benjamin Maerz, Küchenchef

WEINEMPFEHLUNG:

SAUVIGNON BLANC
WEINGUT DOBLER
WEINSTADT BEUTELSBACH
Sortentypische Aromen von Stachelbeere, Maracuja und Pfirsich im Geruch sowie frische Zitrus-Aromen und zarter Schmelz im Geschmack. Am besten bei 9 bis 12 °C gekühlt genießen.
www.weingut-dobler.de

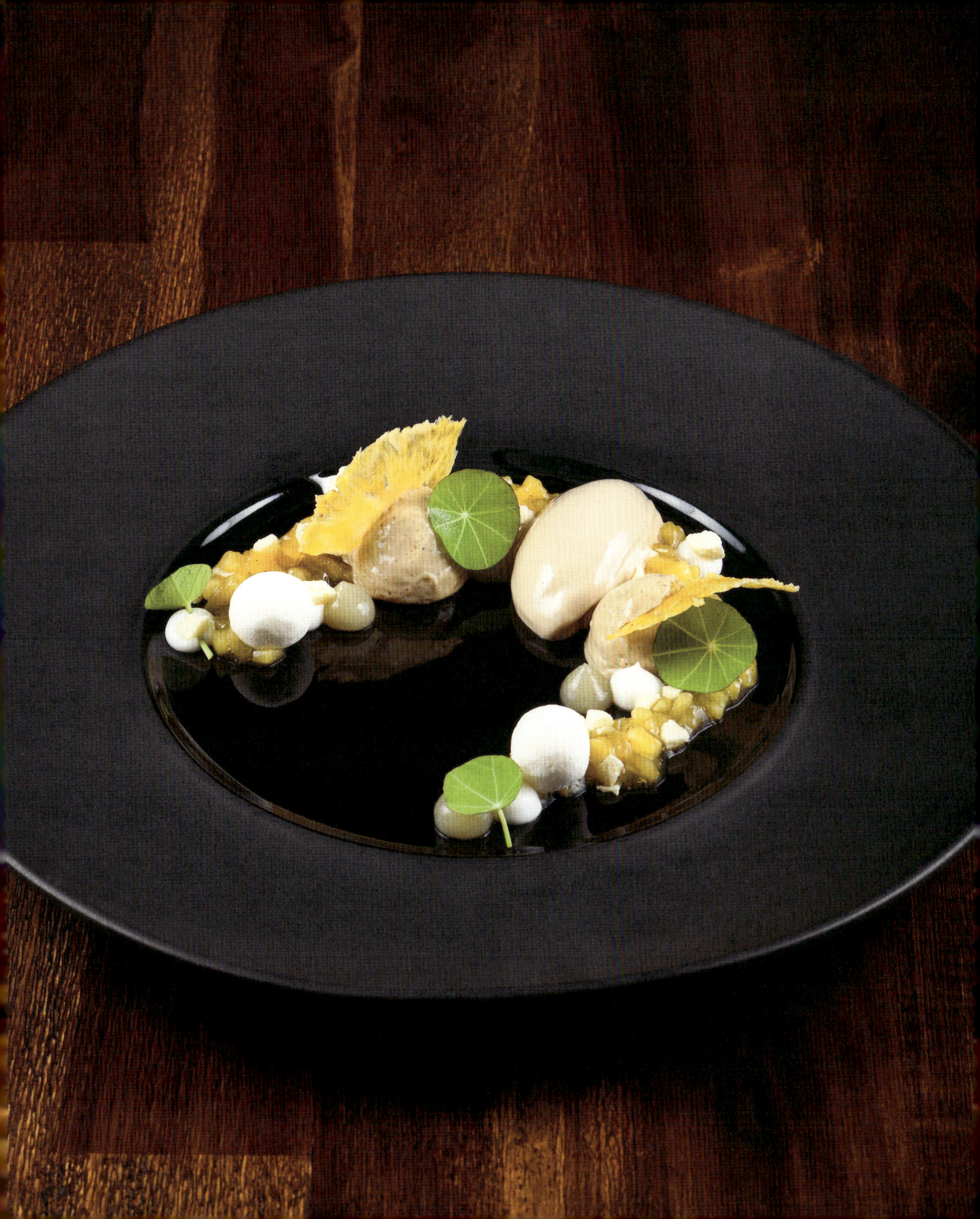

Hotel & Restaurant Rose | Benjamin Maerz

DAS GEMÜSEBEET
mit Urkarotten & Wurzelgemüse süß-sauer

FÜR 4 PERSONEN:

CREME AUS RÖSTGEMÜSE:
40 g Schalotten, 40 g Karotten
40 g Knollensellerie
40 g Petersilienwurzeln, 100 ml Sahne
50 g Butter, 100 ml Gemüsefond
3 EL Nussbutter
Salz, Zucker, Pfeffer, Muskat, Essig

SOUS-VIDE-GEGARTE URKAROTTE UND RADIESCHEN:
4 Urkarotten
8 Radieschen mit Grün, Nussbutter
Zitrusöle

QUINOA:
20 g Quinoa, Zitrusfrüchte, Zitrusöl

TOMATENGEL:
300 ml Tomatensaft, klar
3 g Agar-Agar, Knoblauch

ANRICHTEN:
Salicornia
Sous-vide-gegarte Mini-Möhren
Sous-vide-gegarter Mini-Lauch
Microblutampfer
Liebstöckel
Liebstöckelesspapier

CREME AUS RÖSTGEMÜSE: Die 4 verschiedenen Gemüse putzen und in 1 Zentimeter große Stücke schneiden. Die Nussbutter in einem großen Topf bei mittlerer Hitze erhitzen und das Gemüse darin anrösten, nach 10 Minuten das Gemüse auf ein Blech geben und noch mal für 10 Minuten im vorgeheizten Backofen bei 180 °C rösten. Anschließend das Röstgemüse mit den restlichen Zutaten im Thermomix kochen und mit Salz, Zucker, Pfeffer, Muskatnuss und Fruchtessig abschmecken.

SOUS-VIDE-GEGARTE URKAROTTE UND RADIESCHEN: Die Urkarotten schälen, längs vierteln und in 3 gleich große Stücke schneiden. Die Karotten in einen Vakuumierbeutel legen und mit etwas Zitrusöl sowie Nussbutter vakuumieren. Bei 58 °C 4 Stunden im Thermalisierer garen. Die Radieschen putzen und das Grün auf einen halben Zentimeter trimmen, in den Vakuumierbeutel legen und mit Grapefruitöl beträufeln. Die Radieschen vakuumieren und für 45 Minuten bei 58 °C garen.

QUINOA: Die Quinoa in leicht gesalzenem Wasser bissfest garen, dann durch ein Microsieb passieren. Mit dem Öl und Abrieb von verschiedenen Zitrusfrüchten marinieren.

TOMATENGEL: Den Saft mit Agar-Agar und etwas Knoblauch aufkochen und abschmecken. Den Tomatensaft gelieren lassen und mit einer Moulinette cremig mixen. In einer Flasche zum Anrichten bereitstellen.

ANRICHTEN: Die Röstgemüsecreme in der Mitte des Tellers rund anrichten. Auf die Creme die einzelnen Gemüse wild platzieren. Zum Schluss werden noch Punkte von Liebstöckel sowie Tomatengel auf die Gemüse gesetzt. Als Finish werden die marinierte Quinoa und das Liebstöckelesspapier angerichtet.

PROFITIPP:
« Beträufeln Sie das Gericht nach dem Anrichten mit einem Spritzer Zitronensaft und Zitrusöl, um ihm einen Extrakick Frische zu verpassen.
Benjamin Maerz, Küchenchef

WEINEMPFEHLUNG:

2012 OCHSENBACHER LIEBENBERG RIESLING STEILLAGE WILDSPONTAN
WEINGUT GEORG UND ANJA MERKLE
OCHSENBACH/WÜRTTEMBERG
Mit Merkles aus den eigenen Weinbergen durch komplexe wissenschaftliche Forschung kultiviertem Wildhefe-Stamm der besonderen Hefe-Art „Torulaspora delbrueckii" vergoren.
www.weingut-merkle.de

SCHWIERIGKEITSGRAD: MITTEL | **ZUBEREITUNGSZEIT:** 1½ STUNDEN

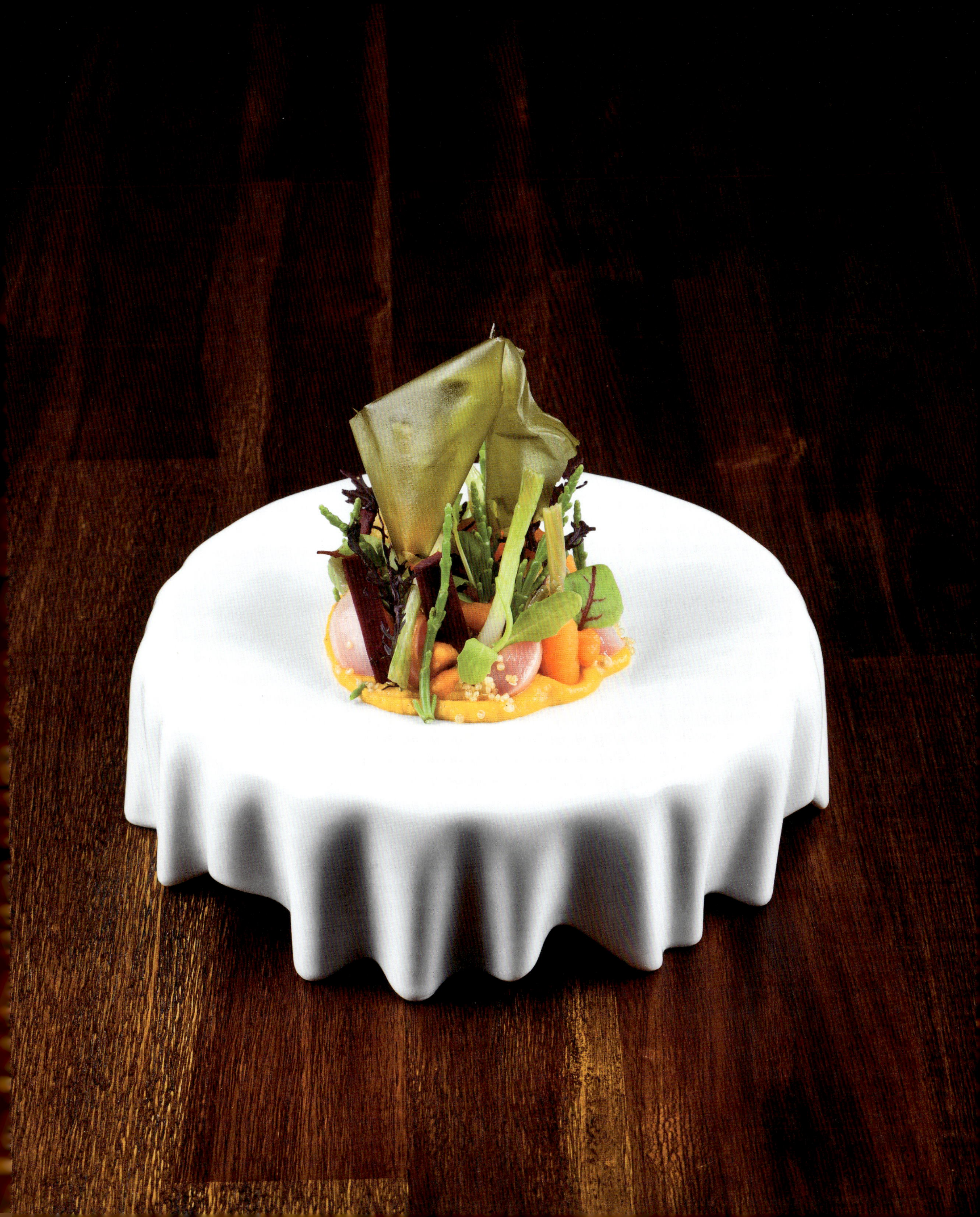

Hotel & Restaurant Rose | Benjamin Maerz

BANANA SPLIT 2013
mit Bananen in Texturen, Schokolade & Curry

FÜR 4 PERSONEN:

SCHOKOLADENWÜRFEL-BODEN:
50 g **Milchschokolade** Jivara
125 g **Pralinenmasse** Valrhona
60 g **Cornflakes**, ohne Zucker

SCHOKOLADENWÜRFEL-GANACHE:
150 ml **Milch** (3,5 %), 150 ml **Sahne**
60 g **Eigelb**, 32 g **Zucker**
200 g **Guanaja-Schokolade**
17 ml **Bananenlikör**, ½ Bl. **Gelatine**

BANANEN-AMARULA-EIS:
400 g **Bananenpüree** Boiron
100 ml **Wasser**, 70 ml **Amarula**
6 **Szechuanpfefferkörner**, angestoßen
1 TL **Jaipur-Curry** von Ingo Holland
Mark von ¼ **Vanilleschote**

SCHOKOLADEN-NUSS-ERDE:
50 g **Schokoladen-Muffin**, Chili
50 g **Rührkuchen**, hell, 50 g **Nüsse**, geröstet
(Wasabi, Erdnuss, Macadamia, Cashewkerne)

BANANENKAVIAR:
100 g **Bananenpüree** Boiron
10 ml **Limettensirup**, 6 Bl. **Gelatine**
Pflanzenöl

ANRICHTEN:
Vanillegel, Bananengel
marinierte, ausgestochene **Banane**

SCHOKOLADENWÜRFEL-BODEN: Die Milchschokolade und die Pralinenmasse im Thermomix abwiegen und auf 37 °C temperieren. Dann Cornflakes dazugeben und mixen. Die Masse in Silikonwürfelformen oder auf ein Blech geben und glatt streichen.

SCHOKOLADENWÜRFEL-GANACHE: Milch, Sahne, Zucker, Bananenlikör, Blattgelatine und Eigelb im Thermomix abwiegen und auf 70 °C für 20 Minuten erhitzen. Langsam im Thermomix abkühlen lassen und die Guanaja-Schokolade dazugeben. Die Ganache auf den Schokoladenwürfel-Boden gießen und mit einer Palette verstreichen. Das Ganze 3 Stunden tiefkühlen und dann aus der Form nehmen.

BANANEN-AMARULA-EIS: Wasser, Szechuanpfefferkörner, Jaipur-Curry, Vanille aufkochen und kurz ziehen lassen. Bananenpüree dazugeben und die Pfefferkörner durch ein Sieb passieren. Mit Amarulalikör abschmecken und in der Eismaschine gefrieren lassen.

SCHOKOLADEN-NUSS-ERDE: Den Muffin und hellen Rührkuchen bei 45 °C 24 Stunden trocknen. Dann mit den restlichen Zutaten mixen.

BANANENKAVIAR: Blattgelatine einweichen, die ausgedrückte Gelatine erwärmen und mit den restlichen Zutaten mischen. In eine Spritzflasche füllen und in eiskaltes Öl tropfen. Kurz ziehen lassen, dann durch ein Microsieb abgießen.

ANRICHTEN: Den Schokoladenwürfel zentral platzieren. Auf diesem die Erde verteilen. Um den Würfel die Gelpunkte setzen. Die Banane links und rechts aufstellen und den Bananenkaviar auf der Schnitte anrichten. Die Nocke vom Bananen-Amarula-Eis am Schokoladenwürfel anrichten.

PROFITIPP:
» Damit die Banane nicht braun und unappetitlich wird, immer mit Zitronensaft oder am besten mit Ascorbinsäure arbeiten.
Benjamin Maerz, Küchenchef

WEINEMPFEHLUNG:

GRETA RIESLING EISWEIN 2012 TROCKEN, QBA
WEINGUT ZIMMERLE
KORB, WÜRTTEMBERG
Goldgelbe Farbe, klare Nase nach tropischen Früchten wie Litschi und Maracuja, Aromen von Honigmelone, schlanke, elegante Struktur, Mineralität, lebendige Säure, langer Nachhall.
www.zimmerle-weingut.de

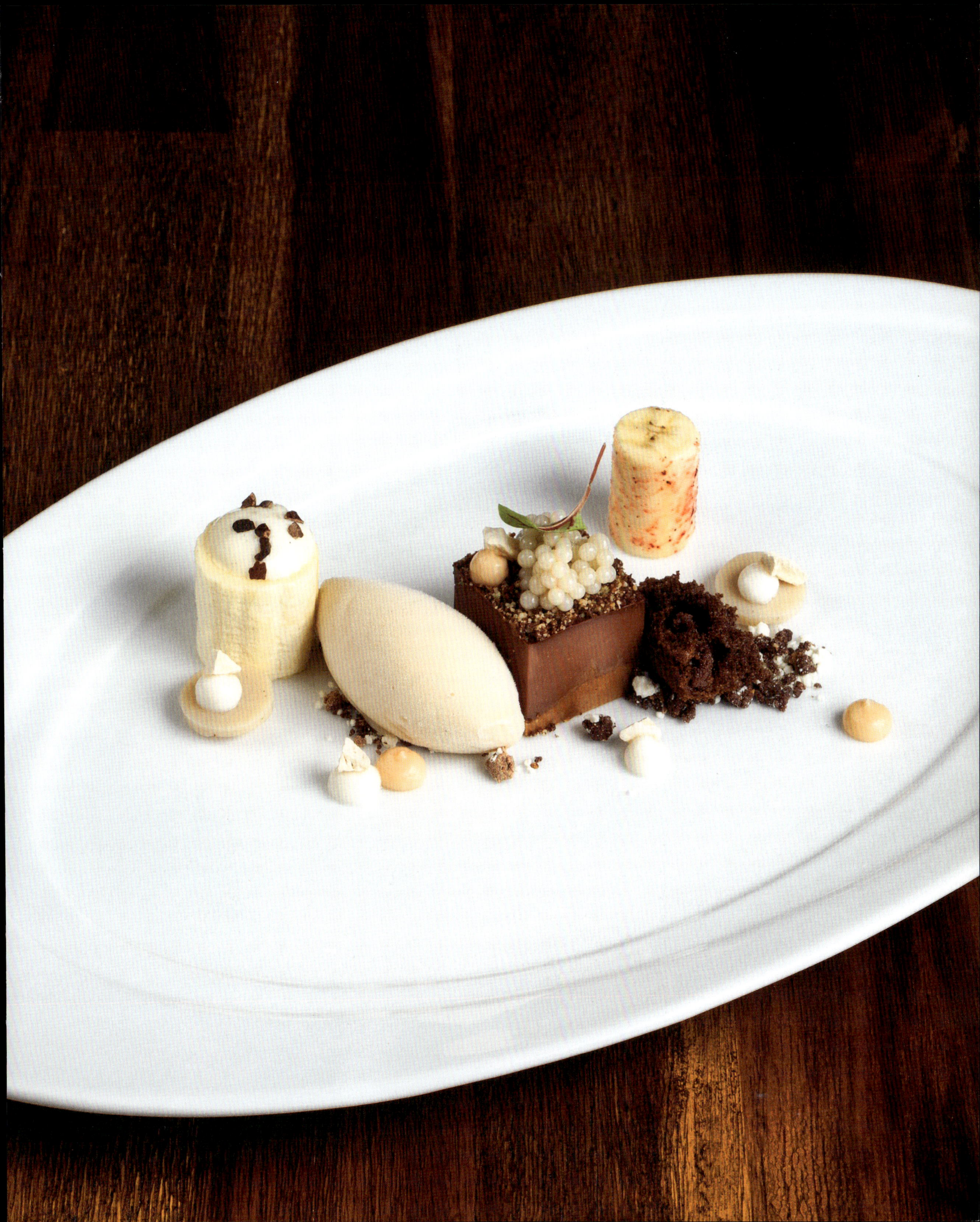

Lago Hotel & Restaurant am See | **Klaus Buderath**

BEGNADETER AROMEN-ARCHITEKT: IN BENEIDENSWERTER PERFEKTION VERLEIHT **KLAUS BUDERATH** DEN GERICHTEN DES **RESTAURANTS LAGO** FORM UND VOR ALLEM DEN RICHTIGEN KICK.

DER GENUSS DESIGNER

Bereits seit Jahren bringt im Großraum Ulm alleine der Name Klaus Buderath bei Gourmets die Geschmacksknospen zum Explodieren. Seit 2013 ist er nun offiziell Küchenchef im „Restaurant Lago". Den Großteil seines Lebens hat Buderath jedoch in Hamburg verbracht, wo er auch seine Bilderbuchkarriere zum Koch startete. Seine Passion führte ihn über spannende Stationen in London, Baiersbronn, Stuttgart und Rammingen schließlich nach Ulm. Hier, im „Hotel Lago", findet er den perfekten Spielplatz für seine kulinarischen Visionen. Denn die Idee, die weltberühmte „Hochschule für Gestaltung Ulm" ins Hotel zu integrieren, passt auch hervorragend zum Küchenstil des talentierten Kochs. Puristisches Design trifft auf atemberaubende Funktionalität und genau dieses Kunststück gelingt Buderath auch auf dem Teller: wenig Schnickschnack, aber viel Geschmack.

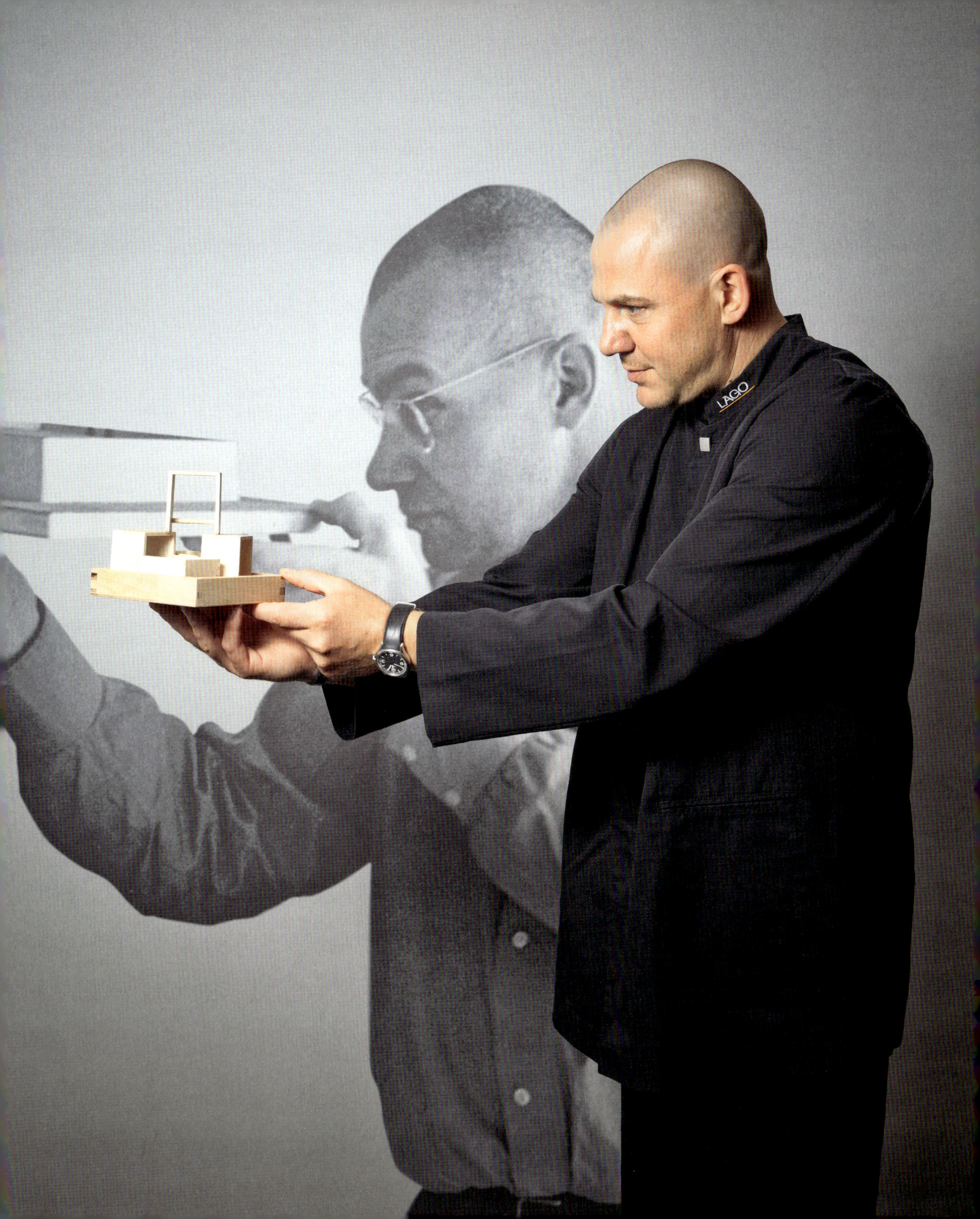
LAGO

Lago Hotel & Restaurant am See | **Klaus Buderath**

FORM
FOLLOWS
FUNCTION

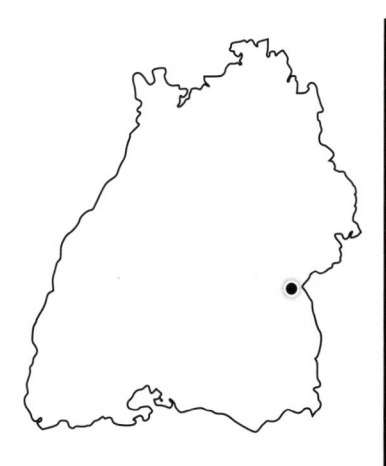

Lago Hotel & Restaurant am See
Friedrichsau 50
D-89073 Ulm/Donau
Tel.: +49 (0) 731/20 64 00-0
E-Mail: hotel@lago-ulm.de
www.hotel-lago.de

Tolles Essen braucht auch ein grandioses Umfeld. Das stylishe „Lago" ist modern gehalten und dennoch lädt es zum Wohlfühlen ein. Die Flügeltüren aus Glas lassen sich komplett öffnen und verleihen dem Restaurant mit der großen Terrasse direkt am See ein Gefühl von urbaner Großzügigkeit. Und gemäß dem Slogan „Form follows Function" kreieren Küchendirektor Marian Schneider und seine Schützlinge rund um Klaus Buderath Gerichte, die eine perfekte Symbiose aus der im „Lago" allgegenwärtigen „Hochschule für Gestaltung" und Produkten aus der Region eingehen. Marian Schneider hat es geschafft, im stylishen Hotel einen gelungenen Mix aus Entertainment-Küche und qualitativ exzellentem Essen herzustellen. Hier findet man definitiv keine Mainstreamküche, sondern eigenständige, abgefahrene Ideen.

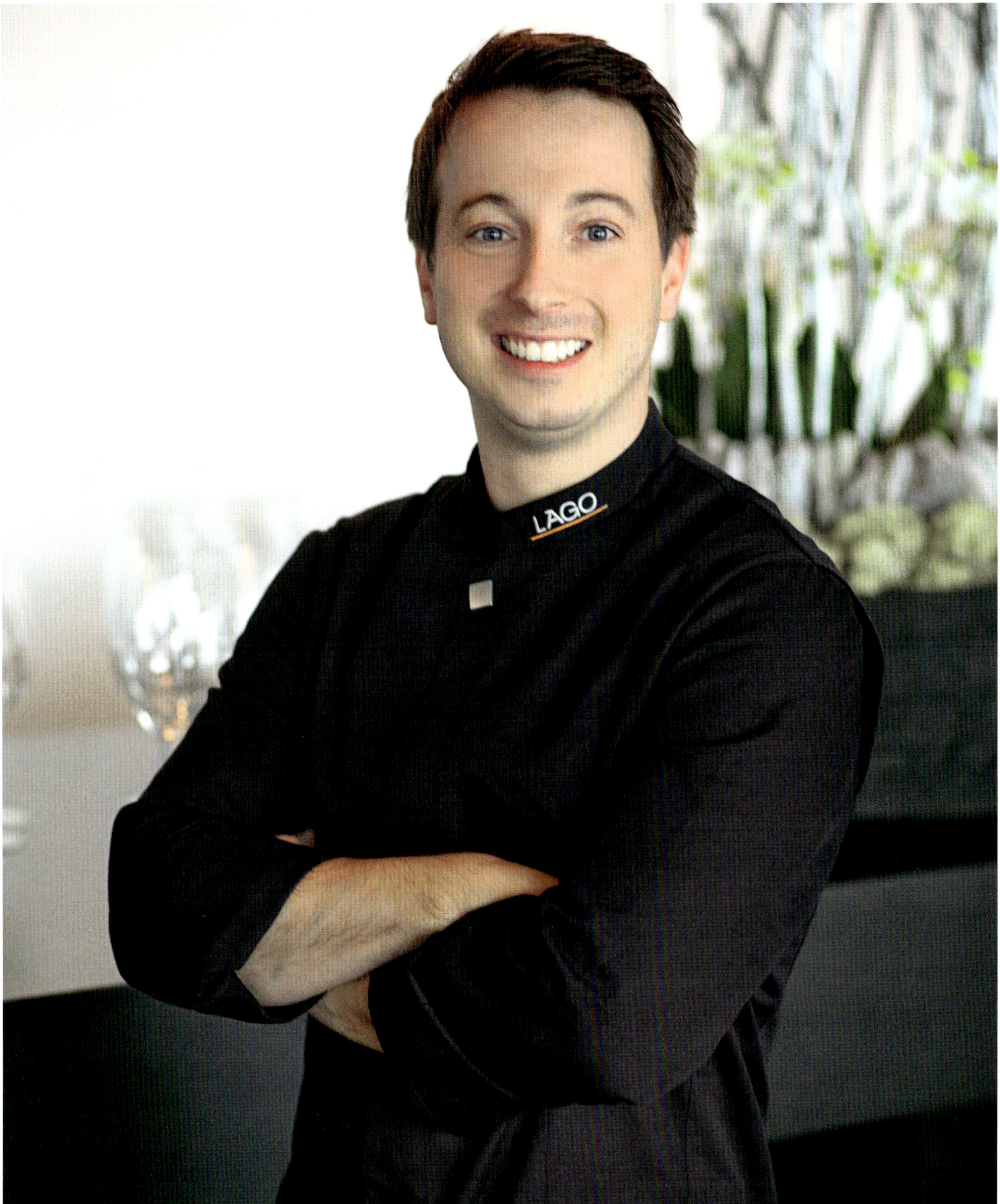
LAGO

Lago Hotel & Restaurant am See | Klaus Buderath

GÄNSELEBERMOUSSE-RÖLLCHEN
im Holunderblüten-Honig-Mantel

FÜR 4 PERSONEN:

MANTEL:
125 ml Holunderblütensirup
100 ml Sahne
25 g Honig
1 Bl. Gelatine
6 g Agar-Agar

GÄNSELEBERMOUSSE:
100 g Gänseleber, roh
30 ml Geflügeljus
30 ml Sahne
1 Bl. Gelatine
Salz, Pfeffer, Honig

AVOCADO-KRÄUTERBEET:
1 Avocado
50 g Kirschen
50 g Pfifferlinge
1 Holunderblütendolde
Pfefferkörner, grün
Kräuter der Saison
Salz, Pfeffer, Thymianöl
Frisée

MANTEL: Gelatine in Eiswasser einweichen. Die restlichen Zutaten zusammen aufkochen. Die Gelatine darin auflösen. Die heiße Masse in die Röllchen des Fillini-Makers füllen. Eine Stunde auskühlen lassen. Den Mittelstab entfernen und die Gänselebermousse einfüllen.

GÄNSELEBERMOUSSE: Gelatine in Eiswasser einweichen. Die restlichen Zutaten im Thermomix auf 60 °C erhitzen, die Gelatine hinzufügen und alles passieren. Auf 30 °C abkühlen. Wie oben beschrieben in den Mantel füllen.

AVOCADO-KRÄUTERBEET: Avocado entkernen, anfrieren, 3 Millimeter dick mit der Aufschnittmaschine aufschneiden, auf Backpapier (oder Silpatmatten) als Fächer legen, erneut einfrieren. Ein Rechteck in der Größe des Röllchens ausschneiden. Pfifferlinge anbraten, mit Salz, Pfeffer und Thymianöl abschmecken. Die frischen Kirschen halbieren, entkernen, dritteln. Aus Kräutern, Frisée, Holunderblüten, Pfifferlingen, Kirschen und den zerdrückten grünen Pfefferkörnern ein Beet auf dem Avocado-Rechteck anrichten. Gänseleberröllchen parallel dazulegen.

PROFITIPP:
» Wir greifen auf Leber ungestopfter Gänse zurück, welche man über Fachhändler (Österreich) beziehen kann.
Klaus Buderath, Küchenchef

WEINEMPFEHLUNG:

2008 RIESLING SMARAGD BRUCK
WEINGUT HÖGL
WACHAU, ÖSTERREICH
Harmonie zwischen Süße und Mineralik, Kräuter und Zitrusfrucht, erdige Aromen und Nuancen von Edelfäule machen diesen Wein zum eleganten Begleiter.
www.weingut-hoegl.at

SCHWIERIGKEITSGRAD: SCHWER | **ZUBEREITUNGSZEIT:** 2 STUNDEN

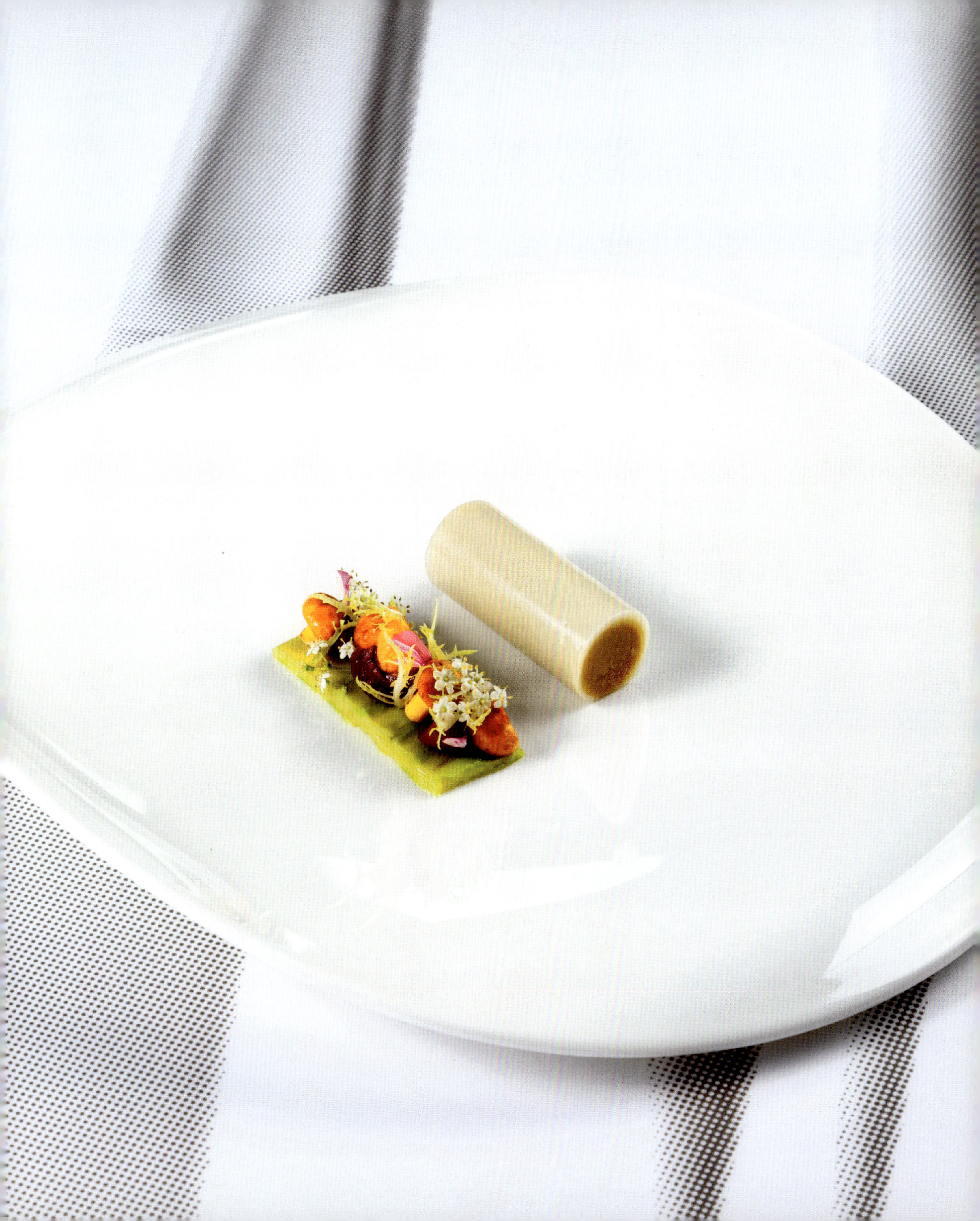

Lago Hotel & Restaurant am See | Klaus Buderath

ÉTOUFFÉE-TAUBE
mit Akazienhoniglack auf Ras-el-Hanout-Hirse und Schafgarbe

FÜR 4 PERSONEN:

TAUBENBRUST:
4 Taubenbrüste
100 g Nussbutter
4 Kardamom-Samen
2 g Anis-Samen
1 Limonenblatt
Akazienhoniglack

HIRSE:
80 g Hirse
160 ml Geflügelbrühe, kräftig
2 g Ras el-Hanout
1 g Maldon-Salz
1 Lorbeerblatt
2 Bl. Liebstöckel
15 g Butter

GARNITUR:
Buchenpilz-Köpfe
Schafgarbe
Thymianblüten
Salzflocken

TAUBENBRUST: Tauben, Nussbutter und Gewürze zusammen vakuumieren. Im 56 °C heißen Wasserbad 8 Minuten bis zu einer Kerntemperatur der Taube von 52 °C ziehen lassen. Die Taubenbrust entnehmen, trocken tupfen und in einer Pfanne auf der Haut kross braten. Taube entnehmen und 5 Minuten ruhen lassen. Mit Akazienhoniglack die Haut bepinseln und bei schneller Oberhitze erwärmen.

HIRSE: Die Hirse kurz in Butter anschwenken und mit den restlichen Zutaten einmal kräftig aufkochen lassen. Den Deckel aufsetzen und von der Hitze nehmen. Quellen lassen, bis die Hirse trocken und körnig ist.

GARNITUR: Die Hirse noch mal in frischer Butter angehen lassen, abschmecken und im Quadrat anrichten. Die lackierte, warme Taube tranchieren, mittig anrichten. Mit Buchenpilzen, Schafgarbe, Thymianblüten und Salzflocken ausgarnieren.

PROFITIPP:
»Im Frühjahr finden Sie die Schafgarbe zusammen mit Klee und Löwenzahn wild wachsend auf heimischen Wiesen.
Klaus Buderath, Küchenchef

WEINEMPFEHLUNG:

2010 SPÄTBURGUNDER ALTE REBEN TROCKEN
WEINGUT HUBER
BADEN, DEUTSCHLAND
Blut und Schokolade sind schon immer perfekte Partner gewesen. Der würzige Touch dieses Spätburgunders und die präsenten, geschliffenen Tannine ergeben dazu eine tolle Kombination.
www.weingut-huber.com

SCHWIERIGKEITSGRAD: MITTEL | ZUBEREITUNGSZEIT: 1 STUNDE

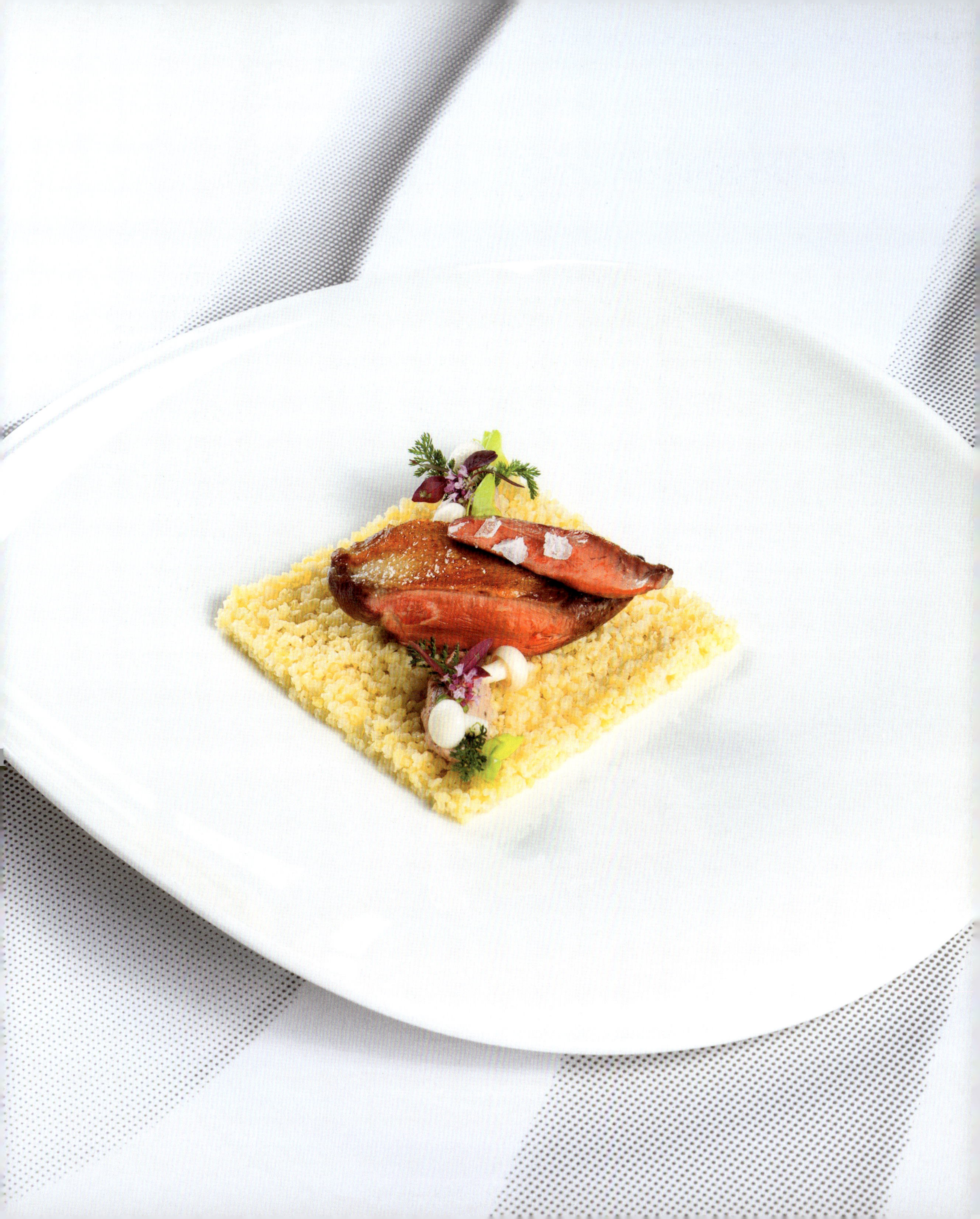

Lago Hotel & Restaurant am See | Klaus Buderath

SCHOKOLADE-ERDBEERE-LAVENDEL-HONIG

FÜR 4 PERSONEN:

JOCONDE-BISKUIT:
35 g Eigelb
30 g Puderzucker
30 g Mandelgrieß
10 ml Wasser, 30 g Zucker
35 g Eiweiß, 30 g Mehl
10 g Kakaopulver

MINZ-BAISER:
35 g Eiweiß, 35 g Zucker
35 g Puderzucker
Minzöl

SCHOKOLADENPUDDING:
100 ml Milch, 20 g Butter
20 g Kuvertüre, dunkel
25 g Vollei, 10 g Eigelb
45 g Puderzucker
20 g Mehl T 550
5 g Kakaopulver

DULCEY-CREME:
40 ml Sahne
10 g Invert-Zucker
10 g Orangenblüten
110 g Valrhona-Dulcey-Kuvertüre

HONIG-EIS FÜR PACOJET:
1 l Sahne, kalt
400 g Honig, 6 Eigelb, 3 Eier
Lavendel

DEKORATION
100 g Erdbeeren
5 g Honigwabe
Lavendelblüten

JOCONDE-BISKUIT: Eigelb, Puderzucker und Mandelgrieß im Rührwerk aufschlagen. Wasser dazugeben. Zucker und Eiweiß steif schlagen und unter die Eigelb-Masse heben. Mehl und Kakaopulver sieben und ebenfalls dazugeben. 4 Millimeter dick aufstreichen und 7 Minuten bei 180 °C backen.

MINZ-BAISER: Eiweiß anschlagen. Zucker einrieseln lassen und steif schlagen. Puderzucker sieben und unterheben. Gleichzeitig 3 Tropfen Minzöl dazugeben. 5 Millimeter dick aufstreichen und 24 Stunden bei 50 °C trocknen. In grobe Stücke brechen.

SCHOKOLADENPUDDING: Milch und Butter aufkochen. Dunkle Kuvertüre damit übergießen. Eine Minute stehen lassen, durchmixen. Vollei und Eigelb einmixen. Puderzucker, Mehl und Kakaopulver zusammen sieben und unter die Milch-Ei-Masse heben. Eine Stunde ruhen lassen, dann in rechteckige Silikon-Savarin-Formen abfüllen. Bei 170 °C 8 Minuten backen.

DULCEY-CREME: Sahne, Invert-Zucker und Orangenblüten aufkochen und 24 Stunden abgedeckt im Kühlschrank ziehen lassen. Danach passieren. Kuvertüre schmelzen. Sahne nochmals aufkochen. Unter stetigem Rühren Sahne in die temperierte Kuvertüre emulgieren. Die Creme auf dem Pudding verteilen, auskühlen lassen, anschließend 24 Stunden einfrieren, aus der Form nehmen und auf den passend zurechtgeschnittenen Joconde-Biskuit setzen. Im Kühlen auftauen lassen.

HONIG-EIS FÜR PACOJET: Kalte Sahne mit Lavendel über Nacht ziehen lassen, danach passieren. Honig, Eigelb, Eier und Lavendel-Sahne zusammenmixen. Zur Rose abziehen (auf 80 °C). Noch mal passieren, auf einem Eiswasserbad kalt rühren, in einen Pacojet-Behälter einfüllen und einfrieren. 2 Stunden vor Gebrauch pacossieren.

PROFITIPP:
»Beim Imker erhalten Sie Bienenpollen. Diese eignen sich perfekt zum Dekorieren.
Klaus Buderath, Küchenchef

WEINEMPFEHLUNG:

2011 BANYULS RIMAGE LES CLOS DE PAULILLES
CHÂTEAU DE JAU
BANYULS AOC, FRANKREICH
Die Dörrobst-Aromen der Grenache, der Ausbau, der diesen Süßwein marmeladig und balsamisch macht, führen dazu, dieses Dessert nochmals genießen zu wollen.
www.chateaudejau.com

SCHWIERIGKEITSGRAD: SCHWER | ZUBEREITUNGSZEIT: 2 STUNDEN

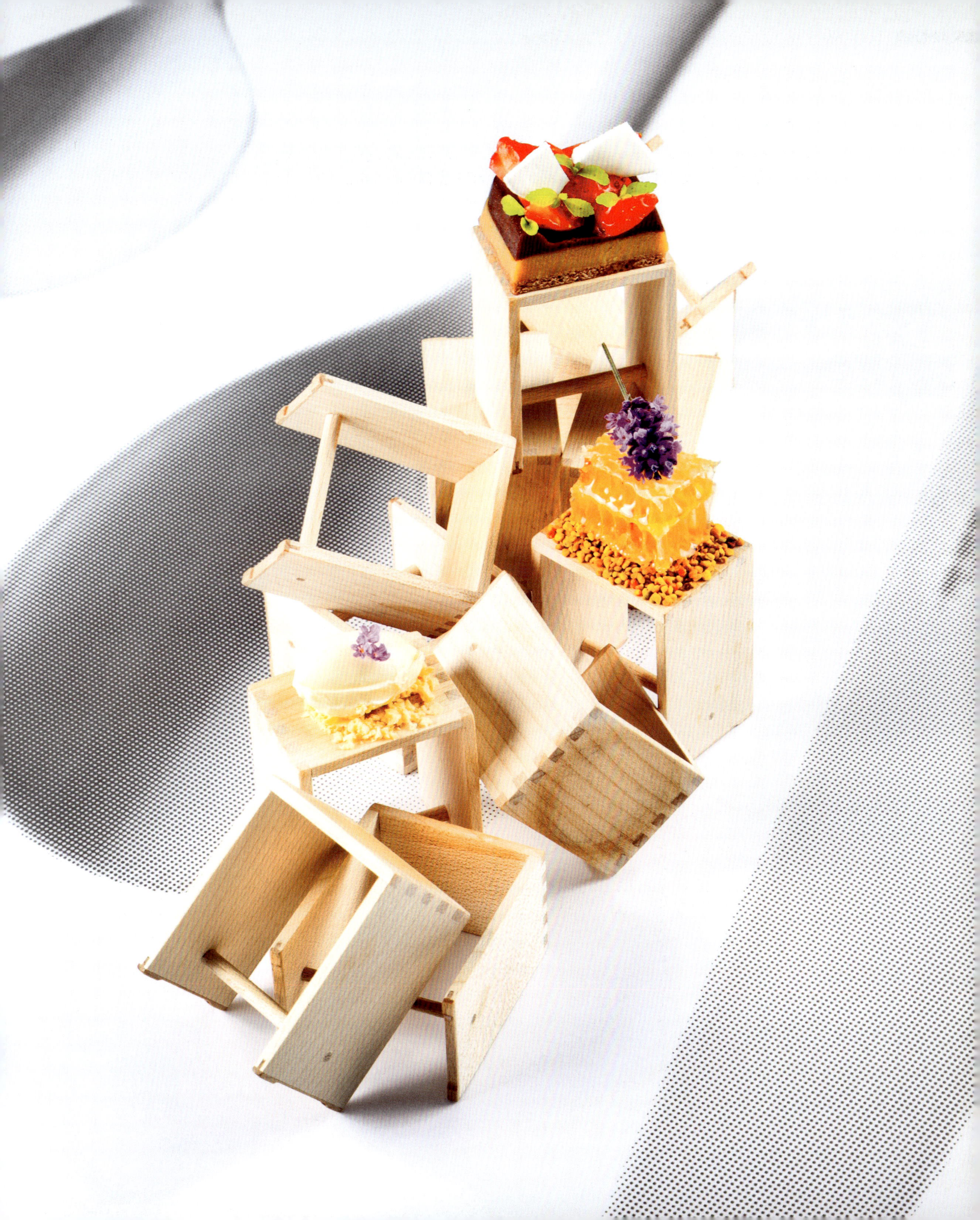

Restaurant top air | Marco Akuzun

MARCO AKUZUN HEISST DER SCHNEIDIGE KÜCHENCHEF IM **TOP AIR** AM STUTTGARTER FLUGHAFEN, DER SEINE GÄSTE AUF EINEN SCHWINDELERREGENDEN AROMEN-HÖHENFLUG BEFÖRDERT.

ADRETTER TREND SETTER

Warum auch Nichtflieger auf den Stuttgarter Flughafen abfliegen, hat vor allem einen kulinarischen Grund: das „top air". Denn in diesem außergewöhnlichen Restaurant sorgt ein junges Küchentalent für aromatische Höhenflüge: Marco Akuzun. Das nötige Rüstzeug für die luftigen Erwartungen hat sich der gebürtige Friedrichshafener auf jeden Fall angeeignet: Nach zahlreichen Stationen in der Spitzengastronomie, darunter als Küchenchef auf Burg Staufeneck bei Sternekoch Rolf Straubinger oder kurzen Zwischenstopps bei Kapazundern wie Heinz Winkler, landete Akuzun als Sous Chef bei Claudio Urru, der vor ihm das „top air" als Küchenchef leitete. Und während Urru einen äußerst puristischen Stil verfolgt, setzt der ehrgeizige Küchenpilot auf trickreiche Kunstflüge auf dem Teller und schafft es, eine breite Palette harmonisch auf dem Gaumen zu vereinen.

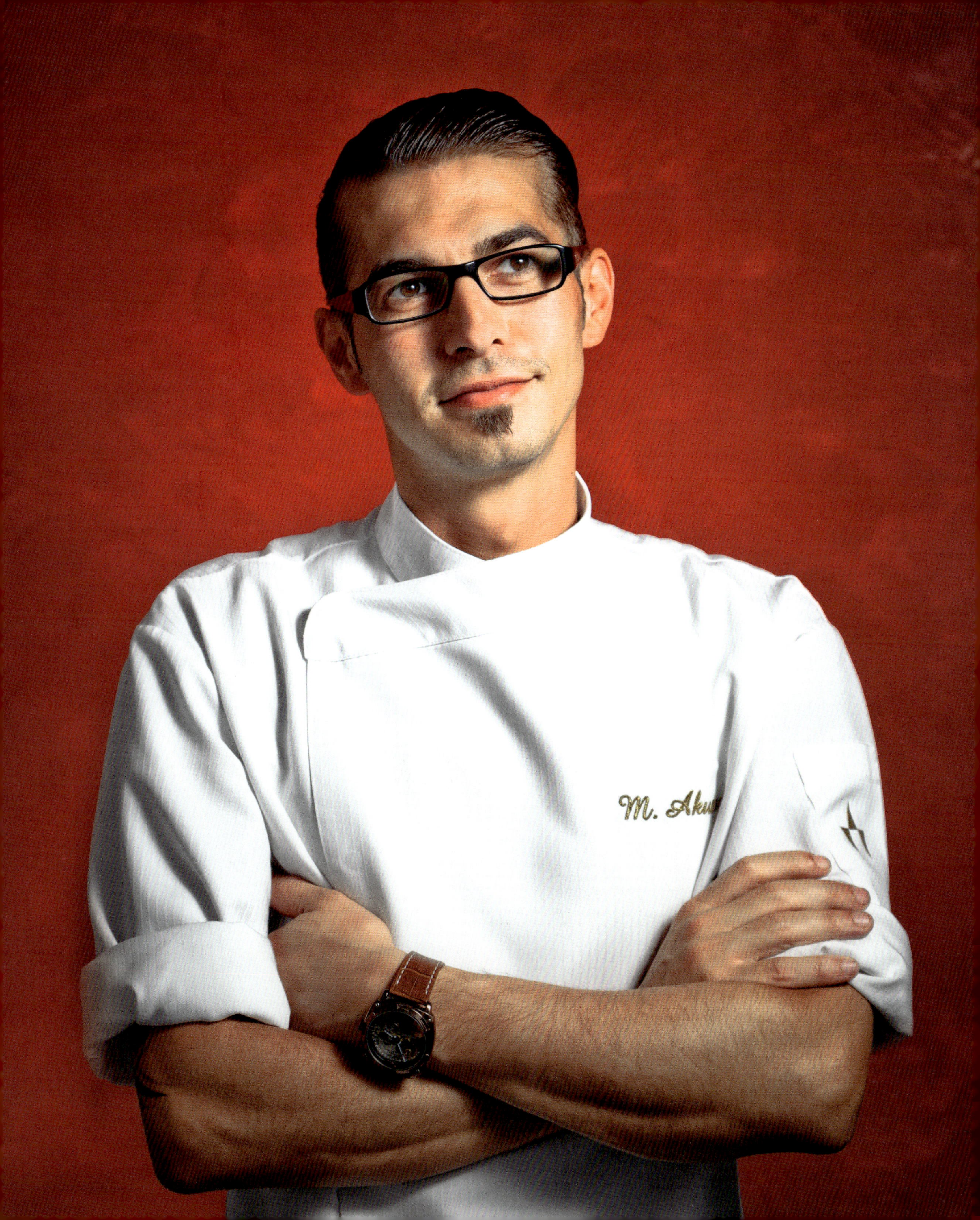

Restaurant top air | **Marco Akuzun**

WAGHALSIGE
GESCHMACKS
MANÖVER

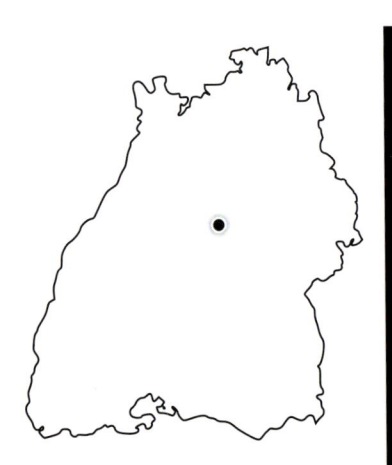

Restaurant top air
D-70629 Stuttgart Airport
Tel.: +49 (0) 711/948 21 37
E-Mail: info@restaurant-top-air.de
www.restaurant-top-air.de

Mit angezogener Handbremse düst Marco Akuzun definitiv nicht durch sein ganz persönliches Geschmacksuniversum. Dafür überschreitet er viel zu gerne Grenzen und geht manchmal darüber hinaus. In seiner extrem kontrastreichen Küche findet man schon einmal bis zu zehn Komponenten auf dem Teller. Und doch schafft es der kulinarische Überflieger, dass diese nicht bei einem Frontalcrash im geschmacklichen Super-GAU kollidieren. Perfekt funktioniert auch die Zusammenarbeit mit dem Service, hat Akuzun mit Restaurantleiter Ralf Pinzenscham einen Mann an seiner Seite, der bereits seit über 17 Jahren im „top air" die Gäste als kulinarischer Flugbegleiter charmant und fachkundig durch die Genussreise begleitet. Das einzige Flughafen-Sternerestaurant schnuppert also bestimmt auch weiterhin Höhenluft.

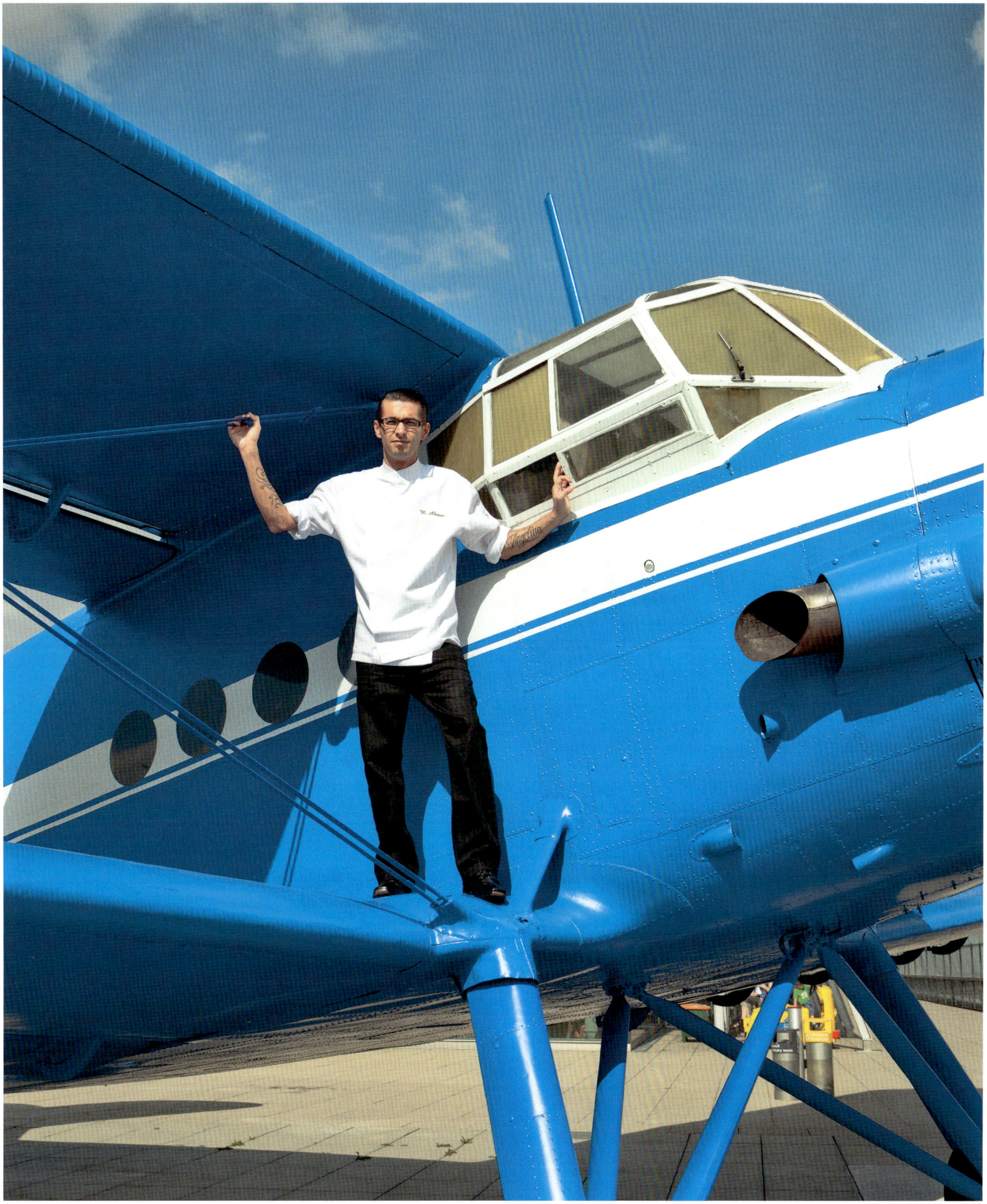

Restaurant top air | **Marco Akuzun**

GELBFLOSSENTHUNFISCH
Avocado/rotes Curry/Yuzu/Passionsfrucht/Algen

FÜR 4 PERSONEN:

THUNFISCH:
140 g Thunfischfilets
Meersalz, Koriander
Pfeffer, Sesam, Sesamöl, Rapsöl

AVOCADOCREME:
1 Avocado, frischer Ingwer
Knoblauch, klarer Tomatenfond
Traubenkernöl
Sake, Meersalz, Pfeffer, Kumin
Koriander, Zitronensaft und -abrieb

MEERESALGEN-SALAT:
80 g verschiedene Algen
Soja-Limetten-Vinaigrette

PASSIONSFRUCHT-VINAIGRETTE:
2 Stk. Passionsfrucht
20 ml Haselnussöl, 0,1g Xantana
Meersalz, Pfeffer, etwas Honig

YUZU-GELEE:
35 ml Yuzu-Saft, ½ Gurke
2 Bl. Gelatine, ½ Granny Smith
Ingwer, Salz, Pfeffer, Agar-Agar

ROTE CURRYCREME:
200 ml Kokosmilch, 1 Kaffir-Limetten-Blatt,
½ Stg. Zitronengras
20 g Ingwer, ½ TL Miso, hell
½ Süßkartoffel
1 Stg. Topinambur, etwas Mirin Knoblauch, Koriander, Salz, Pfeffer
Thai-Curry-Paste, rot

THUNFISCH: Thunfischfilet in 9,5 mal 2,5 mal 2 Zentimeter dicke Rechtecke schneiden. Mit Salz, Sesam, Koriander und Pfeffer würzen. Zum Anbraten etwas Sesamöl und Rapsöl vermischen und die Filets von jeder Seite 3 bis 4 Sekunden bei starker Hitze anbraten.

AVOCADOCREME: Alle Zutaten im Thermomix etwa 2 Minuten mixen, durch ein feines Sieb streichen und zum Schluss den frischen, geschnittenen Koriander daruntermengen. Eine Stunde ziehen lassen und noch einmal abschmecken.

MEERESALGEN-SALAT: Die Algen etwa 15 Minuten in kaltem Wasser wässern und leicht trocken tupfen. Anschließend mit Soja-Limetten-Vinaigrette leicht marinieren.

PASSIONSFRUCHT-VINAIGRETTE: Alle Zutaten mit einem Pürierstab (ohne Messer, nur mit Scheibe) mixen.

YUZU-GELEE: Obst und Gemüse entsaften und alles mit etwas Salz, Pfeffer und geriebenem Ingwer abschmecken. Auf 150 Milliliter Saft 2 Blatt Gelatine in kaltem Wasser einweichen und 1 Gramm Agar-Agar beigeben. Alles vermischen und aufkochen, auf ein leicht gefettetes Blech gießen und kühl stellen.

ROTE CURRYCREME: Einen Spritzer Mirin, etwas Knoblauch, Korianderstiele, Salz, Pfeffer, Miso und rote Thai-Curry-Paste gemeinsam mit der Süßkartoffel und Topinambur bei 95 C° 25 Minuten lang sous-vide-garen. Die Kokosmilch aufkochen und die fein geschnittenen Gewürze hineinlegen. Bei geringer Hitze abgedeckt ziehen lassen, abpassieren und durch ein Sieb streichen. Kartoffelmasse in die gewürzte Milch geben und auf die gewünschte Konsistenz einkochen.

PROFITIPP:
»Das Gericht gewinnt durch Frische, Fingerspitzengefühl und Geduld an Komplexität.
Marco Akuzun, Küchenchef

WEINEMPFEHLUNG:

GRAUBURGUNDER NEPOMUK QBA 2011
WEINGUT SALWEY, BADEN
Die Rebsorte Pinot gris (alias Ruländer) gedeiht im Kaiserstuhl besonders gut. Von aromatischer Opulenz, mächtig und doch perfekt ausgeglichen, sind die besten unter ihnen praktisch die einzig wahren Spitzenweine, die heutzutage in Deutschland aus dieser Rebsorte erzeugt werden.
www.salwey.de

SCHWIERIGKEITSGRAD: MITTEL | **ZUBEREITUNGSZEIT:** 3 STUNDEN

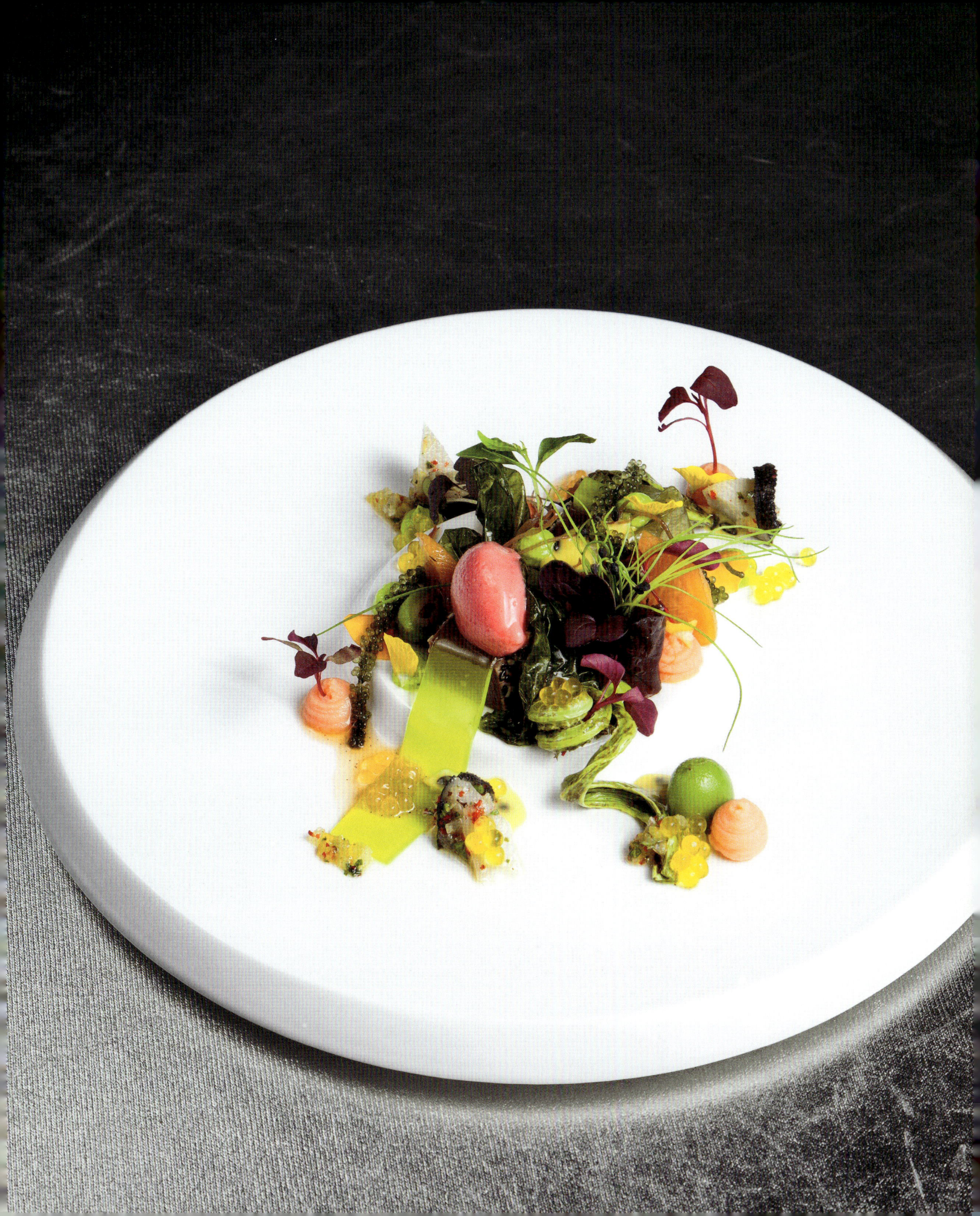

Restaurant top air | Marco Akuzun

REHRÜCKEN AUS DEM SCHÖNBUCH
Sellerie/Pimpernelle/Tamarillo/Rotkohl

FÜR 4 PERSONEN:

REHRÜCKEN:
250 g Rehrücken
Salz, Pfeffer, Quatre-épices

NUSSKRUSTE:
200 g Butter, 2 Eigelb, ½ EL Stärke
10 g Backpulver, 35 g Mie de Pain
100 g Walnüsse, gehackt
100 g Walnüsse, schwarz, eingelegt
Salz, Pfeffer, Chili
Bambuskohlepulver

SELLERIEPÜREE:
250 g Sellerie, 1 Schalotte
35 g Nussbutter, 55 ml Sahne
55 ml Sojamilch
100 ml Geflügelfond
50 ml Weißwein
2 Wacholderbeeren
2 Lorbeerblätter, frisch
Thymianblätter, Meersalz, Pfeffer

TAMARILLO-CONFIT:
3 Tamarillos, geschält, halbiert
250 ml Orangensaft
35 g Muscovadozucker
50 ml Beerenauslese
1 Stk. Ingwer, 2 Chilischoten
Zitronenschale, Koriandersamen
Senfsaat, Meersalz, Vanilleschote Pfeilwurzelmehl

ROTKOHLJUS:
400 ml Rotkohlsaft, klar
200 ml Rotwein
100 ml Portwein, rot
brauner Zucker, Nelkenpulver, Salz
Pfeffer, Honig

REHRÜCKEN: Den Rehrücken würzen, kurz von allen Seiten in Pflanzenöl anbraten. Danach bei 130 °C in den Ofen, für 10 bis 15 Minuten garen lassen. Danach bei 58 °C in den Holdomat geben und ruhen lassen.

NUSSKRUSTE: Butter und Eigelbe aufschlagen, Speisestärke, Backpulver und Mie de Pain dazugeben. Mit Salz, Pfeffer und etwas Chili würzen. Die Masse halbieren und zur einen Hälfte 100 Gramm gehackte Walnüsse hinzufügen. Zur anderen Bambuskohlepulver und gehackte, eingelegte schwarze Walnüsse. Beide Massen getrennt zwischen Backpapier auswellen, zurechtschneiden und Schicht für Schicht abwechselnd aufeinanderstapeln.

SELLERIEPÜREE: Schalotten und Sellerie schälen, würfeln, anschwitzen und leicht würzen. Ablöschen, mit Weißwein und mit dem Geflügelfond auffüllen. Aufkochen, Gewürze hinzufügen und abgedeckt ziehen lassen. Alles durch ein feines Sieb passieren und den Fond auffangen. Reduzieren und das Sellerie-Schalotten-Gemüse im Thermomix bei 80 °C 5 Minuten mixen. Während des Mixvorgangs den reduzierten Geflügelfond, Sahne, Sojamilch und Nussbutter einlaufen lassen. Abschmecken.

TAMARILLO-CONFIT: Zucker karamellisieren, mit Beerenauslese ablöschen und einreduzieren. Mit Orangensaft auffüllen und ein paar Minuten köcheln lassen. 2 Tamarillos mit Gewürzen in ein Drahtbügelglas füllen. Den Orangensaft mit Pfeilwurzelmehl abbinden und dann auf die Tamarillos gießen. Das Glas verschließen und bei 95 °C etwa 15 Minuten abdämpfen. Tamarillo klein schneiden und mit Fond vermengen.

ROTKOHLJUS: Zucker schmelzen, mit Rot- und Portwein ablöschen und auf 100 Milliliter reduzieren. Mit Rotkohlsaft aufgießen und auf 250 Milliliter reduzieren. Mit den Gewürzen abschmecken.

PROFITIPP:
» Leidenschaft für das Detail und Zeit.
Marco Akuzun, Küchenchef

WEINEMPFEHLUNG:

MASI COSTASERA AMARONE CLASSICO 2008
MASI, VENETIEN
Cuvée aus Corvina, Molinara und Rondinella. Dunkles Rubinrot, in der Nase zeigen sich überreife Frucht und Süße. Komplexe Würze von schwarzen Beeren. Ausgewogene Säurestruktur mit langem Abgang.
www.masi.it

SCHWIERIGKEITSGRAD: MITTEL | **ZUBEREITUNGSZEIT:** 3 STUNDEN

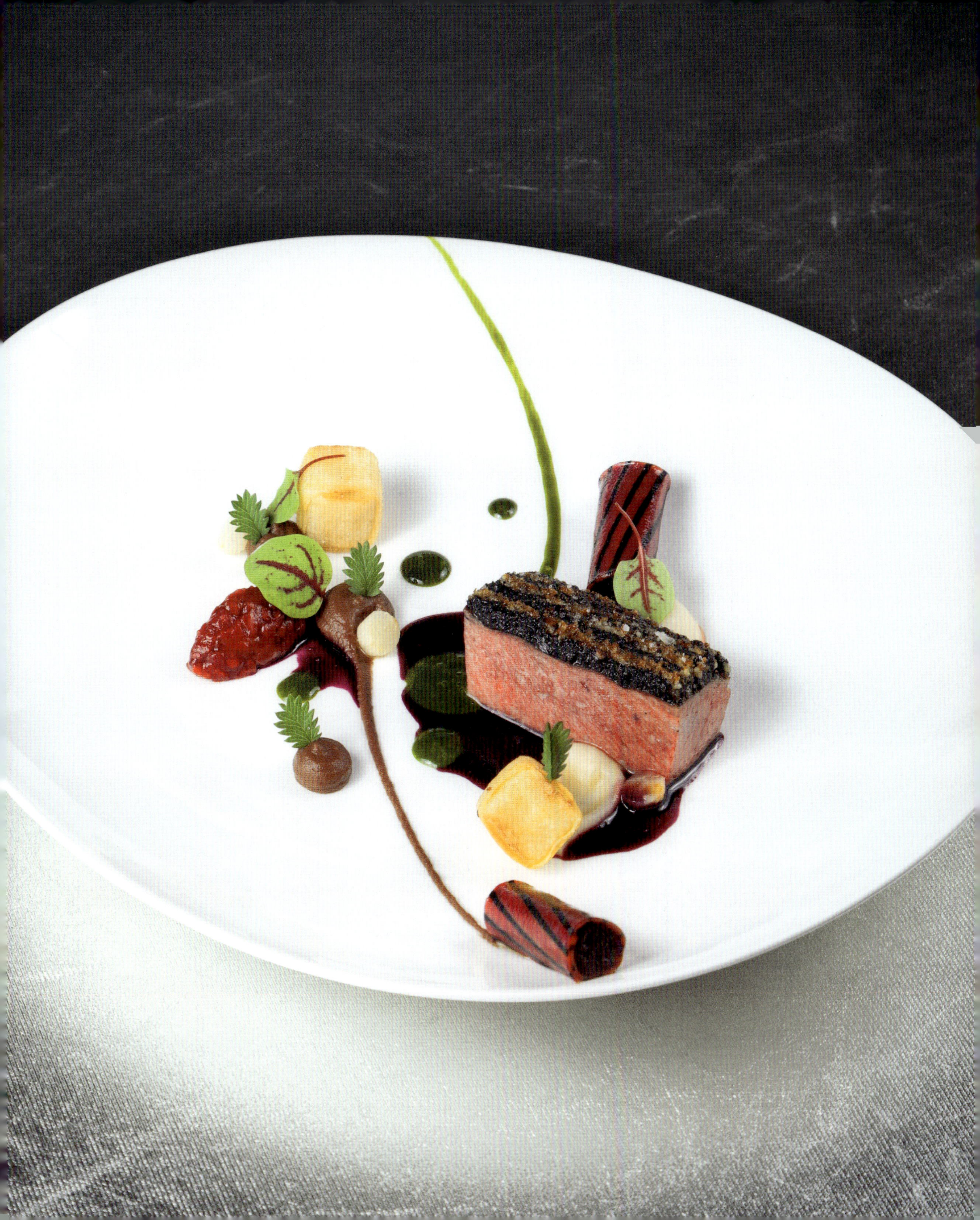

Restaurant top air | Marco Akuzun

KIRSCHE
Valrhona Ivoire/Kokos/Zimt

FÜR 4 PERSONEN:

KIRSCHGELEE:
300 ml Kirschsaft, 3 g Agar-Agar

KOKOSFOND:
100 ml Kokosmilch, 100 g Kokospüree
25 ml Batida de Coco, 45 g Kokosflocken

KOKOSMOUSSE:
75 ml Kokosfond, 2 Bl. Gelatine
125 g Sahne

KIRSCHSORBET:
250 g Kirschmark, 75 ml Wasser
35 g Glucose, 50 g Zucker, Zitronensaft

WEISSE SCHOKOMOUSSE:
125 ml Milch, 3 Bl. Gelatine
130 g Valrhona Ivoire, 250 g Sahne

BACKTEIG:
70 g Mehl, 70 ml Sekt
15 g Mondamin, 15 g Zucker
3 g Hefe, 30 ml Öl, 1 Ei, Kirsche

SCHOKOLADEN-KOKOS-BROWNIE:
65 g Butter, 35 g weiße Schokolade
2 Eigelb, 75 g Zucker, 30 g Mehl
50 g Kokosflocken

ZIMTEIS:
125 ml Milch, 125 ml Sahne
1 Eigelb, 20 g Zucker, 4 g Zimt

KIRSCH-PANNACOTTA:
150 ml Sahne, 30 g Zucker
50 g Kirschpüree, 2½ Bl. Gelatine
Kirschlikör, Sahne

KIRSCHGELEE: Kirschsaft mit Agar-Agar verrühren und kurz aufkochen. Ein flaches Blech mit Folie auslegen und daraufgießen. Im Kühlschrank kalt stellen.

KOKOSFOND: Alles aufkochen und die Kokosflocken in der Flüssigkeit 30 Minuten ziehen lassen. Den Fond durch ein feines Sieb passieren.

KOKOSMOUSSE: Die Hälfte des Kokosfonds leicht erhitzen. Die eingeweichte Gelatine darin auflösen. Mit der anderen Hälfte des Fonds wieder vermengen. Wenn der Fond leicht erkaltet, die geschlagene Sahne unterheben.

KIRSCHSORBET: Alles zusammen leicht erwärmen, erkalten lassen und in eine Sorbetiere abfüllen.

WEISSE SCHOKOMOUSSE: Milch aufkochen. Gelatine einweichen und in der Milch auflösen. Schokolade übergießen, erkalten lassen und Sahne unterheben.

BACKTEIG: Ei trennen, Sekt leicht erwärmen, Hefe darin auflösen. Alles bis auf das Eiweiß in die Rührmaschine geben und 5 Minuten rühren. Geschlagenes Eiweiß zum Schluss unterheben. Kirsche am Stiel entkernen und durch den Backteig ziehen.

SCHOKOLADEN-KOKOS-BROWNIE: Butter und Schokolade schmelzen. Eigelb und Zucker aufschlagen. Flüssige Butter und Schokolade hinzugeben. Mehl und Kokosflocken zum Schluss unterheben.

ZIMTEIS: Milch, Sahne und Zimt aufkochen. Mit Zucker und Eigelb zur Rose abziehen. In der Eismaschine gefrieren lassen.

KIRSCH-PANNACOTTA: Sahne, Kirschlikör, Zucker und Kirschpüree aufkochen. Gelatine darin auflösen und kalt stellen. Zum Schluss etwas Sahne unterheben.

PROFITIPP:
«Im Süßspeisenbereich sollte man sich immer an die vorgeschriebenen Rezepte halten.
Marco Akuzun, Küchenchef

WEINEMPFEHLUNG:

2005 TAYLOR'S LATE BOTTLED VINTAGE PORT
TAYLOR'S, PORTUGAL
Taylor's gehört zu den weltweit renommiertesten Häusern, was die Kategorie der Late Bottled Vintage Wines angeht. Am Gaumen dieses Vintage-Portweins finden sich Schwarzkirschen und Pflaumen.
www.taylor.pt

SCHWIERIGKEITSGRAD: MITTEL | ZUBEREITUNGSZEIT: 2 STUNDEN

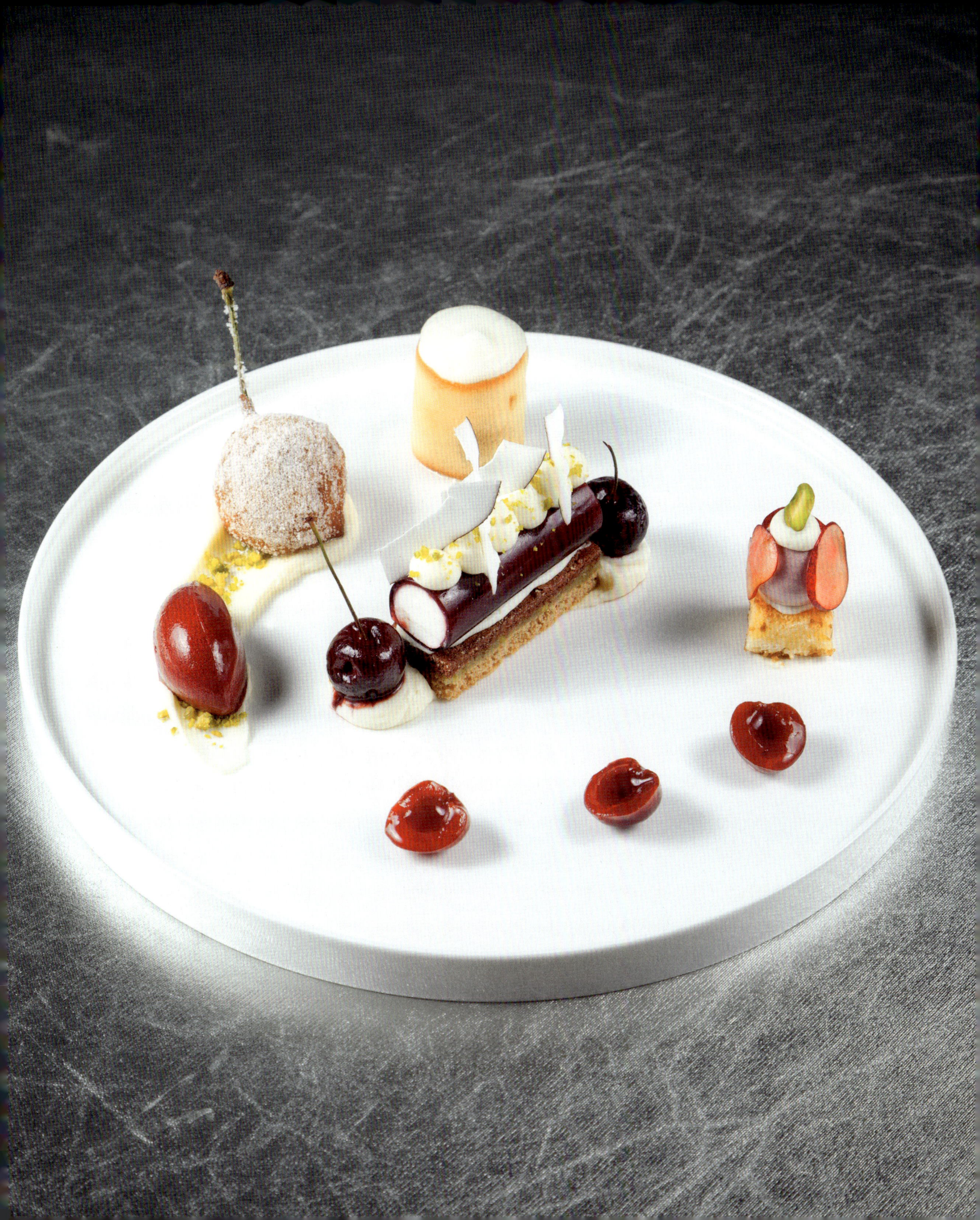

Röttele's Restaurant & Residenz | **Armin Röttele**

LUSTVOLL-MEDITERRANE GERICHTE TREFFEN BEI **ARMIN RÖTTELE** AUF BADISCHE TRADITION. DER STERNEKOCH UND BIKER GIBT IM **RÖTTELE'S RESTAURANT** MÄCHTIG GAS UND VERWANDELT SO GÄSTE ZU GROUPIES.

ROCKIGER SCHLOSS HERR

Mit dröhnendem Motor parkt Armin Röttele seine Harley-Davidson im imposanten Innenhof des „Schlosses Neuweier" nach einer ausgiebigen Genussausfahrt durch die Baden-Badener Region. So entspannt sich der Sternekoch am liebsten und findet auch gleich die eine oder andere Inspiration für neue Gerichte. „Cucina della Passione" nennt der Ausnahmekoch seine Küchenphilosophie und Kreativität, Erfahrung, handwerkliches Können sowie beste Grundprodukte sind die Voraussetzung für seine Küche der Leidenschaft. Fast zehn Jahre war Röttele Küchenchef des „Hotels Giardino" in Ascona und 1997 wurde er sogar als „Bester Hotelkoch der Schweiz" ausgezeichnet. Bei seiner Rückkehr in die Heimat hat der gebürtige Breisgauer seine leichten, südlich-mediterranen Rezepte mitgebracht sowie den Plan, seine Gäste im nun eigenen Restaurant zu verwöhnen wie kein anderer.

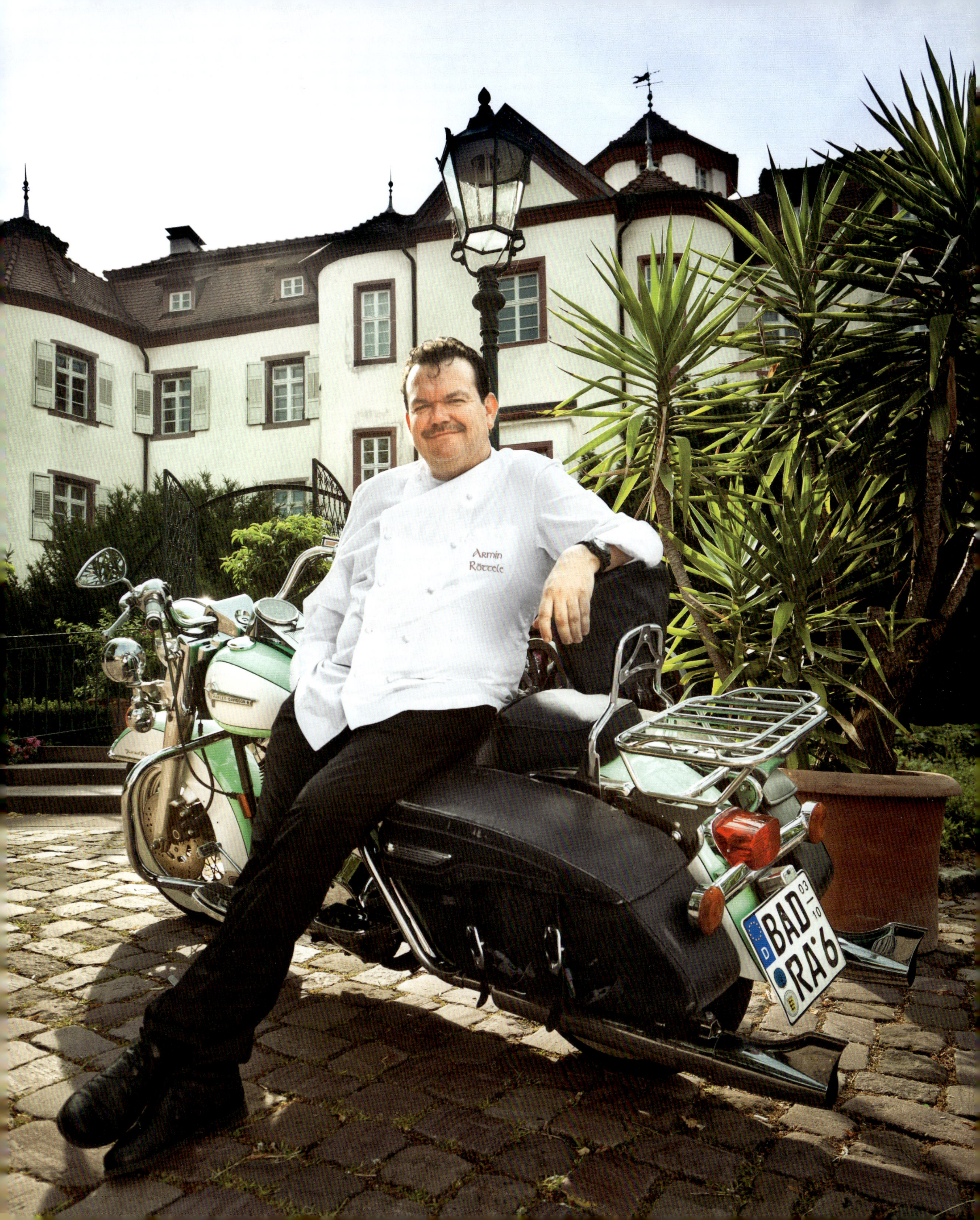
Armin
Röttele
BAD RA 6

Röttele's Restaurant & Residenz | **Armin Röttele**

ERFRISCHENDE
GESCHMACKS
VIELFALT

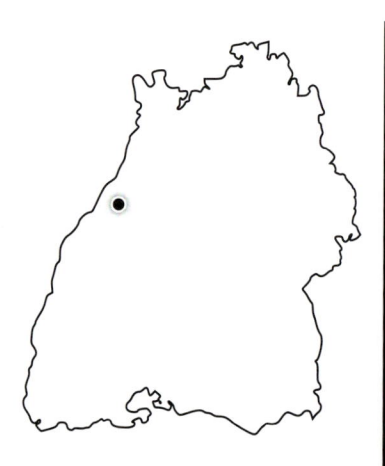

Röttele's Restaurant & Residenz
Mauerbergstraße 21
D-76534 Baden-Baden
Tel.: +49 (0) 72 23 / 800 870
E-Mail: info@armin-roettele.de
www.armin-roettele.de

Seit Armin und Sabine Röttele die gastronomische Leitung des „Restaurants im Schloss Neuweier" bei Baden-Baden übernommen haben, hat sich das Schloss mit seinem bekannten Weingut zu einer Top-Adresse der badischen Gastronomie entwickelt. Dabei ist nicht nur das prächtige Schloss ein absoluter Eyecatcher, auch die Gerichte des mit einem Michelin-Stern ausgezeichneten Küchenchefs ziehen unmittelbar alle Blicke auf sich. Ob „Rosette von braisiertem Spanferkel mit Orangen- und Salbeiaromen auf Castelluccio-Linsen und Rotwein-Schalottenjus" oder „Grillierter Thunfisch und gebackene Süßwasser-Gamba mit Curry-Zitronengrassauce und Parfümreis": Der experimentierfreudige Koch versteht es wie kaum ein anderer, die exotische Leichtigkeit des Südens mit lokalen Zutaten zu kombinieren.

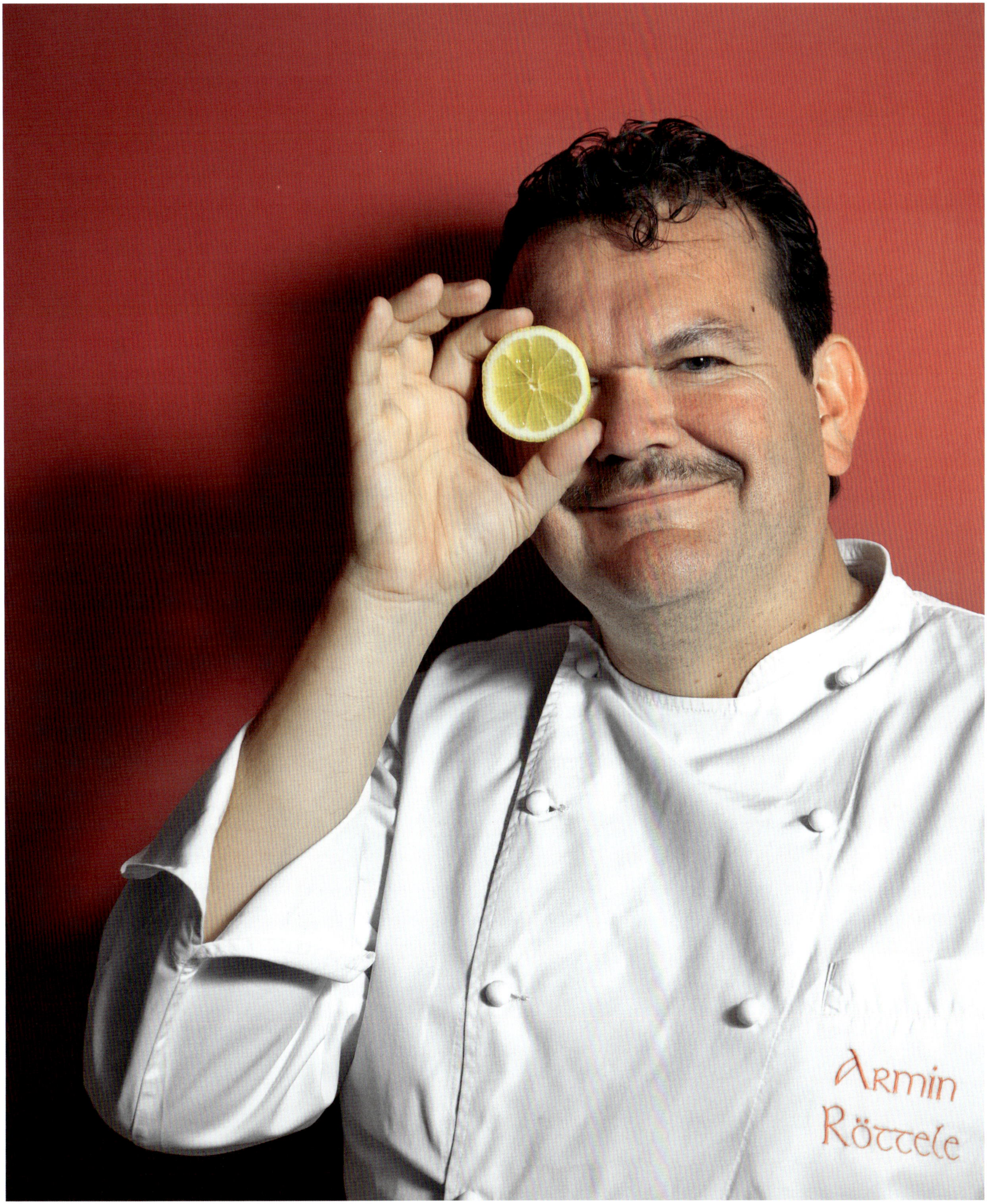
Armin
Röttele

Röttele's Restaurant & Residenz | Armin Röttele

GEEISTER TOMATENCOCKTAIL
mit Büffelmozzarella und Scampo im Parmaschinken und Bagna-cauda-Sauce

FÜR 4 PERSONEN:

TOMATENGELEE:
250 ml **Tomatensaft**, klar
2 Bl. **Gelatine**
1 Zweig **Basilikum**
1 **Knoblauchzehe**
Salz, **Pfeffer** aus der Mühle
1 Prise **Zucker**

TOMATENSORBET:
125 g **Kirschtomaten**, gemixt und passiert
60 g **Tomaten**, gemixt und passiert
40 ml **Tomatensaft**, 10 g **Ketchup**
10 ml **Gin**, 10 g **Glucose**
30 ml **Olivenöl**
Salz, **Pfeffer**, **Tabasco**
Essig, **Zucker**

OFENTOMATEN:
4 **Strauchtomaten**, vollreif
Olivenöl, **Salz**
Pfeffer, **Zucker**

SCAMPO:
8 **Scampischwänze**
4 Scheiben **Parmaschinken**
1 **Basilikumzweig**

BAGNA CAUDA:
1 EL **Olivenöl**
1 TL **Sardellenpaste**
1 **Knoblauchzehe**

TOMATENGELEE: Den Tomatensaft um die Hälfte einkochen. Basilikum und Knoblauch zugeben und 10 Minuten ziehen lassen. Eingeweichte Gelatine zugeben, abschmecken und danach passieren.

TOMATENSORBET: Alle Zutaten vermengen, abschmecken und in einer Eismaschine oder im Pacojet gefrieren.

OFENTOMATEN: Die Tomaten blanchieren, häuten, vierteln und entkernen, würzen und mit Olivenöl marinieren. Einzeln auf ein Backpapier legen und im Ofen bei 90 °C etwa eineinhalb Stunden trocknen.

SCAMPO: Die Scampischwänze bis auf die Schwanzspitze schälen und den Darm entfernen. Würzen und immer 2 zusammen mit Basilikum und Parmaschinken einpacken. Vorsichtig und nicht zu heiß anbraten und im Ofen bei 180 °C 2 Minuten garen.

BAGNA CAUDA: Olivenöl erwärmen, Sardellenpaste und fein geschnittenen Knoblauch zugeben, kurz durchkochen lassen.

PROFITIPP:
« Die Tomateneismasse kräftig würzen, da sie beim Gefrieren immer etwas an Geschmack und Würze verliert.
Armin Röttele, Küchenchef

WEINEMPFEHLUNG:

2012ER AUXERROIS VDP WEINGUT STADT LAHR
FAMILIE WÖHRLE, LAHR
Die alte Burgunderrebsorte, kontrolliert ökologisch angebaut, präsentiert sich elegant und filigran. Mit Aromen von Apfel, Quitte und leicht nussigen Noten.
www.weingut-stadt-lahr.de

SCHWIERIGKEITSGRAD: LEICHT | ZUBEREITUNGSZEIT: 2 STUNDEN

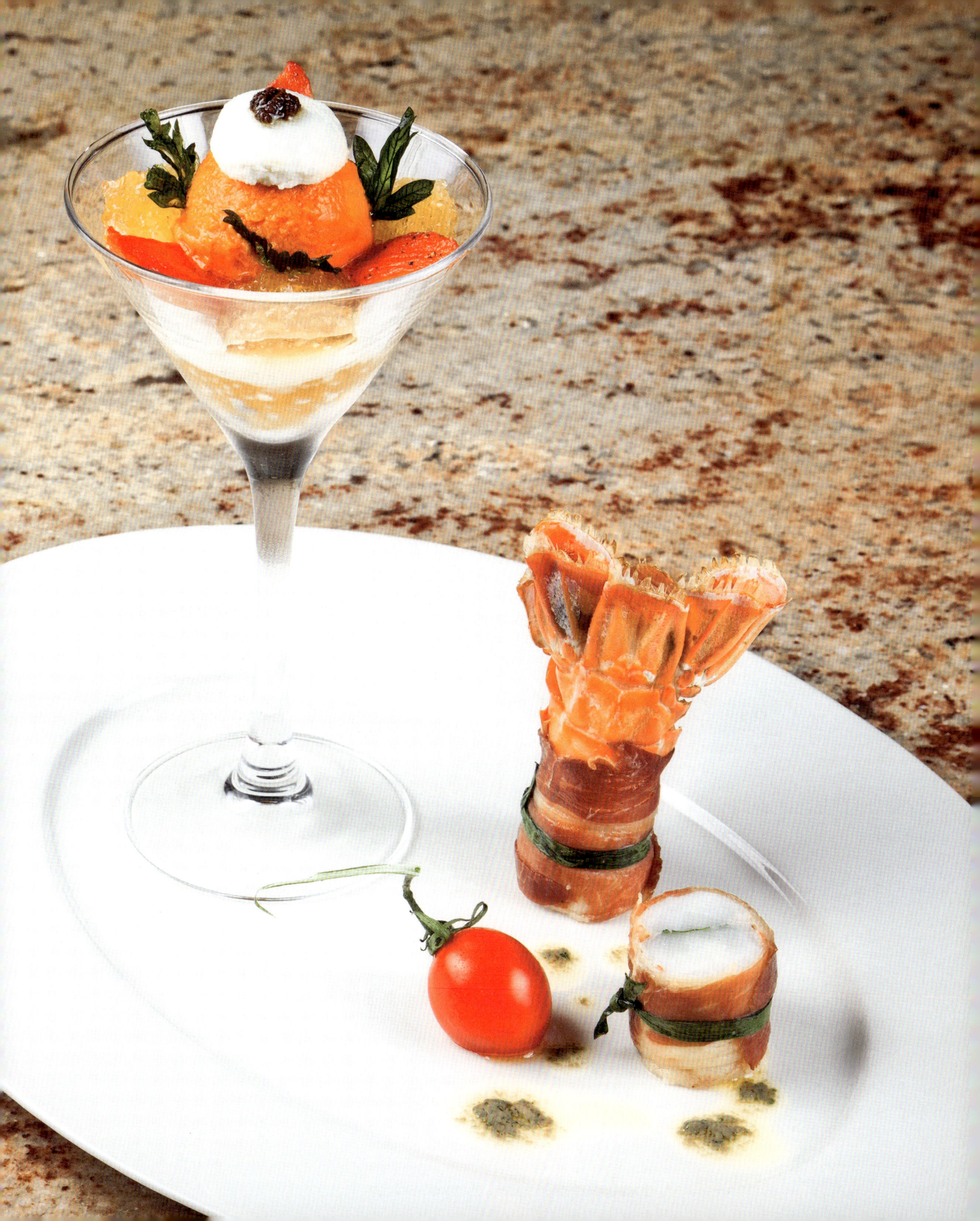

Röttele's Restaurant & Residenz | Armin Röttele

OCHSENFILET
in orientalischen Gewürzen gebraten mit Knuspertatar und Liebstöckeltortelloni

FÜR 4 PERSONEN:

OCHSENFILET:
600 g Rinderfilets, vom Mittelstück
1 EL Garam Masala
1 EL Mumbai-Curry
1 EL Kreuzkümmel, gemahlen
1 EL Mehl
Salz, Pfeffer

KNUSPERTATAR:
Brickteigblätter
200 g Rinderfilets
1 EL Olivenöl
30 g Parmesan, fein gerieben
Liebstöckel, fein geschnitten
Salz, Pfeffer, Butter

TORTELLONI:
200 g Kartoffeln, passiert
50 g Mascarpone
50 g Butter
20 g Liebstöckelpüree
Salz, Pfeffer, Muskat
200 g Nudelteig
1 Eigelb
Butter

JOGHURTCREME:
2 EL griechischer Naturjoghurt
Salz, Pfeffer

GARNITUR:
Kalbsjus
Spargelspitzen, grün
Karottenstäbchen

OCHSENFILET: Das Ochsenfilet parieren und in 4 gleich große Stücke schneiden, mit Salz und Pfeffer aus der Mühle würzen. Mehl, Garam Masala, Curry und Kreuzkümmel vermengen und das gewürzte Ochsenfilet darin mehlieren. Das Ochsenfilet in einer Pfanne leicht anbraten und im Ofen bei 180 °C bei einer Kerntemperatur von 49 °C garen. Herausnehmen und 5 Minuten ruhen lassen.

KNUSPERTATAR: Ochsenfilet in feine Würfel schneiden, Parmesan, Olivenöl und etwas Liebstöckel zugeben und kräftig würzen. Aus den Brickblättern Streifen von 2 Zentimeter Breite und 15 Zentimeter Länge schneiden, mit Butter bestreichen, um einen Metallring wickeln und im heißen Fett ausbacken. Das Tatar in den Ring füllen.

TORTELLONI: Kartoffeln, Mascarpone, Butter und Liebstöckelpüree glatt rühren und mit Salz, Pfeffer und Muskat abschmecken. Nudelteig dünn ausrollen und in Vierecke von 8 mal 8 Zentimeter Durchmesser ausstechen und mit Eigelb bestreichen. Die Füllung aufdressieren. Die Teigplatte zuerst zu einem Dreieck zusammendrücken und danach zu einer Tortellone zusammenfalten. Im Salzwasser kurz kochen und mit etwas Butter bestreichen.

JOGHURTCREME: Alle Zutaten zu einer feinen Creme vermengen.

GARNITUR: Mit Kalbsjus, Spargelspitzen und den Karottenstäbchen anrichten.

PROFITIPP:
«Die Gewürzmischung nur leicht in nicht zu heißem Fett anbraten, damit die Gewürze schonend erwärmt werden und dadurch ihr volles Aroma entfalten.
Armin Röttele, Küchenchef

WEINEMPFEHLUNG:

2007 SCHLOSSBERG SPÄTBURGUNDER RESERVE
WEINGUT BERNHARD HUBER
MALTERDINGEN, DEUTSCHLAND
Große Wärme und Tiefe, Weichheit und doch feste Struktur. Mineralität und große Frucht sind die geschmacklichen Attribute, die den Lagencharakter des Hecklinger Schlossbergs widerspiegeln.
www.weingut-huber.com

SCHWIERIGKEITSGRAD: MITTEL | **ZUBEREITUNGSZEIT:** 2 STUNDEN

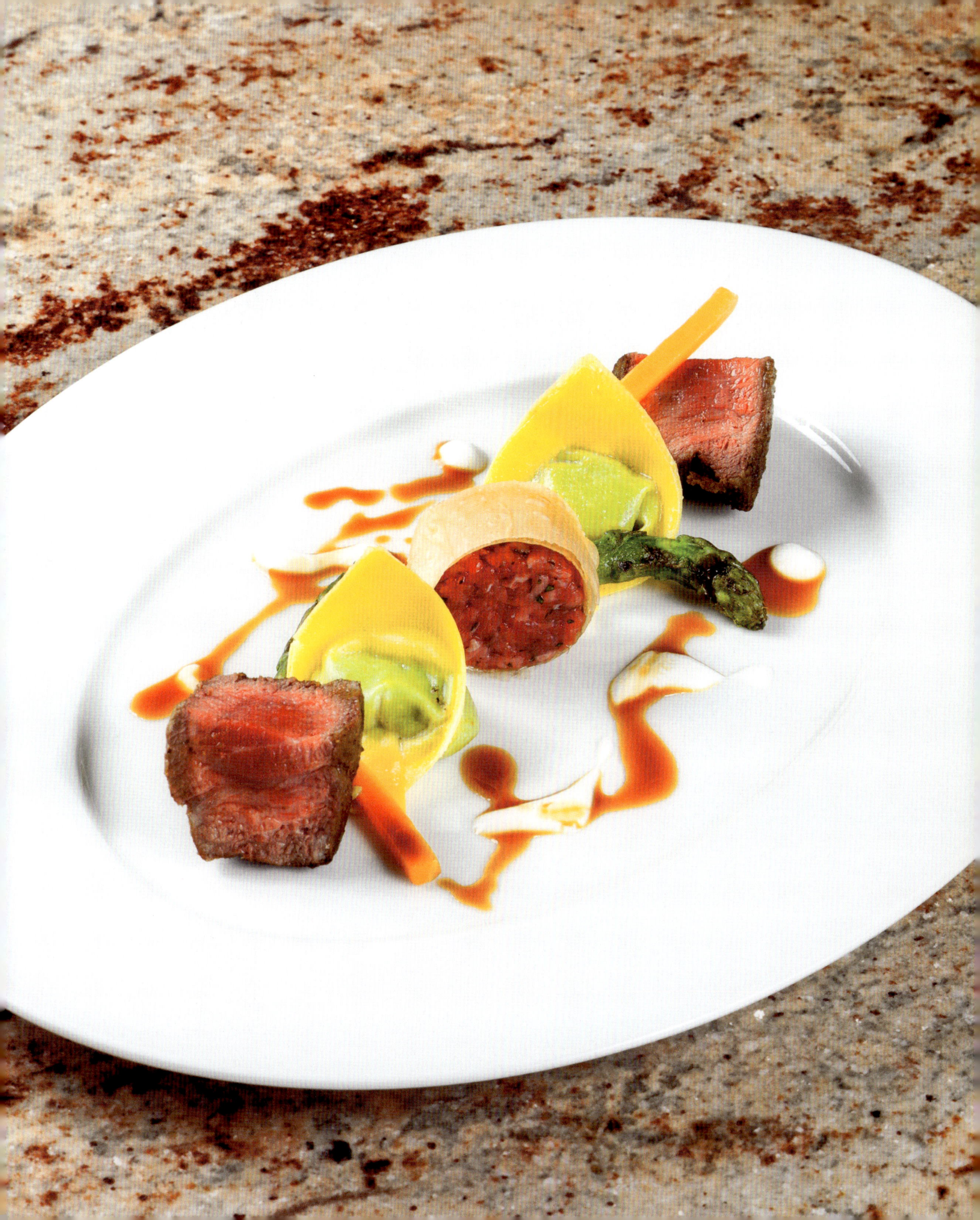

Röttele's Restaurant & Residenz | Armin Röttele

ZITRONENMASCARPONESCHNITTE
mit süßem Basilikum, Himbeermark und Thai-Vanillesorbet

FÜR 4 PERSONEN:

ZITRONENCREME:
250 ml Zitronensaft
300 g Zucker, 6 Eier, 150 g Butter
1 Bl. Gelatine

MASCARPONECREME:
250 g Vanillegrundcreme
250 g Mascarpone, 100 g Eigelb
1 Vanilleschote

FILOBLÄTTER:
2 Filoblätter
30 g Butter, 30 g Puderzucker

SÜSSES BASILIKUM:
1 EL Basilikumpüree
2 EL Läuterzucker
Ascorbinsäure

HIMBEERMARK:
250 g Himbeeren
40 g Staubzucker, Zitronensaft

LIMETTENBAISER:
1 Eiweiß
34 g Zucker
Limettenabrieb

VANILLESORBET:
200 ml Wasser, 50 ml Weißwein
100 g Zucker, 40 ml Limettensaft
½ Thai-Vanilleschote
1 Bl. Gelatine

ZITRONENCREME: Zitronensaft mit Zucker aufkochen, in die Eier rühren, die Butter montieren und nochmals erhitzen, bis die Creme zu stocken beginnt. Sofort in eine auf Eis gekühlte Schüssel passieren und die eingeweichte Gelatine zugeben. Die Zitronencreme auf einem tiefen Blech 1,5 Zentimeter hoch verteilen und glatt streichen. Kalt stellen.

MASCARPONECREME: Vanillegrundcreme und Schote glatt rühren, Mascarpone zugeben, mit dem Eigelb nochmals verrühren und auf einem tiefen Backblech 1,5 Zentimeter hoch verteilen. Glatt streichen und bei 160 °C stocken lassen.

FILOBLÄTTER: Filoteig mit Butter einstreichen, mit Puderzucker bestreuen und mit Filoteig abdecken. Andrücken, nochmals bestreichen und bestreuen und in 9 mal 4 Zentimeter große Rechtecke schneiden. Zwischen Backpapier 9 Minuten bei 175 °C backen.

SÜSSES BASILIKUM: Alle Zutaten vermengen und auf der Limonencreme dünn aufstreichen.

HIMBEERMARK: Himbeeren und Puderzucker mixen, passieren und mit Zitronensaft abschmecken.

LIMETTENBAISER: Eiweiß mit Zucker aufschlagen und kurz bevor es steif ist, den restlichen Zucker sowie den Limettenabrieb zugeben und steif schlagen. In einen Dressiersack mit mittlerer Lochtülle füllen und kleine Tupfer auf Backtrennpapier aufspritzen. Bei 120 °C 25 Minuten trocknen.

VANILLESORBET: Wasser, Wein, Zucker und Vanilleschote aufkochen. Die Vanilleschote auskratzen, mit Limettensaft abschmecken und die eingeweichte Gelatine darin auflösen. In einer Sorbetiere gefrieren.

PROFITIPP:
«Die Zitronencreme kann man alternativ auch mit Passionsfruchtmark zubereiten.
Armin Röttele, Küchenchef

WEINEMPFEHLUNG:

2010ER MAUERBERG RIESLING AUSLESE
WEINGUT SCHLOSS NEUWEIER
BADEN-BADEN, DEUTSCHLAND

Mit einem animierenden Säurespiel ist die Auslese ein wunderbarer Begleiter zu Süßspeisen mit Zitronen und Passionsfruchtaromen.
www.schloss-neuweier.de

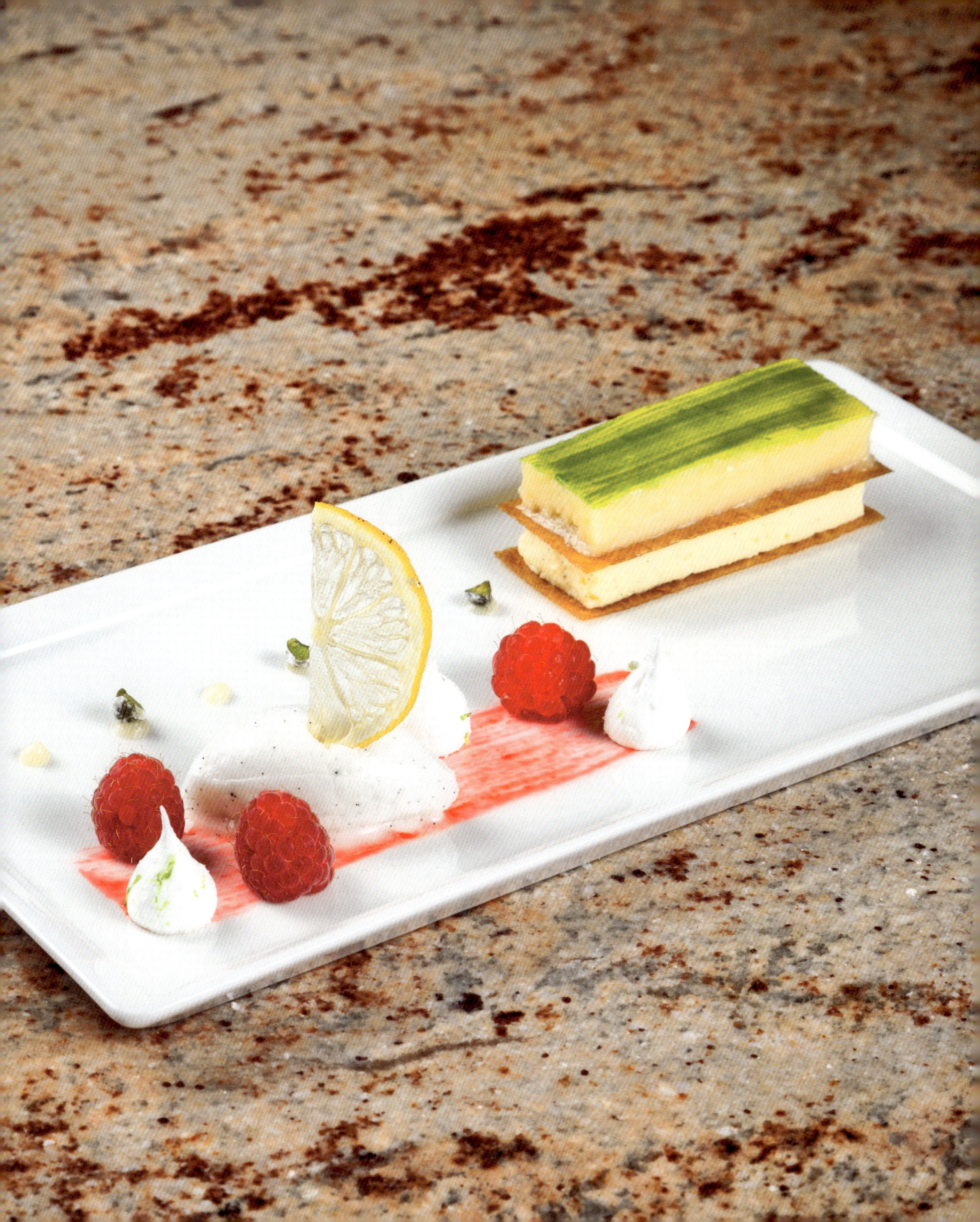

Rübenacker's Restaurant Kaiser | **Dietmar Rübenacker**

EIN MANN MIT CHARAKTER: **DIETMAR RÜBENACKER** IST DAS LEUCHTENDE BEISPIEL DAFÜR, DASS MAN EINE PERSONALITY AUCH SCHMECKEN KANN. AM BESTEN IN SEINEM **RÜBENACKER'S RESTAURANT KAISER**.

LÄSSIGER AROMEN KAISER

Es gibt wahrscheinlich nur einen Grund, nach Keltern-Dietlingen zu reisen, und der heißt „Rübenacker's Restaurant Kaiser". Sieht man einmal von der authentisch-herzlichen Art der beiden Gastgeber Tina und Dietmar Rübenacker ab, sind es vor allem die Kreationen des Küchenchefs, die einen gerne immer wieder in die unscheinbare Gemeinde in Baden-Württemberg reisen lassen. Leichte Grundprodukte sorgen bei den Rübenacker'schen Kreationen stets für frischen Wohlgeschmack, immer wieder greift der weltoffene Küchenchef asiatische und mediterrane Einflüsse auf und kombiniert diese mit qualitativ hochwertigen lokalen Produkten. Beherzte Gerichte wie „Gänseleberparfait mit Apfelgelee, Kakao und Cassis" oder „Kaninchenfilet mit Ricotta-Walnuss-Ravioli und Feige" schüttelt der sympathische Koch scheinbar mühelos aus dem talentierten Kochärmel.

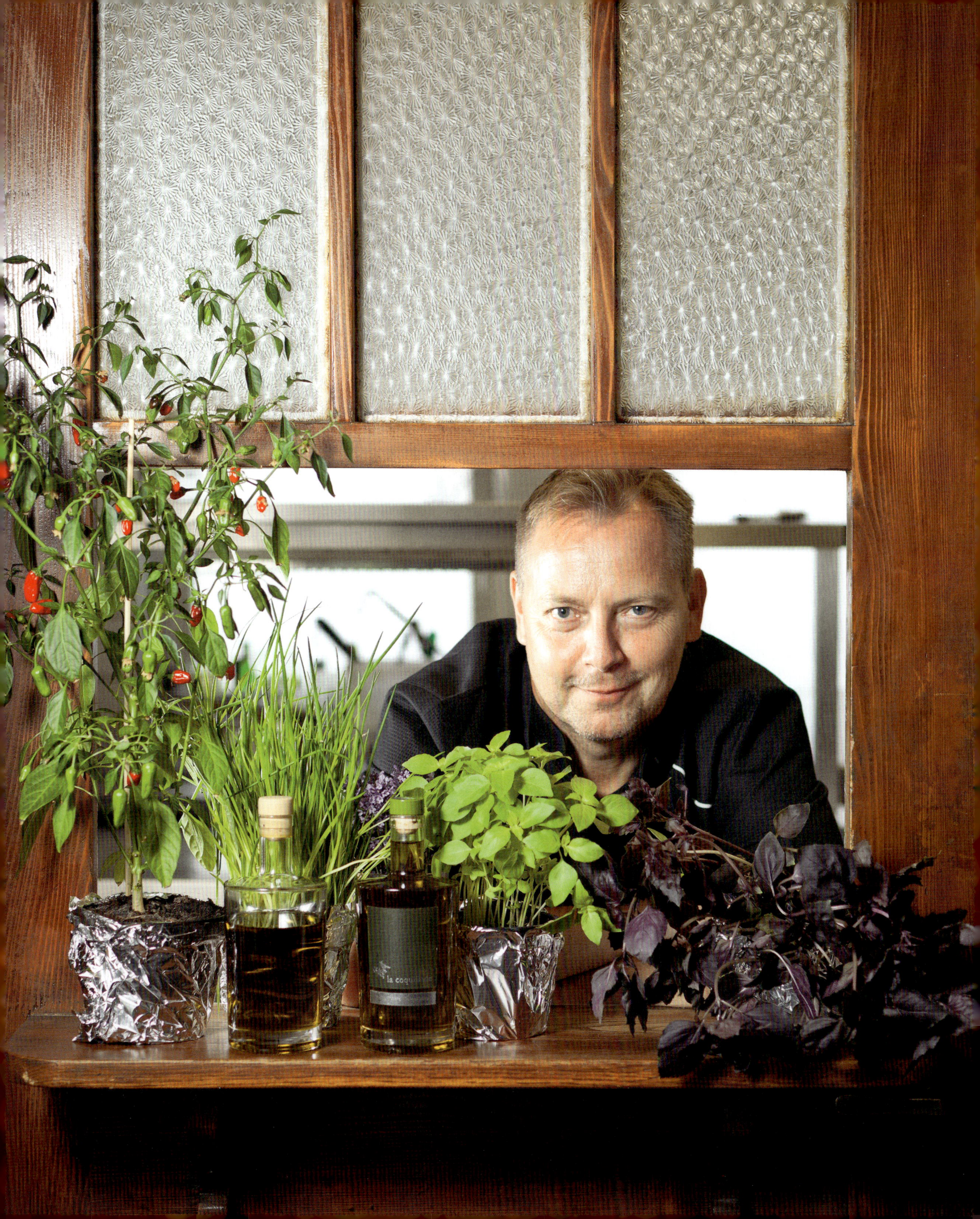

Rübenacker's Restaurant Kaiser | **Dietmar Rübenacker**

MEIN HAUS
IST AUCH
DEIN HAUS

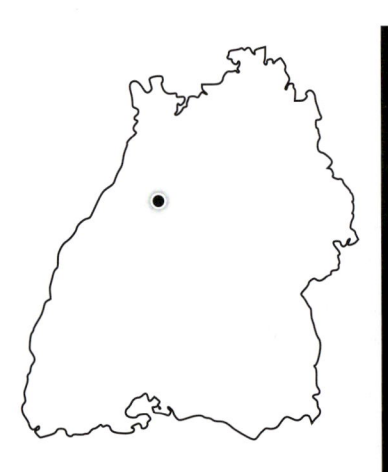

Rübenacker's Restaurant Kaiser
Bachstraße 41
D-75210 Keltern-Dietlingen
Tel.: +49 (0) 72 36/62 89
E-Mail: info@ruebenackers-kaiser.de
www.ruebenackers-kaiser.de

Wenn man es als Restaurantbetreiber schafft, dass sich seine Gäste binnen kürzester Zeit wie zu Hause fühlen, dann hat man in diesem Business schon einiges richtig gemacht. In „Rübenacker's Restaurant Kaiser" ist vor allem Gastgeberin Tina Rübenacker die Ursache für ein allumfassendes Wohlfühlerlebnis. Mit Charme und viel Einfühlungsvermögen holt sie ihre Gäste durch eine unaufdringliche Art und Weise ab, dass man meint, man sitzt bei uralten Freunden zu Tisch. Und wandern dann auch noch die herrlich unprätentiösen Kreationen von Ehemann Dietmar auf die fein gedeckten Tische, dann ertappt man sich klammheimlich beim Gedanken, ob es denn schräg oder abwegig wäre, sich in der unmittelbaren Nachbarschaft der beiden einzunisten. Denn solch schrecklich nette Nachbarn findet man selten.

103

Rübenacker's Restaurant Kaiser | Dietmar Rübenacker

BRETONISCHER ROCHENFLÜGEL
mit gerösteter Focaccia, Kräuterwiese, Aprikose und Minzöl

FÜR 4 PERSONEN:

MINZÖL:
1 Zweig frische Minze
20 ml Olivenöl

ROCHENFLÜGEL:
400 g Rochenfilets
Salz, Pfeffer, Limonensaft

GERÖSTETE FOCACCIA:
100 g Focaccia oder Weißbrot
Olivenöl

APRIKOSE UND GEMÜSE:
2 Aprikosen
100 g Gemüse der Saison (Kirschtomaten, Fenchel, Spargel)
1 Vanilleschote, etwas Butter

MARINADE:
2 EL Olivenöl
2 EL Aceto Balsamico
Salz, Pfeffer

ANRICHTEN:
100 g Wildkräutersalat

MINZÖL: Das Olivenöl über Nacht mit frischer Minze anreichern und ziehen lassen.

ROCHENFLÜGEL: Rochenflügel mit Salz, Pfeffer und Limonensaft würzen. Kurz vor dem Anrichten etwas Minzöl in einer Pfanne erhitzen und die Rochenfilets von beiden Seiten insgesamt etwa 5 Minuten braten. Beim Anrichten die Rochenfilets noch mal mit Minzöl beträufeln.

GERÖSTETE FOCACCIA: Die Focaccia in 2 mal 2 Zentimeter große Würfel schneiden und in Olivenöl goldgelb rösten.

APRIKOSE UND GEMÜSE: Aprikosen in Spalten schneiden. Spargel schälen, Fenchel putzen und beides kurz blanchieren. Kirschtomaten abziehen. Vanilleschote der Länge nach aufschneiden und das Mark herauskratzen. Das Gemüse mit Butter, den Aprikosenspalten und dem Vanillemark kurz in der Pfanne schwenken und würzen.

MARINADE: Alle Zutaten miteinder verrühren.

ANRICHTEN: Erst die gerösteten Brotwürfel auf den Teller geben, dann das gebratene Rochenfilet auflegen. Das Gemüse und die Aprikosen um das Filet herum verteilen. Am Tellerrand etwas Wildkräutersalat arrangieren. Mit der Marinade abmachen.

PROFITIPP:
»Extra natives, klares Olivenöl eignet sich perfekt zum Anbraten und Schmoren, da es bis 180 °C erhitzt werden kann!
Dietmar Rübenacker, Küchenchef

WEINEMPFEHLUNG:

2012 GRAUER BURGUNDER DIETLINGER KLEPBERG
WEINGUT CLAUS BISCHOFF, DIETLINGEN
Die Selektionshandlese spiegelt sich in den Fruchtaromen dieses Burgunders wider, für den nur gesunde Trauben ohne Edelfäule verwendet werden. Schöne Fruchtaromen mit Vanillenoten und cremiger Schmelz am Gaumen.
www.weingut-bischoff.de

SCHWIERIGKEITSGRAD: LEICHT | ZUBEREITUNGSZEIT: 45 MINUTEN

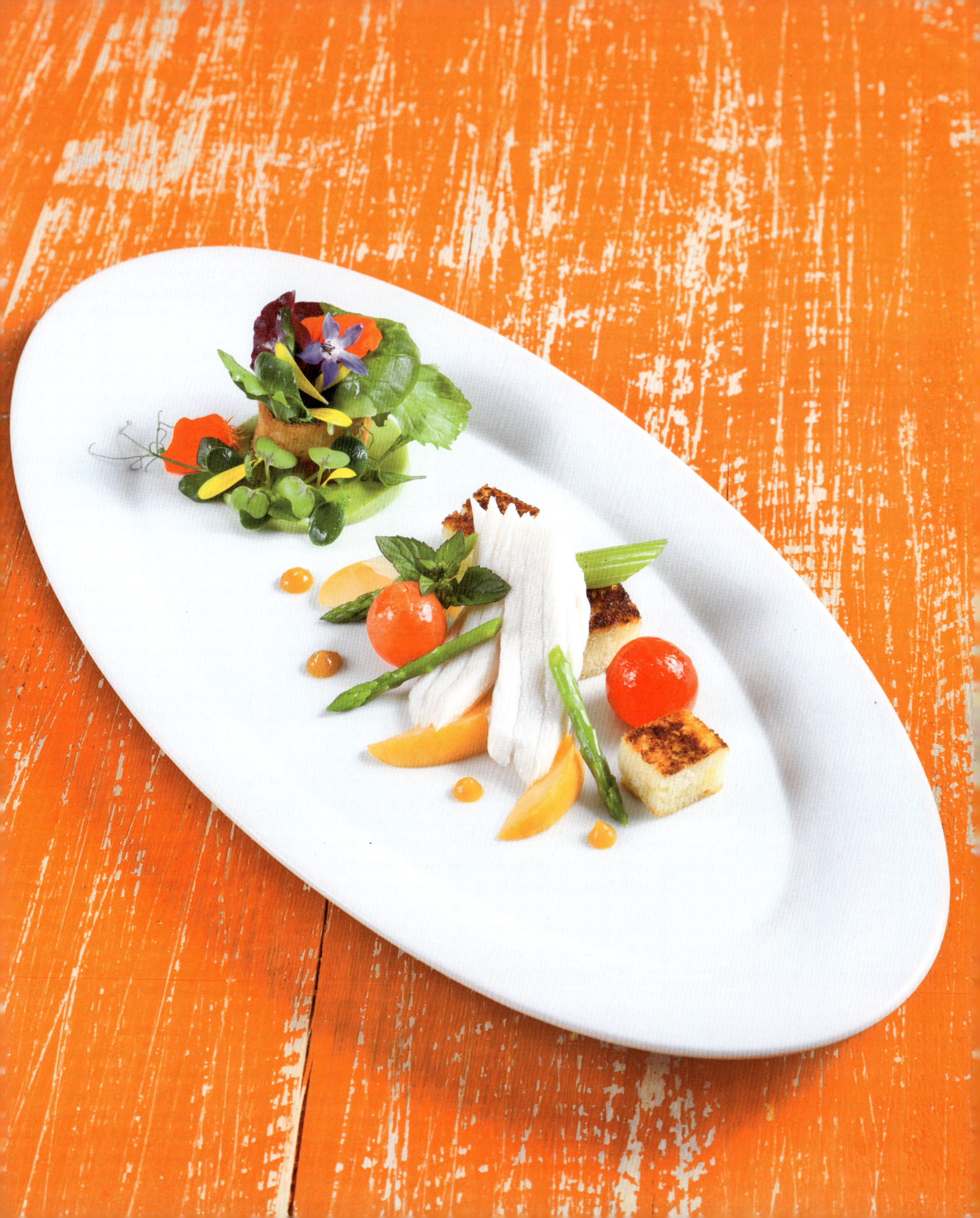

Rübenacker's Restaurant Kaiser | Dietmar Rübenacker

INVOLTINI VOM SIMMENTALER RIND
mit Ofentomaten, Steinpilzen, Fingernudeln und Steinpilzschaum

FÜR 4 PERSONEN:

INVOLTINI:
320 g **Rinderfilets**, in 4 Scheiben geschnitten
80 g **Ofentomaten**, getrocknet
80 g schwarze **Oliven**
4 große **Spinatblätter**
1 **Eiweiß**
je 1 Zweig **Kerbel**, **Estragon**, **Rosmarin**, **Salbei** und 2 Zweige **Petersilie**
Olivenöl, **Salz**, **Pfeffer**

OFENTOMATEN:
6 reife **Tomaten**
1 **Rosmarinzweig**
Salz, **Pfeffer**, **Olivenöl**

STEINPILZE:
200 g **Steinpilze**
Butterschmalz, **Salz**, **Pfeffer**

FINGERNUDELN:
250 g festkochende **Kartoffeln**, geschält
2 **Eigelb**, 50 g **Mehl**
20 g **Kartoffelstärke**
Pfeffer, **Salz**, **Olivenöl**

STEINPILZSCHAUM:
3 **Steinpilze**
1 **Schalotte**
400 ml **Sahne**
50 g **Butter**
Olivenöl, **Cayennepfeffer**
Knoblauch, **Salbei**
Meersalz
frische **Kräuter**

INVOLTINI: Filets zwischen Klarsichtfolie plattieren. Rosmarin abnadeln und fein hacken. Ofentomaten und Oliven hacken. Spinatblätter blanchieren und abschrecken. Fleisch mit Rosmarin, Salz und Pfeffer würzen, mit Eiweiß einpinseln, Spinatblatt auflegen, mit der Oliven-Tomaten-Masse einstreichen und als Roulade einrollen. Alufolie mit Olivenöl einstreichen. Restliche Kräuter hacken, Fleischroulade in den gehackten Kräutern wälzen und stramm in Alufolie einrollen. Im Wasserbad bei 80 °C 10 Minuten garen, herausnehmen und 5 Minuten eingepackt ruhen lassen.

OFENTOMATEN: Tomaten über Kreuz einritzen, im kochenden Salzwasser blanchieren und abschrecken. Haut abziehen, Tomaten vierteln, Kerngehäuse entfernen und die Filets auf Küchenkrepp legen. Rosmarinzweig abnadeln, Nadeln fein hacken. Tomatenfilets mit Salz, Pfeffer und Rosmarin würzen, auf ein Backblech geben, mit Olivenöl beträufeln und im Backofen bei 80 °C 4 Stunden trocknen lassen. Getrocknete Tomaten mit Olivenöl beträufeln und kühl stellen.

STEINPILZE: Pilze abbürsten, untere 2 Drittel der Stiele entfernen, in Schmalz anbraten, würzen und für 2 Minuten bei 180 °C in den Ofen schieben.

FINGERNUDELN: Kartoffeln in Salzwasser kochen und ausdampfen lassen. Durch eine Presse drücken, mit Eigelb, Mehl und Stärke verkneten und abschmecken. Fingerdicke Rollen formen, nussgroße Stücke abteilen und zu Fingernudeln rollen. In Salzwasser garen, bis sie an die Oberfläche kommen. Zum Servieren in der Pfanne mit Olivenöl durchschwenken.

STEINPILZSCHAUM: Schalotte schneiden. Steinpilze würfeln, mit Knoblauch im Topf andünsten, mit Sahne aufgießen und 5 Minuten kochen. Mit dem Pürierstab durchmixen, würzen und zum Schluss mit kalter Butter binden und mit Kräutern abschmecken.

PROFITIPP:
»Durch Zugabe von Pesto, püriertem Spinat oder frischem Basilikum kann man die Fingernudeln grün einfärben und geschmacklich aufpeppen.
Dietmar Rübenacker, Küchenchef

WEINEMPFEHLUNG:

2009 PINOT NOIR
WEINGUT THEOBALD PFAFFMANN, LANDAU-NUSSDORF
Der Duft von Tabak und Erde verbindet sich mit der Frucht von Kirschen und dunklen Beeren sowie fein eingebundenen Röstaromen. Saftige, reife Frucht und dunkle Schokolade am Gaumen. Ein vielschichtiger, eleganter Pinot.
www.vinopan.de

SCHWIERIGKEITSGRAD: MITTEL | **ZUBEREITUNGSZEIT:** 2 STUNDEN

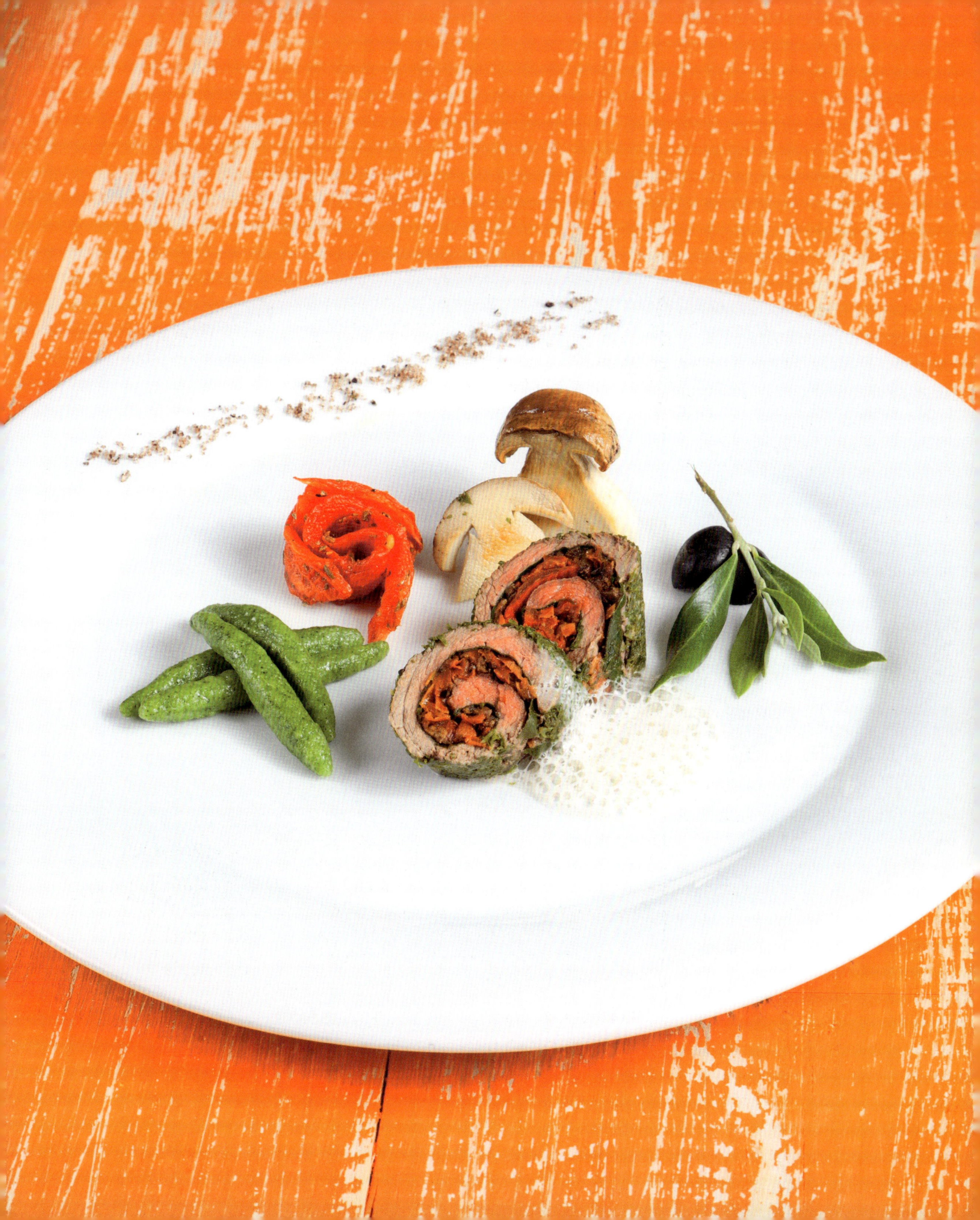

Rübenacker's Restaurant Kaiser | Dietmar Rübenacker

EXOTIC MIT MANGO
Kokosnuss und Passionsfrucht

FÜR 4 PERSONEN:

MANGOCREME:
200 g Mangopüree
50 g Puderzucker
2 Bl. Gelatine
130 ml Sahne
20 ml Mangolikör
2 Eiweiß
25 g Zucker

KOKOSNUSSCREME:
200 g Kokospüree
50 g Puderzucker
2 Bl. Gelatine
130 ml Sahne
20 ml Kokoslikör
2 Eiweiß
25 g Zucker

KOKOSNUSSBODEN:
3 Eiweiß
100 g Zucker
70 g Kokosraspeln
15 g Mehl

MANGOSORBET:
50 ml Glucosesirup
115 g Zucker
115 ml Wasser
500 g Mangopüree

PASSIONSFRUCHTPARFAIT:
140 g Passionsfruchtpüree
2 Eigelb
1 Ei, 50 g Zucker
200 g Sahne, geschlagen
Mark von einer Vanilleschote
Gelatine

PASSIONSFRUCHTSPIEGEL:
200 ml Passionsfruchtsaft
50 g Zucker
2 Bl. Gelatine

MANGOCREME: Gelatine einweichen und ausdrücken. Sahne schlagen. Eiweiß mit Zucker steif schlagen. Likör in einer Schüssel über Wasserbad erwärmen. Gelatine hinzugeben und auflösen. Nach und nach das Mangopüree dazugeben, glatt rühren und Puderzucker einrühren. Wenn die Masse abgekühlt ist, zuerst geschlagenes Eiweiß und dann Schlagsahne unterheben. In eine Form füllen und 2 Stunden kalt stellen.

KOKOSNUSSCREME: Genau im gleichen Ablauf wie die Mangocreme zubereiten.

KOKOSNUSSBODEN: Eiweiß und 50 Gramm Zucker steif schlagen, anschließend Kokos, 50 Gramm Zucker und Mehl unterheben. Backblech mit Backpapier auslegen, Masse darauf verteilen und bei 180 °C 8 Minuten backen. Noch warm vom Papier lösen und in eine rechteckige Form einpassen.

MANGOSORBET: Glucose, Zucker und Wasser aufkochen und mit Mangopüree mischen. Dann in der Eismaschine gefrieren.

PASSIONSFRUCHTPARFAIT: Passionsfruchtpüree mit Eigelb, Ei, Zucker und Vanille in einer Schüssel im Wasserbad cremig schlagen. Gelatine einweichen, ausdrücken und in der Masse auflösen. Abkühlen lassen, Sahne unterheben, in eine Form füllen und frieren.

PASSIONSFRUCHTSPIEGEL: Gelatine einweichen, ausdrücken und zur Seite stellen. Zucker in den Passionsfruchtsaft einrühren, leicht erwärmen und die eingeweichte Gelatine darin auflösen. Abkühlen lassen.

ANRICHTEN: Kokosnussboden, Mangocreme, Kokosnusscreme und Passionsfruchtspiegel von unten nach oben in eine rechteckige Form schichten. In Schnitten schneiden. Mit Mangosorbet und Passionsfruchtparfait anrichten.

PROFITIPP:
«Um saisonal unabhängig zu sein, kann man Fruchtpürees auch im Feinkosthandel fertig kaufen.
Dietmar Rübenacker, Küchenchef

WEINEMPFEHLUNG:

2011 SCHEUREBE & CHENIN BLANC AUSLESE
WEINGUT BERCHER,
VOGTSBURG-BURKHEIM
Hellgelbe Farbe, Aromen von Cassis, Grapefruit und Melone. Strukturiert und lang anhaltend am Gaumen mit guter Balance von Säure und Süße.
www.weingutbercher.de

SCHWIERIGKEITSGRAD: MITTEL | **ZUBEREITUNGSZEIT:** 2 STUNDEN

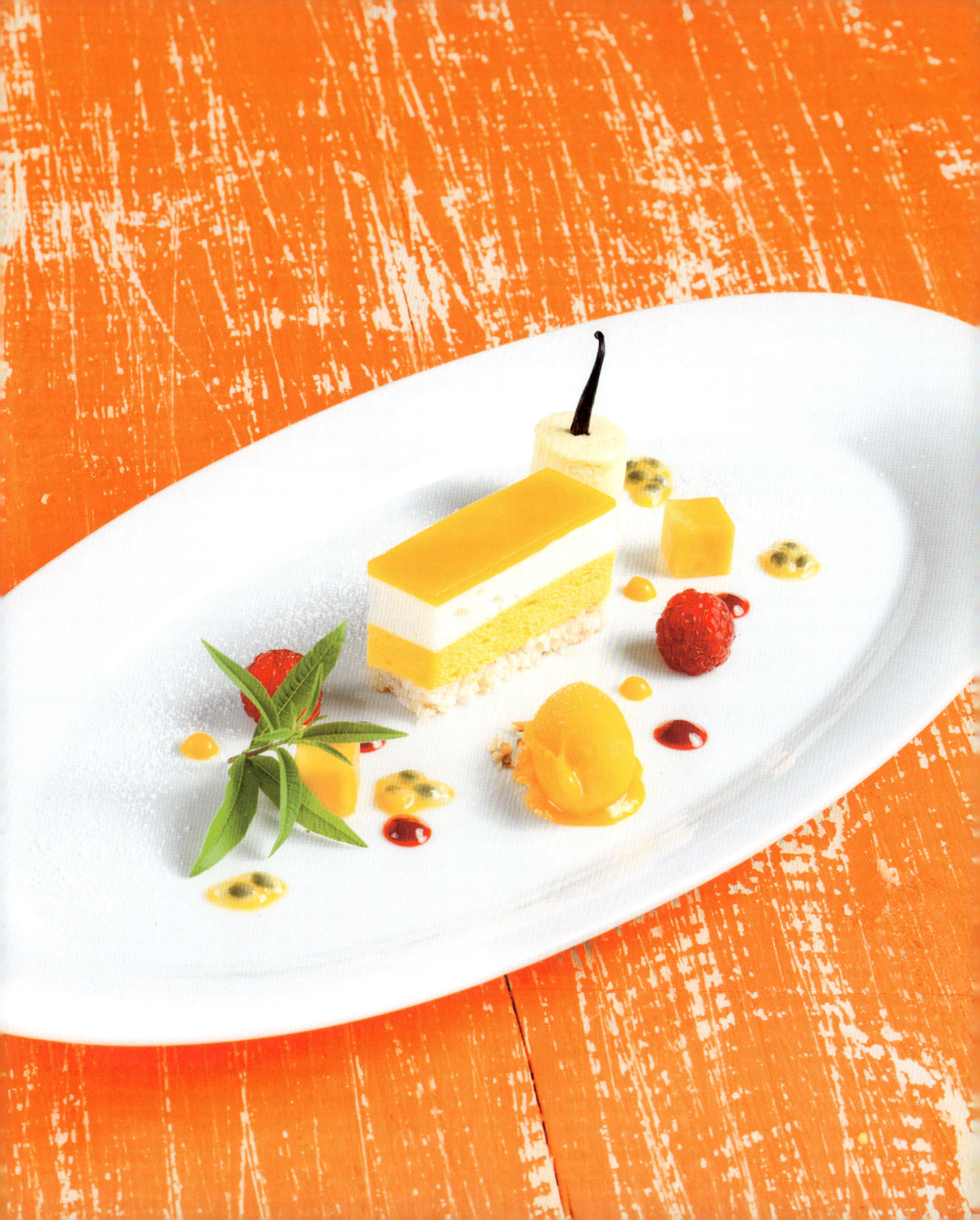

Schillers gute Stube | **Burkhard Schork**

GESCHMACKSPHILOSOPH:
BURKHARD SCHORK ERWEIST IN SEINEM
RESTAURANT **SCHILLERS GUTE STUBE**
DEM DICHTERFÜRSTEN DURCH SEINE
KULINARISCHEN KREATIONEN ALLE EHRE.

DER GAUMEN POET

Metzger, Literaturfan, Waidmann, Spitzenkoch und Hotelier: Die Bandbreite von Burkhard Schork ist riesig. Umso erstaunlicher ist es, in welch traumwandlerischer Sicherheit er zwischen den vielen, zum Teil sehr unterschiedlichen Feldern hin und her wechselt. Und auch wenn ihn Literatur oder das Hotelmanagement immer wieder fesseln, steht er am allerliebsten doch hinter dem Herd. Gott sei Dank, muss man sagen, zählt Schork doch zur leider vom Aussterben bedrohten Spezies Köche, die noch die komplette Verwertung von Tieren beherrscht. Grandios, was er da so auf die Teller bringt. Ob Milz, Hirn oder Kutteln: Der gelernte Metzger weiß natürlich, wie man auch die eher stiefmütterlich behandelten Fleischteile glanzvoll in Szene setzt. Schork zählt definitiv zu den Koryphäen der deutschen High-End-Meat-Profis und setzt als Innereien-Experte neue Standards.

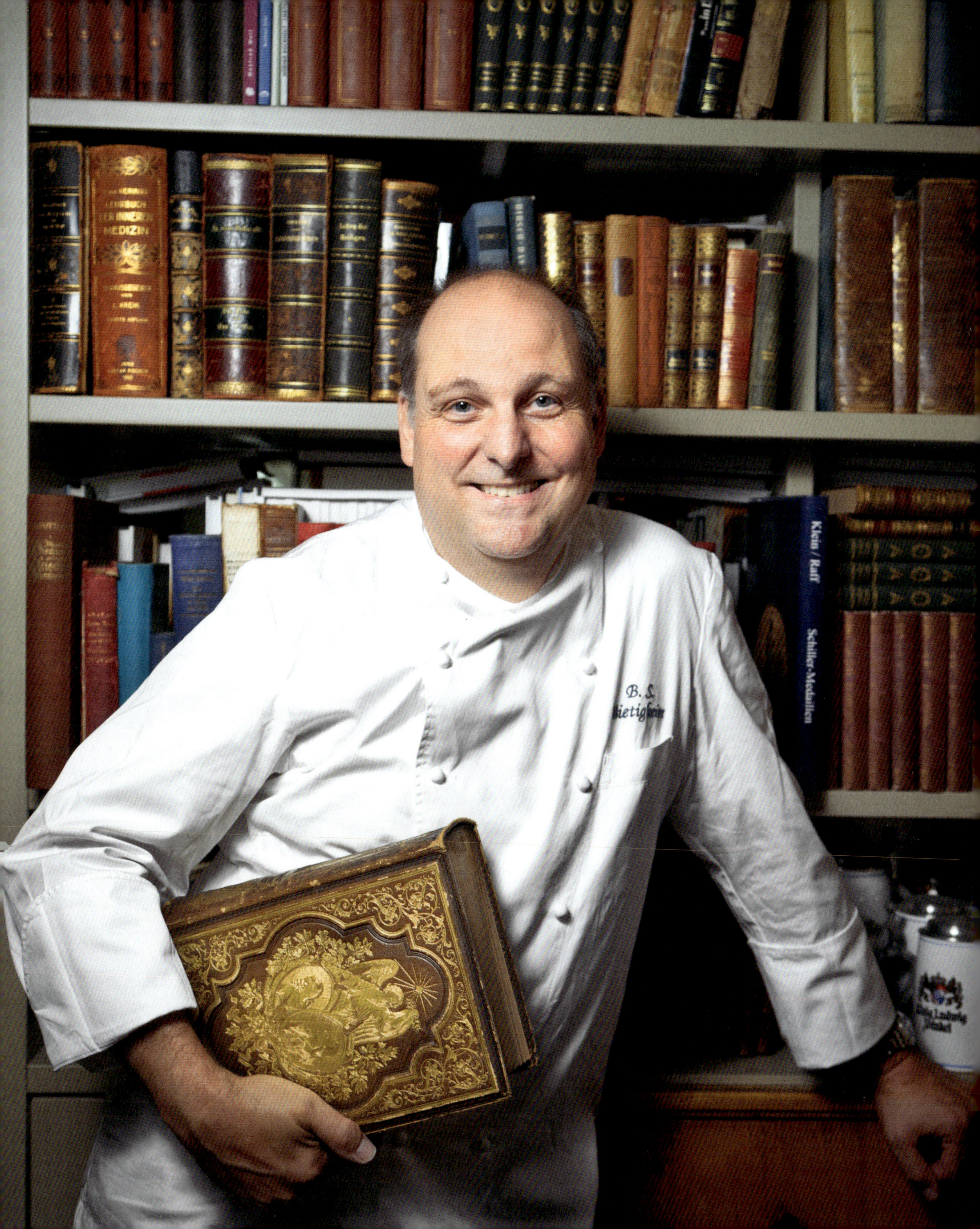
MEDIZIN
Klein / Raff
Schiller-Medaillen
B. S.

Schillers gute Stube | **Burkhard Schork**

UNSCHLAGBAR
SYMPATHISCHE
GASTGEBER

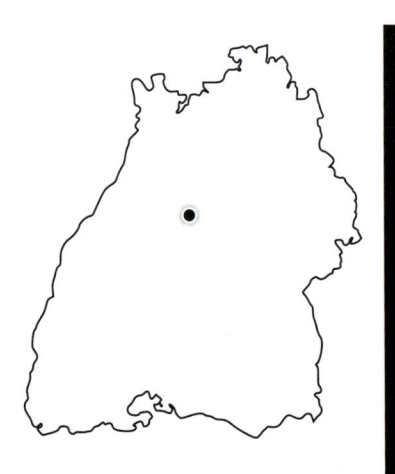

Schillers gute Stube
Marktplatz 4+5
D-74321 Bietigheim-Bissingen
Tel.: +49 (0) 71 42/90 20-0
E-Mail: anfrage@hotelschiller.de
www.hotelschiller.de

Spaziert man über den idyllischen Marktplatz von Bietigheim-Bissingen, lacht einem meist schon von Weitem einer der beiden Gastgeber des „Romantik Hotels & Restaurants Friedrich von Schiller" entgegen. Entspannte Herzlichkeit bestimmt das Wohlfühlhaus von Regine und Burkhard Schork, beide strahlen eine unaufgesetzte Herzlichkeit und Gastfreundschaft aus, die regelrecht ansteckend ist. Seit bereits 25 Jahren sind sie schon ein erfolgreiches Team und führen die Tradition der Gastfreundschaft in der vierten Generation mit größtem Engagement fort. Während Metzgermeister Schork mit seiner klugen wie aromatischen Kochkunst die Gäste kulinarisch begeistert, sorgt Ehefrau Regine dafür, dass nicht nur vor, sondern auch hinter den Kulissen der Haussegen nicht in Schieflage gerät.

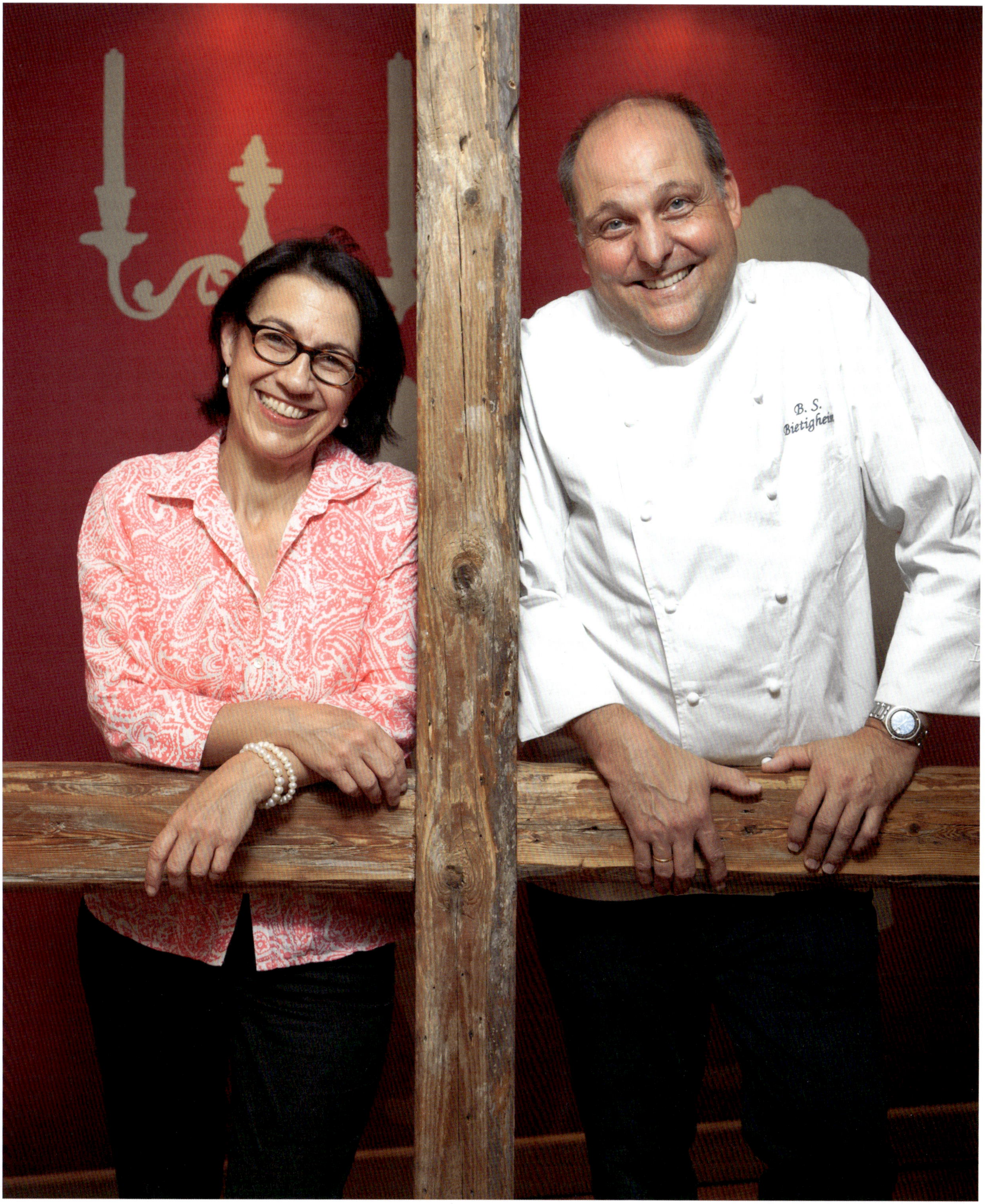
B. S.
Bietigheim

Schillers gute Stube | **Burkhard Schork**

BIETIGHEIMER SPARGEL
mit nass gepökeltem Schweinelax nach Graved Art

FÜR 4 PERSONEN:

SCHWEINELAX:
1 kg **Schweinerücken** (Lax), nass gepökelt
1 Bund **Dill**
Pfefferschrot, grob, weiß

SPARGEL:
12 Stg. **Spargel**, weiß
Meersalz, Zucker
1 Stk. **Orangenschale**, unbehandelt
2 EL **Weißweinessig**
4 EL **Sonnenblumenöl**, kalt gepresst
1 **Schalotte**
1 TL **Honig**
2 TL **Senf**, mild

SCHWEINELAX: Den Dill waschen, trocken schütteln, die Spitzen abzupfen und fein hacken. Den sauber parierten Schweinelax mit dem Pfefferschrot und dem Dill einreiben, fest in Klarsichtfolie wickeln und mit einem Teller beschwert 4 bis 5 Tage gekühlt marinieren. Das Fleisch gut pressen, damit es mürbe wird und die überflüssige Lake verliert.

SPARGEL: Den Spargel schälen, längs halbieren und mit Salz, Zucker und dem Stück unbehandelter Orangenschale in gewürztem, kochendem Wasser bissfest garen. Den Spargel herausnehmen und abtropfen lassen. Spargel und Spargelsud abkühlen lassen. Vom Spargelsud 250 Milliliter abnehmen und mit Essig und Öl zu einer Vinaigrette verarbeiten. Die Schalotte schälen, in feine Würfel schneiden und unterrühren. Mit Honig und Senf abschmecken. Den Spargel mit der Vinaigrette mischen und kurz ziehen lassen. Den Schweinelax aus der Folie wickeln, in dünne Scheiben schneiden und beides auf Tellern anrichten. Als Beilage passen kleine Reibeküchle und Radieschen hervorragend dazu.

PROFITIPP:
» Alternativ zum Schweinelax kann man auch rohen Schinken jeglicher Art verwenden.
Burkhard Schork, Küchenchef

WEINEMPFEHLUNG:

2012 GEWÜRZTRAMINER TROCKEN
WEINGUT EBERHARD KLEIN-WALHEIM
Eingebundene Aromatik, lang anhaltend am Gaumen, feine Säure.
www.schalkstein.de

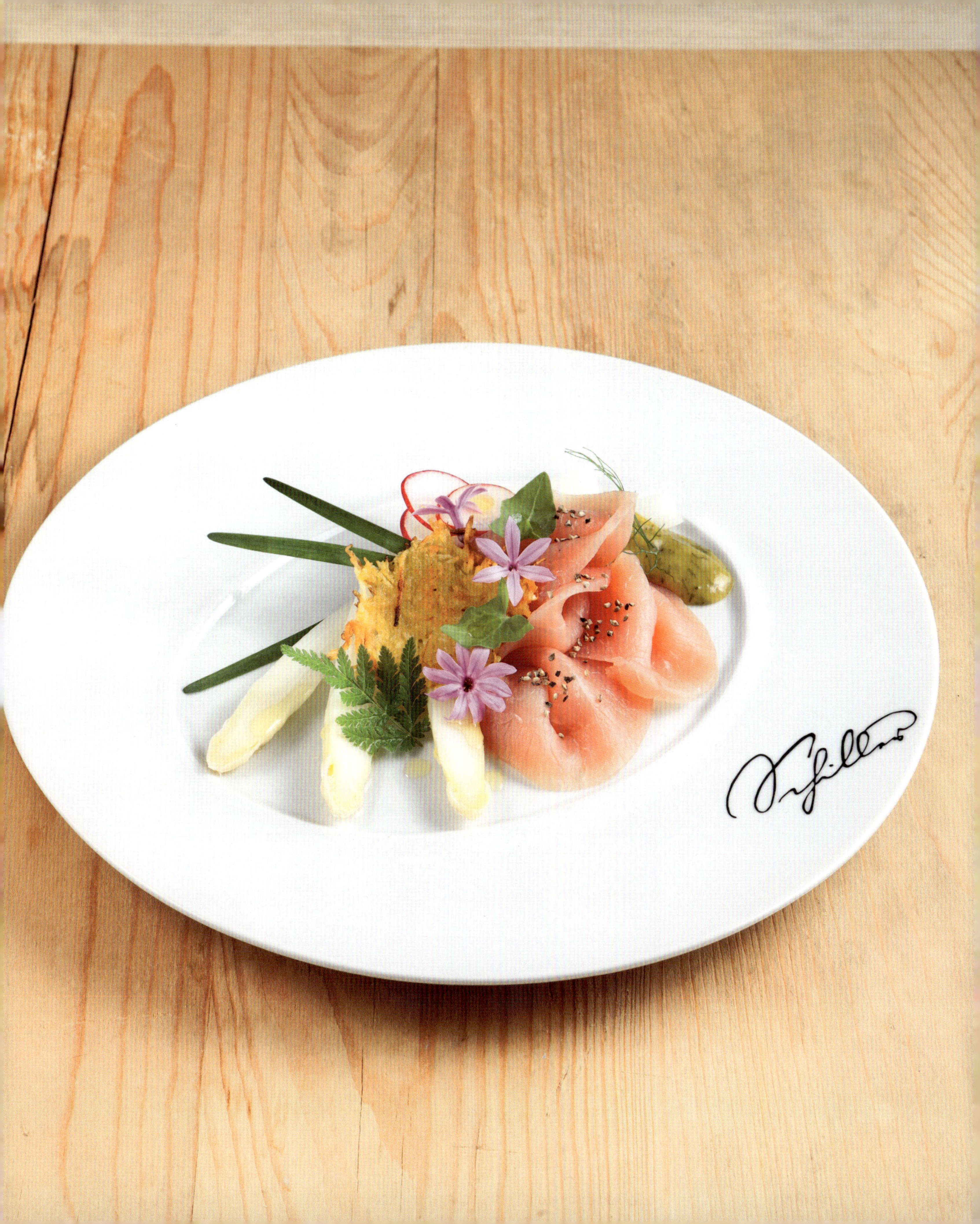

Schillers gute Stube | **Burkhard Schork**

FLEDERMAUSSTÜCK
vom Vaihinger Ross mit Pfitzauf

FÜR 4 PERSONEN:

GESCHMORTES FLEDERMAUSSTÜCK:
4 **Pferdefledermausstücke**
250 g **Zwiebeln**
6 **Knoblauchzehen**
100 g **Karotten**
50 g **Knollensellerie**
50 g **Petersilienwurzel**
2 Zweige **Thymian**
1 Zweig **Rosmarin**
1 **Speckschwarte**, geräuchert
3 EL **Tomatenmark**
5 **Lorbeerblätter**
1 Flasche **Spätburgunder**, kräftig
1 l **Kalbsfond**, dunkel
Meersalz
Pfeffer, schwarz, aus der Mühle
Mehl zum Wenden
Schmalz zum Braten

PFITZAUF (FÜR 12 FÖRMCHEN):
4 **Eier**
30 g **Zucker**
Salz
375 g **Mehl**, gesiebt
750 ml **Milch**
100 g **Butter**, zerlassen
Schmalz zum Einfetten

GARNITUR:
Petersilienblätter, frittiert
1 schwarzer **Périgord-Trüffel**, eingelegt, in Scheiben

GESCHMORTES FLEDERMAUSSTÜCK: Zwiebeln und Knoblauch schälen, die Zwiebeln in grobe Würfel schneiden, den Knoblauch andrücken. Karotten, Sellerie und Petersilienwurzeln putzen, schälen und in Würfel schneiden. Thymian und Rosmarin waschen und trocken schütteln. Die Fleischstücke trocken tupfen, mit Salz sowie Pfeffer würzen und in Mehl wenden. Die Fleischstücke dann in heißem Schmalz rundherum anbraten. Die geräucherte Speckschwarte zusammen mit Zwiebeln, Knoblauch und dem Gemüse in die Pfanne geben und anbraten. Tomatenmark zugeben, etwas anrösten, Thymian, Rosmarin und Lorbeerblätter zufügen und mit Rotwein ablöschen. Das Fleisch wieder in die Pfanne geben und mit Kalbsfond auffüllen. Einmal aufkochen lassen, dann in den vorgeheizten Backofen bei 150 °C Ober- und Unterhitze geben und 2,5 Stunden schmoren. Das Fleisch dabei öfter wenden. Es ist gar, wenn man hineinsticht und es sich leicht von der Gabel löst. Aus dem Bratensud nehmen und warm halten. Den Sud abschmecken, durch ein feines Sieb passieren und nochmals abschmecken.

PFITZAUF: Für den Pfitzauf die Förmchen mit Schmalz einfetten und kalt stellen. Die Eier mit dem Zucker und einer Prise Salz schaumig schlagen. Das gesiebte Mehl einarbeiten und nach und nach die Milch eingießen. Zum Schluss die zerlassene Butter unterrühren. Die Förmchen zur Hälfte mit dem Teig füllen und im vorgeheizten Backofen bei 150 °C Ober- und Unterhitze 30 Minuten backen. Die Temperatur danach auf 175 °C Ober- und Unterhitze erhöhen und den Pfitzauf weitere 20 Minuten backen. Nach Ende der Backzeit den Pfitzauf kurz ruhen lassen, dann stürzen und sofort zusammen mit dem Fledermausstück anrichten.

GARNITUR: Mit der Sauce beträufeln, mit Trüffelscheiben belegen und mit frittierten Petersilienblättern garnieren.

> **PROFITIPP:**
> Anstatt Pferdefledermaus kann man auch Kalbs- oder Rinderbacke verwenden.
> Burkhard Schork, Küchenchef

WEINEMPFEHLUNG:

LEMBERGER** TROCKEN**
WEINGUT ERNST DAUTEL-BÖNNIGHEIM
Konzentriert, in offener Maische vergoren, Mokka und Brombeernoten, darf gerne älter sein.
www.weingut-dautel.de

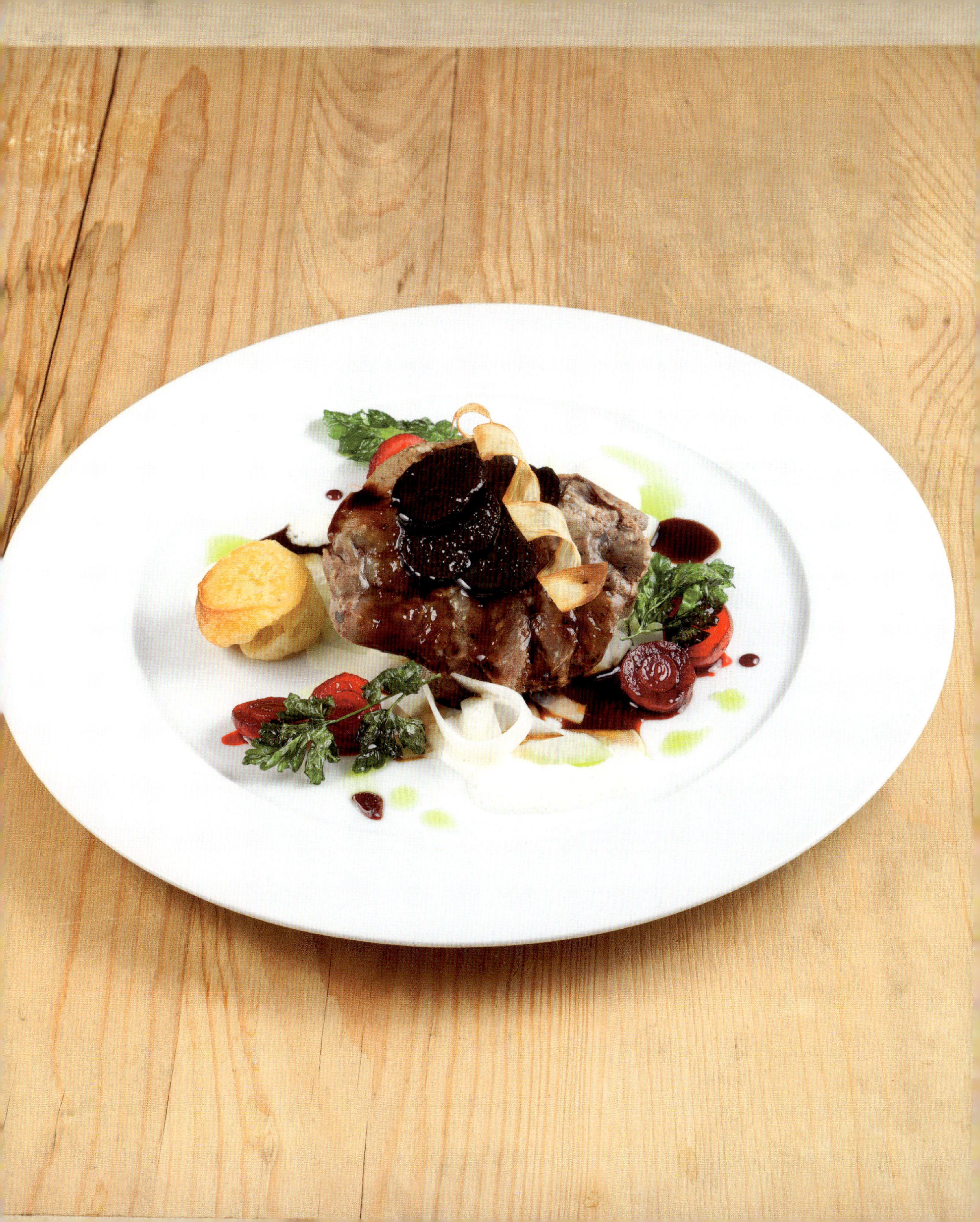

Schillers gute Stube | **Burkhard Schork**

SCHWÄBISCHER SALAT VON VERGESSENEM BROT
mit süß-saurem, eingewecktem Kürbis und Schinken vom Mohrenköpfle-Eichelschwein

FÜR 4 PERSONEN:

SALAT:
400 g **Brotwürfel**,
vom Vortag oder älter
100 g **Schweineschmalz**,
ausgelassen
200 g **Kürbiswürfel**,
süß-sauer eingeweckt
25 g **Kürbiskerne**
Meersalz, **Pfeffer**
12 **Schinkenspeckscheiben**,
dünn geschnitten, als Garnitur

TAPENADE:
Keralapfeffer, grob gebrochen
Oliven
Sardellen
Kapern
Olivenöl

ANRICHTEN:
Rapsöl
verschiedene **Kräuter** als Garnitur
(Liebstöckel, Schnittlauch, Majoran)
Salz
Pfeffer

SALAT: Die Brotwürfel im heißen Schmalz goldgelb rösten, salzen, pfeffern und etwas abkühlen lassen. Die Kürbiswürfel auf die Größe der Brotwürfel zurechtschneiden und zusammen mit den Kürbiskernen sowie etwas Kürbissud aus dem Einmachglas mit den Brotwürfeln vermischen.

TAPENADE: Eine Olivenpaste aus gehackten Oliven, Sardellen, Kapern und Olivenöl mixen. Mit Keralapfeffer abschmecken.

ANRICHTEN: Alles mit einigen Tropfen Rapsöl verfeinern, die Kräuter fein schneiden, beimengen sowie mit Salz und Pfeffer abschmecken. Mit Schinkenspeckscheiben garnieren.

PROFITIPP:
»Je nach Jahreszeit kann man anstatt Kürbis auch Tomaten, sauer eingelegtes Gemüse oder Gartengurken verwenden.
Burkhard Schork, Küchenchef

WEINEMPFEHLUNG:

2011 KERNER AUSLESE TROCKEN
WEINGUT FRITZ
FUNK-LÖCHGAU
Kompromisslos durchgegoren, schwarze Johannsibeerblätter, stoffig.
www.weinbau-fritz-funk.de

SCHWIERIGKEITSGRAD: LEICHT | **ZUBEREITUNGSZEIT:** 30 MINUTEN

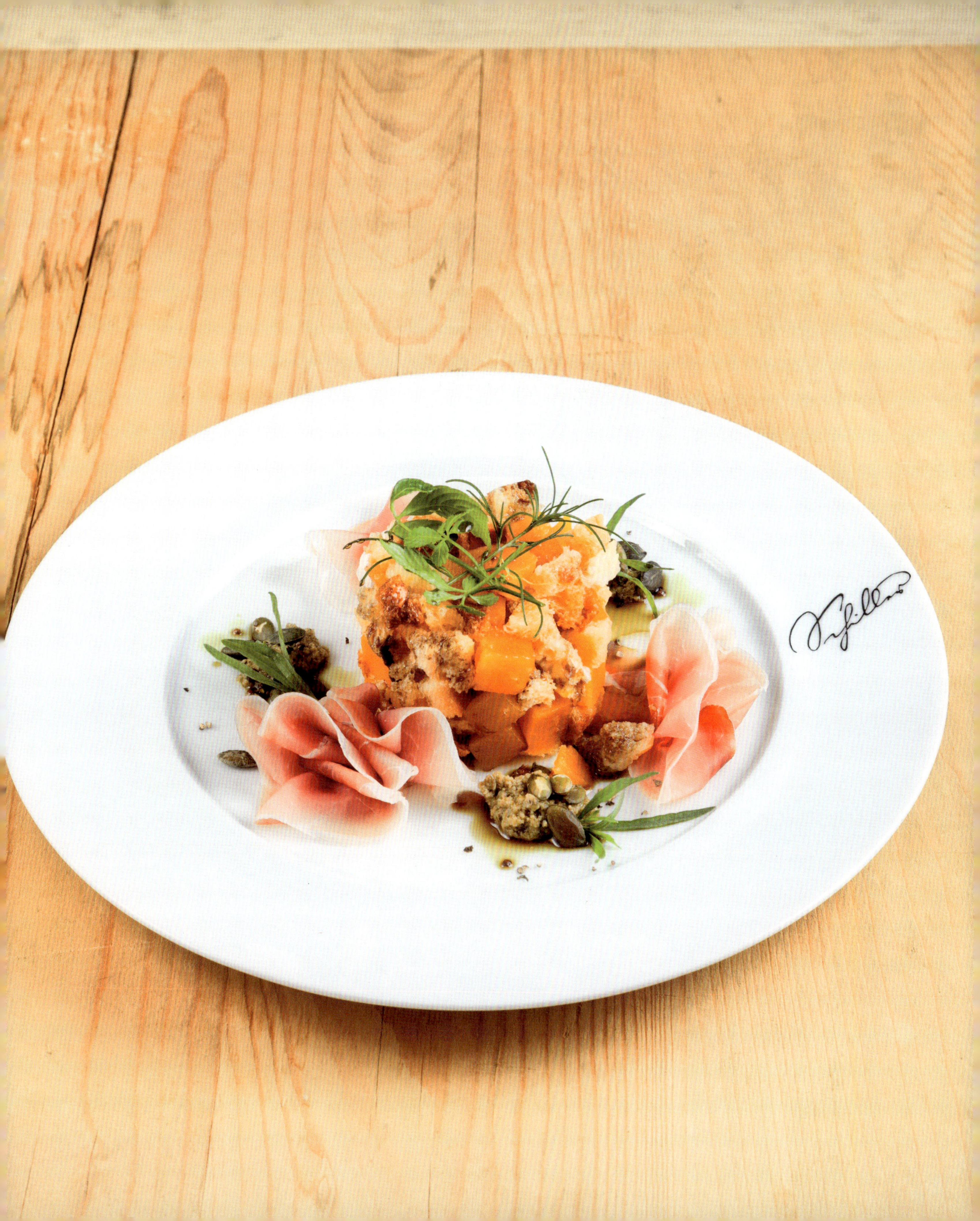

Schwarzwaldstube – Hotel Traube Tonbach | **Harald Wohlfahrt**

IN DER DEUTSCHEN 3-MICHELIN-STERNE-GALAXIE IST **HARALD WOHLFAHRT** SEIT ÜBER 20 JAHREN PLATZHIRSCH – UND DIE EXISTENZ DER LEGENDÄREN **SCHWARZWALDSTUBE – HOTEL TRAUBE TONBACH** VOR WOHLFAHRT EIGENTLICH KAUM VORSTELLBAR.

DER EWIG BESTE

Es gibt Restaurants, die keiner einleitenden Worte bedürfen, da sie bereits in den Legendenstatus übergewechselt haben. Die „Schwarzwaldstube – Hotel Traube Tonbach" fällt in diese Kategorie – ebenso wie Küchenchef Harald Wohlfahrt. Seit 1992 wird Wohlfahrt vom Guide Michelin für seine zeitgemäße Idee klassisch französischer Haute Cuisine mit drei Gourmet-Himmelskörpern bewertet. Mit handwerklicher Grandezza und subtiler Raffinesse bringt der Michelin-Methusalem Preziosen wie Jakobsmuscheln, Schnecken oder Austern auf den Teller. Mit seiner Leidenschaft fürs Handwerk begeistert Wohlfahrt aber nicht nur seine Gäste, sondern auch den Nachwuchs: kaum ein deutscher 3-Sterne-Koch, der nicht die Wohlfahrt'sche Schule durchlief. Und so wird Harald Wohlfahrt indirekt also auch noch die nächsten 30 Jahre die deutsche Kulinariklandschaft von Baiersbronn aus erobern.

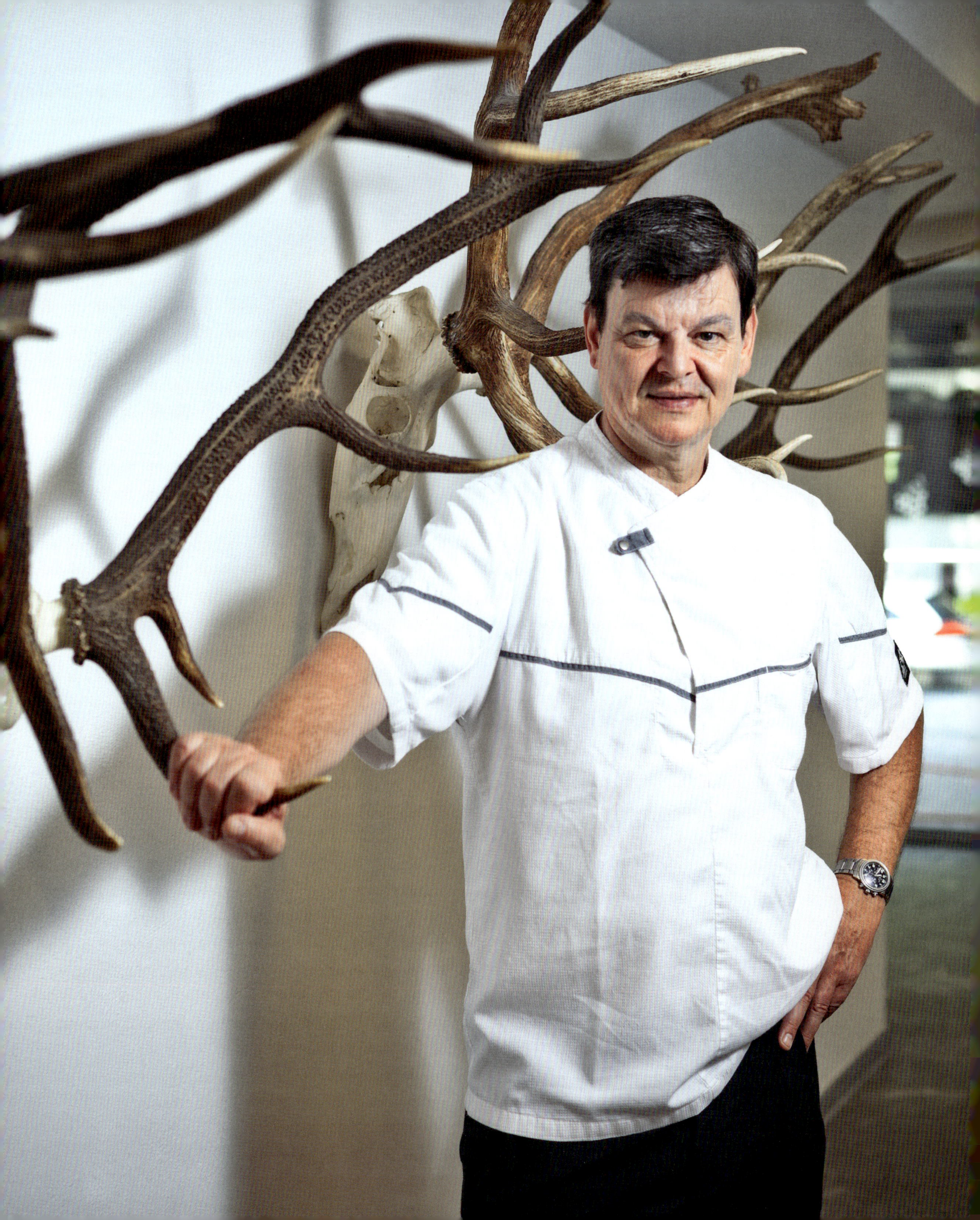

Schwarzwaldstube – Hotel Traube Tonbach | **Harald Wohlfahrt**

FAMILIENANGELEGENHEIT
VON ZAUBERHAFTEM
WELTFORMAT

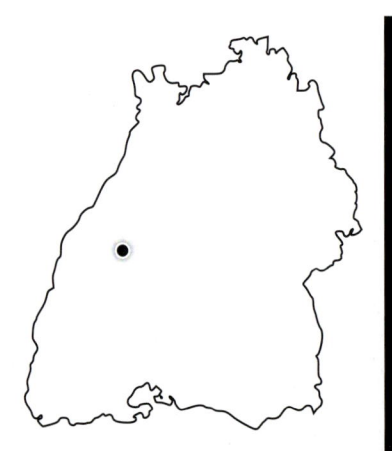

Schwarzwaldstube
Hotel Traube Tonbach
Tonbachstraße 237
D-72270 Tonbach
Tel.: +49 (0) 74 42/492-0
E-Mail: reservations@traube-tonbach.de
www.traube-tonbach.de

Der Neudefinition des Begriffs Exzellenz hat sich im legendären „Hotel Traube Tonbach" gleich eine ganze Familie verschrieben. Die Familie heißt Finkbeiner, und über die Landesgrenzen hinaus steht ihr Name für alles, was Spitzenhotellerie definiert. Seit über 220 Jahren in Familienbesitz, haben Heiner Finkbeiner, Ehefrau Renate und drei der Kinder das Haus im Tonbachtal zur Top-Adresse für Gourmets und anspruchsvolle Reisende gemacht. Den Gästen erstklassigen, individuellen Service in gediegenem Ambiente zu bieten, hat in der „Traube" Tradition – und doch hat auch die Moderne ihren Platz in diesem einzigartigen Mikrokosmos. Die Zimmer und Suiten des neu eröffneten „Hauses Kohlwald" bieten zeitgemäß-eleganten Luxus und unterstreichen den facettenreichen Charakter dieses außergewöhnlichen Hauses.

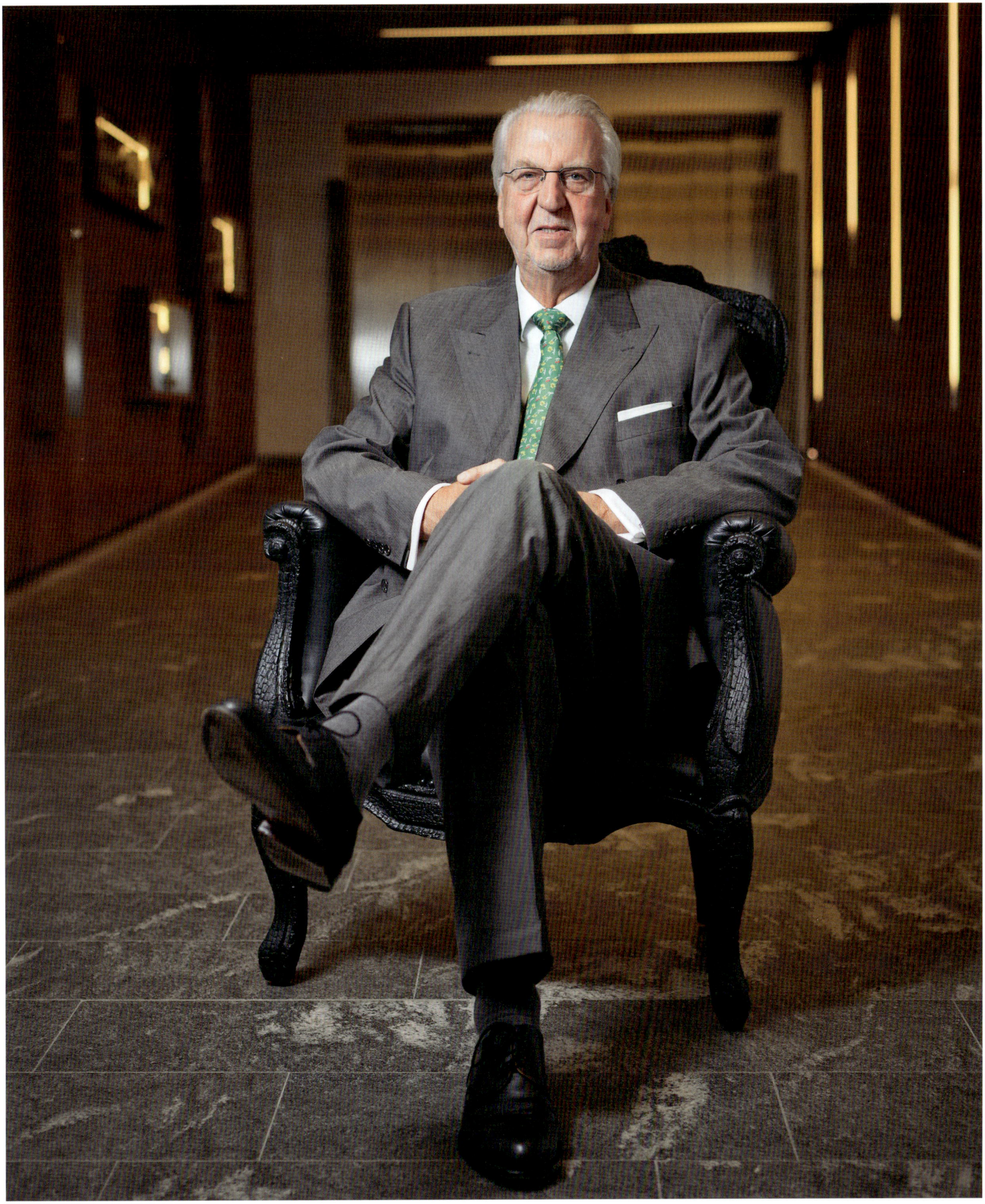

Schwarzwaldstube – Hotel Traube Tonbach | **Harald Wohlfahrt**

POCHIERTE GILLARDEAU-AUSTERN
Imperialkaviar, Sojagelee, Austernwasser und Limonenmarinade

FÜR 4 PERSONEN:

GILLARDEAU-AUSTERN:
12 große Gillardeau-Austern
100 ml Austernwasser
10 ml Sojasauce
2 Bl. Gelatine

LIMONENMARINADE:
2 EL Limonensaft, von reifen Früchten
1 Msp. Ingwer, frisch gerieben
6 EL Olivenöl
1 EL Staudensellerie, gewürfelt
1 EL Karotten, gewürfelt
1 EL Lauch, gewürfelt
Fleur de Sel
Schnittlauch, Cayennepfeffer

AUSTERNWASSERSCHAUM:
50 ml Austernwasser
1 Bl. Gelatine
10 ml Sahne, flüssig
Cayennepfeffer

ANRICHTEN:
100 g Imperialkaviar
24 Thaispargelspitzen
1 Salatgurke
12 Bl. Korianderkresse
12 Kerbelblätter
2 Bl. Norialgen

GILLARDEAU-AUSTERN: Gillardeau-Austern vorsichtig öffnen, auslösen und das Austernwasser durch ein feines Sieb absieben. Das Austernwasser auf 60 °C erhitzen, Sojasauce hinzufügen und die Austern in der Flüssigkeit etwa 1 Minute gar ziehen lassen. Gegarte Austern aus dem Sud nehmen und kühl stellen. Gelatine in kaltem Wasser einweichen, gut ausdrücken und in 100 Milliliter Austernsud auflösen. Sud durch ein feines Sieb gießen und im Kühlschrank 2 bis 3 Stunden gut durchkühlen lassen.

LIMONENMARINADE: Gemüsewürfel blanchieren, im Eiswasser rasch abkühlen und auf einem feinen Sieb abtropfen lassen. Limonensaft mit Meersalz verrühren, bis das Salz aufgelöst ist. Mit den Gemüsewürfeln, Ingwer und Schnittlauchröschen verrühren. Mit Cayennepfeffer abschmecken.

AUSTERNWASSERSCHAUM: Gelatine in kaltem Wasser einweichen. Austernwasser lauwarm temperieren, flüssige Sahne und gut ausgedrückte Gelatine hinzufügen. Mit Cayennepfeffer abschmecken. Die Flüssigkeit in eine iSi-Form füllen, mit 2 Patronen bestücken und kühl stellen.

ANRICHTEN: Salatgurke waschen, 6 dünne Scheiben der Länge nach mit der Aufschnittmaschine aufschneiden. Die Gurkenscheiben der Länge nach nochmals halbieren. Vom restlichen Gurkenfleisch Gurkenperlen ausstechen. Die Spargelspitzen in Salzwasser blanchieren und in Eiswasser abkühlen. Austernwassergelee fein würfeln und längs mittig anrichten. Darauf je 4 Austern setzen und 4 Teelöffel Imperialkaviar auflegen. Gurkenscheiben aufdrehen, je 3 Röllchen um die Austern anrichten und mit Austernwasserschaum füllen. Gurkenperlen ringsum verteilen, darauf Korianderkresse legen. Mit Spargelspitzen garnieren. Alles mit Limonenmarinade nappieren und servieren.

PROFITIPP:
« Wenn jemand keine Austern mag, könnte man diese auch durch Sankt-Jakobsmuscheln ersetzen.
Harald Wohlfahrt, Küchenchef

WEINEMPFEHLUNG:

VERDEJO CUVÉE ESPECIAL 2011
JOSÉ PARIENTE, RUEDA, SPANIEN
Verdejo aus 35-jährigen Reben in ovalen Betonbehältern vergoren. Er bringt enorme Komplexität, Eleganz, Weichheit und Seidigkeit mit spürbarer Mineralität ins Glas.
www.josepariente.com

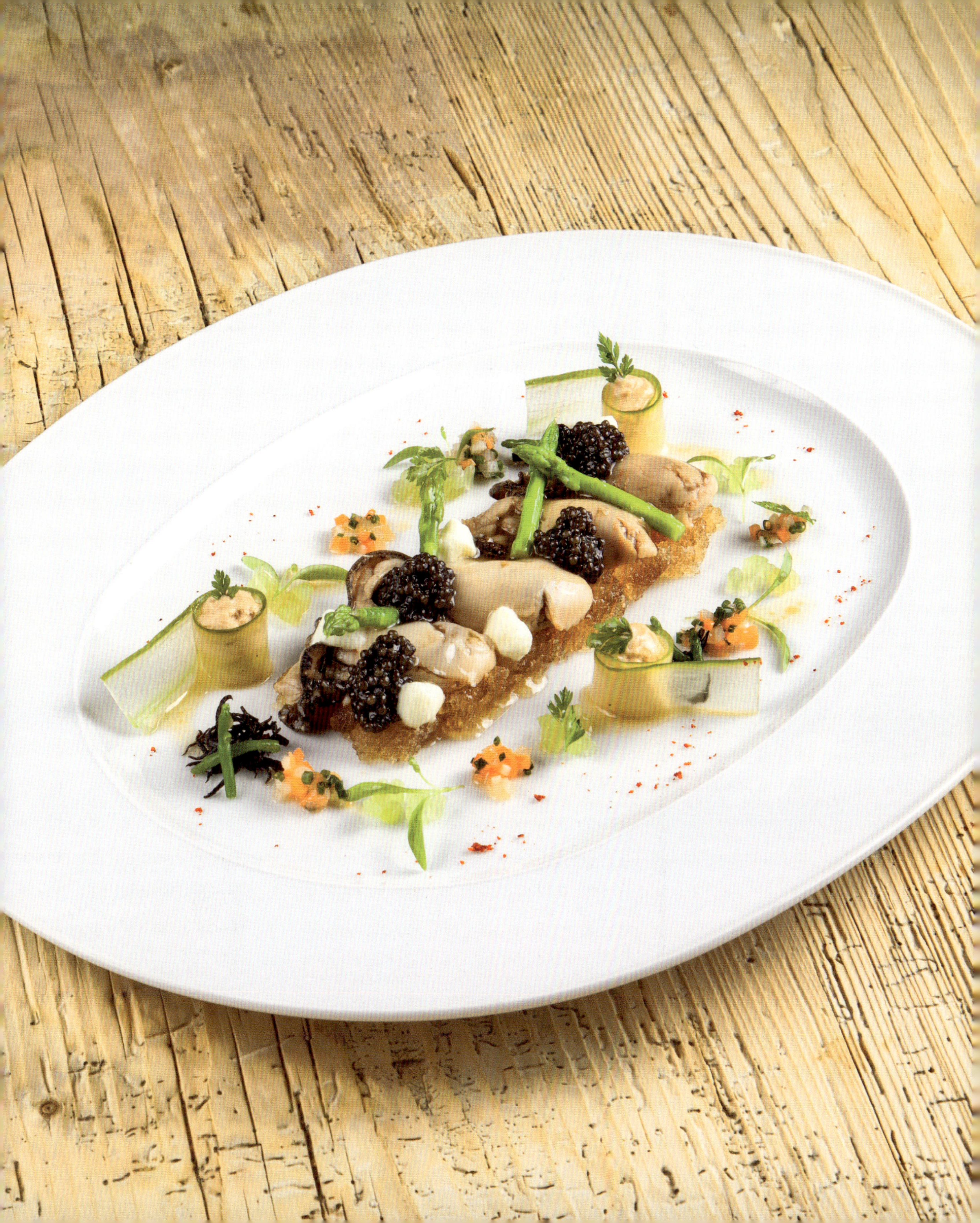

Schwarzwaldstube – Hotel Traube Tonbach | **Harald Wohlfahrt**

SCHNECKEN VON DER SCHWÄBISCHEN ALB
auf Wildkräuterpüree mit Pfifferlingen und kleinen Knoblauchchips

FÜR 4 PERSONEN:

SCHNECKEN:
1½ kg Schnecken im Häuschen
1 l Geflügelfond
10 Pfefferkörner, weiß
4 Thymianzweige
2 Lorbeerblätter
2 Knoblauchzehen
1 Bd. Petersilie, Salz

WILDKRÄUTERPÜREE:
120 g Bärlauch
120 g Ölrauke
120 g wilde Brunnenkresse
80 g Ratte-Kartoffeln
100 g Butter
4 Knoblauchzehen, geschält
Salz, Pfeffer, Muskatnuss

SCHNECKENRAGOUT:
80 g Butter
1 Schalotte, 2 Knoblauchzehen
120 g Pfifferlinge
300 g vorbereitete Schnecken
Salz, Pfeffer aus der Mühle
1 kl. Bd. Petersilie
50 ml Schneckenfond
50 ml Kalbsfond

ANRICHTEN:
4 Knoblauchzehen, ungeschält
30 g Petersilie zum Frittieren
Salz, Pfeffer aus der Mühle
4 Scheiben Bauchspeck, mild
Öl

SCHNECKEN: Schnecken in kaltem Wasser sauber waschen. In reichlich kochendes Salzwasser geben, 5 Minuten kochen, in ein Sieb gießen und abkühlen lassen. Schnecken aus den Häuschen ziehen und den hinteren Körperteil so abschneiden, dass sämtliche Gedärme abgetrennt sind. Geflügelfond mit Gewürzen, Knoblauch, Petersilie und Salz würzen. Die Schnecken darin etwa 1 Stunde kochen, in ein Sieb abgießen und den Schneckenfond auffangen.

WILDKRÄUTERPÜREE: Kartoffelwürfel und Knoblauch in Salzwasser weich kochen. Wildkräuter zupfen und in Salzwasser blanchieren, in Eiswasser abschrecken und gut ausdrücken. Kartoffeln, Knoblauch und Wildkräuter in einen Pacojet-Becher füllen. Butter zu Nussbutter schmelzen und hinzufügen. Becher 24 Stunden bei minus 20 °C durchkühlen, dann 2 Mal mit dem Pacossierer pürieren. Kräuterpüree in einer Sauteuse erhitzen und mit den Gewürzen abschmecken.

SCHNECKENRAGOUT: Butter in einer Pfanne zerlassen. Feine Schalotten- und Knoblauchwürfel darin anschwitzen. Pfifferlinge und Schnecken dazugeben, 3 Minuten andünsten. Mit Salz und Pfeffer würzen. Fein gehackte Petersilie untermischen. Schneckenfond und Kalbsfond dazugeben und aufkochen. Wenn notwendig, mit Salz und Pfeffer nachwürzen. 12 Schnecken für die Garnitur reservieren.

ANRICHTEN: In einer Pfanne die Knoblauchzehen kurz in heißem Öl anschwitzen. Petersilienblättchen trocken schleudern, in der 180 °C heißen Fritteuse 30 Sekunden frittieren. Auf Küchenkrepp abtropfen, mit Salz und Pfeffer leicht würzen. Speckscheiben in einer Teflonpfanne langsam kross auf beiden Seiten anbraten. Das Wildkräuterpüree mithilfe einer Ringform auf 4 Teller verteilen. Darauf das Schneckenragout anrichten. Mit gebratenen Knoblauchzehen, frittierter Petersilie und einer Scheibe Speck garnieren.

PROFITIPP:
» Ich empfehle, dieses Gericht nur mit frischen Schnecken herzustellen, also in der Saison zwischen Juni und August. Nach diesem Zyklus können die Schnecken ledrig werden. Sie sind dann nicht mehr schön zu essen.
Harald Wohlfahrt, Küchenchef

WEINEMPFEHLUNG:

2011 RETZSTADTER LANGENBERG SYLVANER „1963"
WEINGUT RUDOLF MAY, FRANKEN
Sehr komplexer Sylvaner von 1963 gepflanzten Rebstöcken. Zartes Holzaroma, feines Säurespiel, unheimlich lange präsent am Gaumen.
www.weingut-may.de

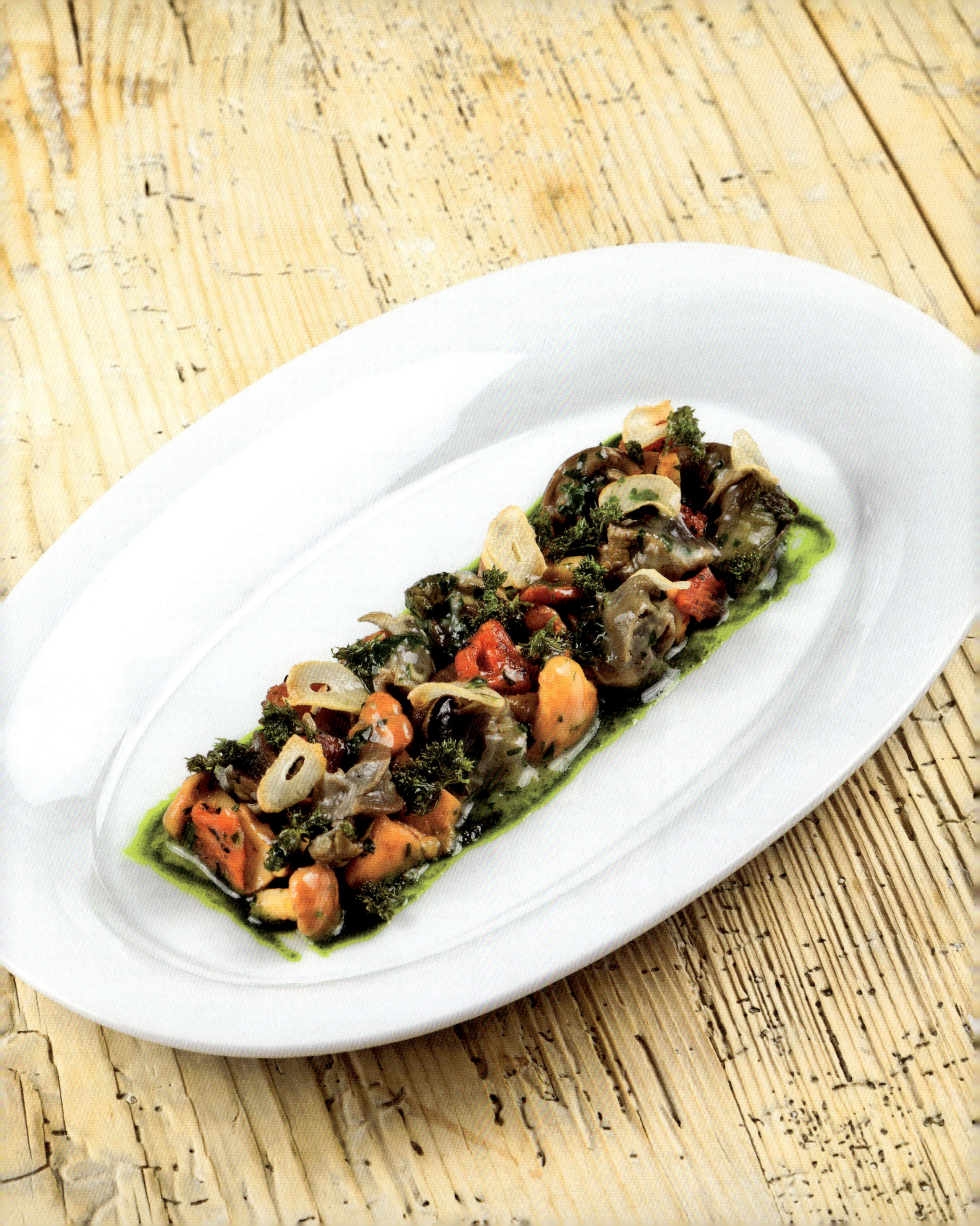

Schwarzwaldstube – Hotel Traube Tonbach | **Harald Wohlfahrt**

ZUCKERPERLE KIR IMPÉRIAL
Waldmeister-Champagner-Schnee, Walderdbeersorbet, Rhabarberkompott

FÜR 4 PERSONEN:

WALDERDBEERSORBET:
250 g Walderdbeerenmark
60 g Puderzucker, 10 ml Zitronensaft

GELIERTES RHABARBERKOMPOTT:
250 g Rhabarberwürfel
75 g Rhabarberpüree
50 g Zucker
5 g Pektin, 25 g Zucker
10 ml Zitronensaft, 3 g Gelatine
Pistazien-Farbe

WALDMEISTER-CHAMPAGNERSCHNEE:
150 ml Weißwein
½ Bd. Waldmeister
60 ml Champagner
50 g Zucker, 4,5 g Gelatine
190 g Crème fraîche

IVOIRE-SCHOKOLADENSAHNE:
125 ml Sahne, ¼ Vanilleschote
30 g Kuvertüre, weiß
Ivoire Valrhona

ROMANOFF-ERDBEERSAUCE:
250 g Erdbeerstücke
1 Orange (Saft)
50 g Puderzucker
15 ml Grand Marnier

GRÜNE ZUCKERPERLEN:
250 g Isomalt, 75 ml Wasser
Lebensmittelfarbe, grün

WALDERDBEERSORBET: Alle Zutaten vermischen und in Pacojet-Dosen füllen, frieren und à la minute pacossieren. Walderdbeersorbet beim Anrichten auf dem Rhabargergelee dressieren.

GELIERTES RHABARBERKOMPOTT: Rhabarberwürfel mit 100 Gramm Zucker bestreuen und 30 Minuten ziehen lassen. Saft und ein Drittel des Rhabarbers mit Farbe und Rhabarberpüree aufkochen. Pektin mit Zucker mischen, unterrühren, Zitronensaft beifügen und eine Minute kochen lassen. Restliche Rhabarberwürfel beifügen und kurz kochen. Gelatine dazugeben, Kompott in Formen gießen und auskühlen lassen.

WALDMEISTER-CHAMPAGNER-SCHNEE: Wein aufkochen, Waldmeister zugeben und 10 Minuten ziehen lassen. Durchsieben und 250 Milliliter Waldmeisterwein abmessen. Gelatine im warmen Wein auflösen. Zucker, Champagner und Crème fraîche beifügen. Auskühlen lassen. Creme in eine Espuma-Spritze geben, mit 2 Patronen bestücken und kalt stellen.

IVOIRE-SCHOKOLADENSAHNE: Vanilleschote auskratzen und mit der Sahne aufkochen. Auf die Kuvertüre gießen und glatt rühren. Über Nacht auskühlen lassen. Beim Anrichten schaumig schlagen und am Tellerrand dressieren.

ROMANOFF-ERDBEERSAUCE: Erdbeeren, Orangensaft und Zucker pürieren und durch ein Sieb streichen. Sauce auf 50 °C erhitzen, Grand Marnier zugeben und kalt stellen. Rund um die Zuckerperle dressieren.

GRÜNE ZUCKERPERLEN: Zutaten auf 180 °C erhitzen. Auf ein Silpat gießen und temperieren lassen (80 °C). Zucker ziehen und satinieren. Zuckerkugeln blasen und trocknen lassen. Vor dem Servieren mit Waldmeisterschaum füllen und auf das Sorbet setzen.

PROFITIPP:
»Das Dessert kann kreativ verändert werden, der Saison entsprechend mit Waldbeeren oder Beerenragout und der Schaum mit Holunder oder Rosenblütensirup.
Pierre Lingelser, Chef-Pâtissier

WEINEMPFEHLUNG:

2010 DURBACHER PLAUELRAIN TRAMINER AUSLESE
WEINGUT ANDREAS LAIBLE, DURBACH
Reintöniger, feinwürziger Duft nach Litschi und Blütenhonig. Vielschichtig am Gaumen, herrliche Süße-Säure-Balance, fast cremige Textur, im langen Finale dezente Anklänge von Grapefruit.
www.andreas-laible.com

SCHWIERIGKEITSGRAD: SCHWER | **ZUBEREITUNGSZEIT:** 1 STUNDE (OHNE KÜHLZEITEN)

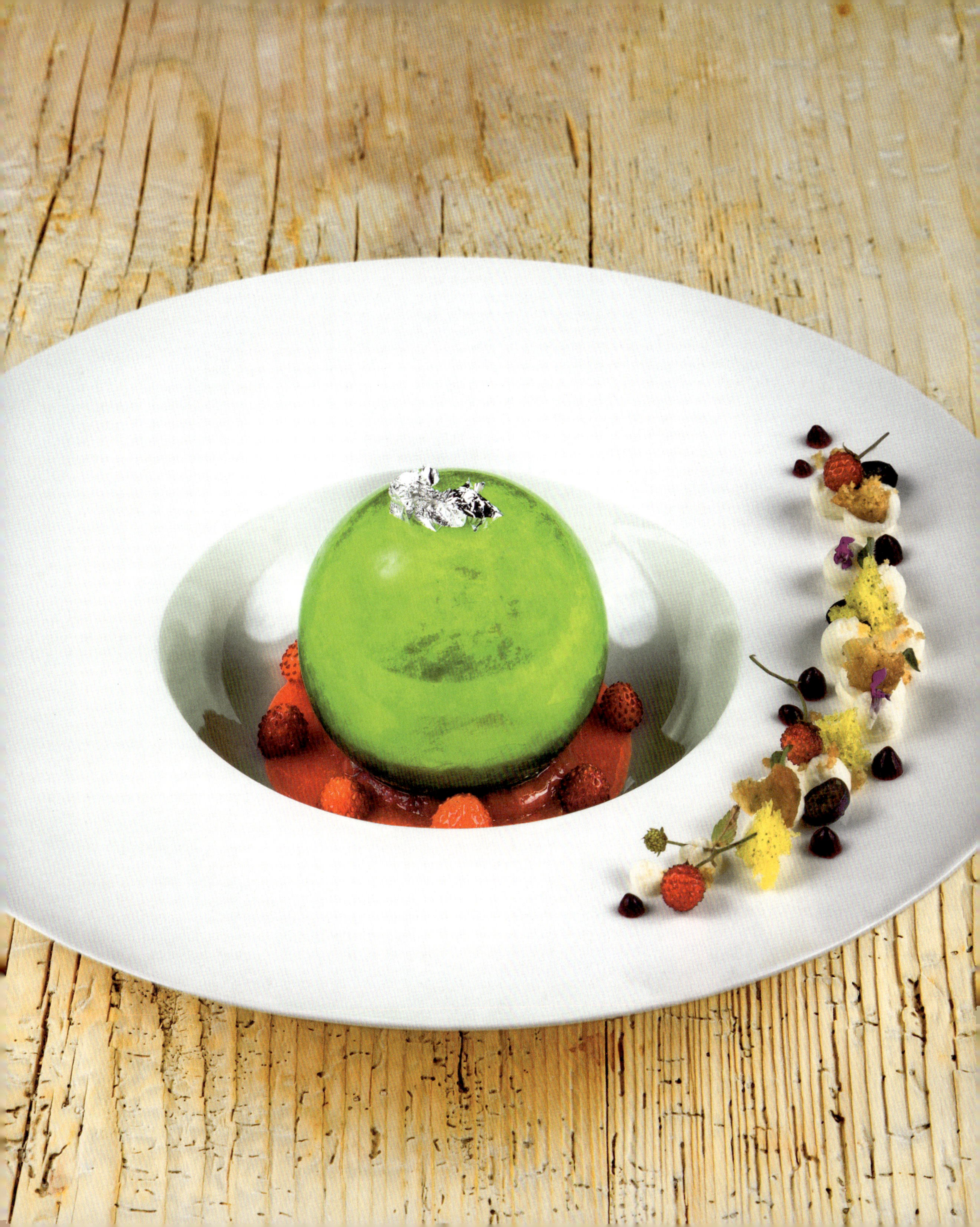

Seehotel & Restaurant Die Ente | **Tommy R. Möbius**

DASS PYROMANEN-ROCK UND HÖCHST KREATIVE HAUTE CUISINE KEIN WIDERSPRUCH SIND, STELLT **TOMMY R. MÖBIUS** MIT EIGENSTÄNDIGEM CHARAKTER IM **SEEHOTEL & RESTAURANT DIE ENTE** IN KETSCH UNTER BEWEIS.

HART ABER LECKER

Wenn Rammstein mit mehr als 100 Dezibel ihren Fans „Feuer frei" entgegenbrüllen, dann ist Tommy R. Möbius in seinem Element. Doch so brachial auch der Musikgeschmack des sternegekrönten Ausnahmekochs ist, so filigran präsentieren sich die Kreationen des raubeinigen Küchenchefs. In idyllischer Lage am Ketscher Anglersee kocht Möbius nun mittlerweile seit Juli 2011 im Restaurant „Die Ente". Und betritt man das Reich des gebürtigen Leipzigers, dann wird man in der Gegenwart des Sternekochs regelrecht in einem Sog voll Energie mitgerissen und in die kulinarische Wunderwelt des Küchenrockers hineingewirbelt. Ehrlich und geradlinig, fokussiert und kraftvoll präsentieren sich die Gerichte des kulinarischen Querdenkers. Seine Küche nennt er zu Recht „cuisine caractère": starke Eindrücke von einem sehr persönlichen Geschmacksuniversum.

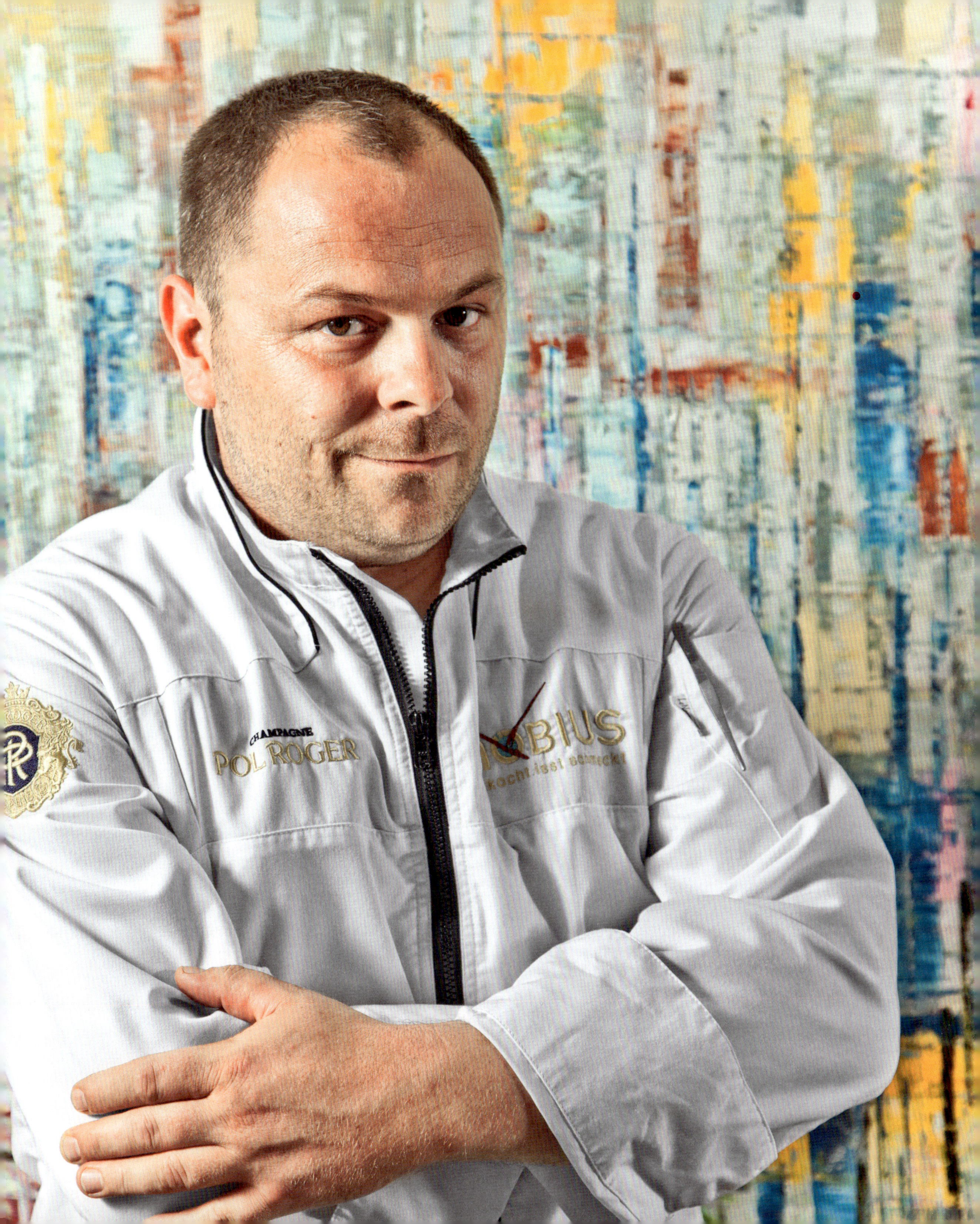
CHAMPAGNE
POL ROGER

Seehotel & Restaurant Die Ente | **Tommy R. Möbius**

HIMMLISCHE
GESCHMACKS
VIELFALT

Seehotel & Restaurant Die Ente
Kreuzwiesenweg 5
D-68775 Ketsch
Tel.: +49 (0) 62 02/69 70
E-Mail: info@seehotel.de
www.seehotel.de

Inmitten eines Eldorados für Erholungssuchende und Naturfreunde braust der Charakterkopf etwa 20 Kilometer von Mannheim entfernt von einem Ende seiner Küche zum anderen. Provokant, voller Überraschungsmomente und ohne Effekthascherei: „Mit dem ‚Seehotel & Restaurant Die Ente' in Ketsch hat mir die Familie Keppel eine tolle und vor allem interessante kulinarische Bühne angeboten", erklärt Küchenchef Tommy R. Möbius mit leuchtenden Augen seinen anhaltenden Erfolg. Das Ambiente des stilvollen Restaurants ist dabei konsequent auf den Stil des geradlinigen Küchenchefs abgestimmt. Nichts lenkt vom eigentlichen Höhepunkt ab: dem Essen. Seine Gerichte formiert er dafür mit minimalem, aber hochwertigem Produkteinsatz, ohne Geschmacksverstärker und ohne Kompromisse.

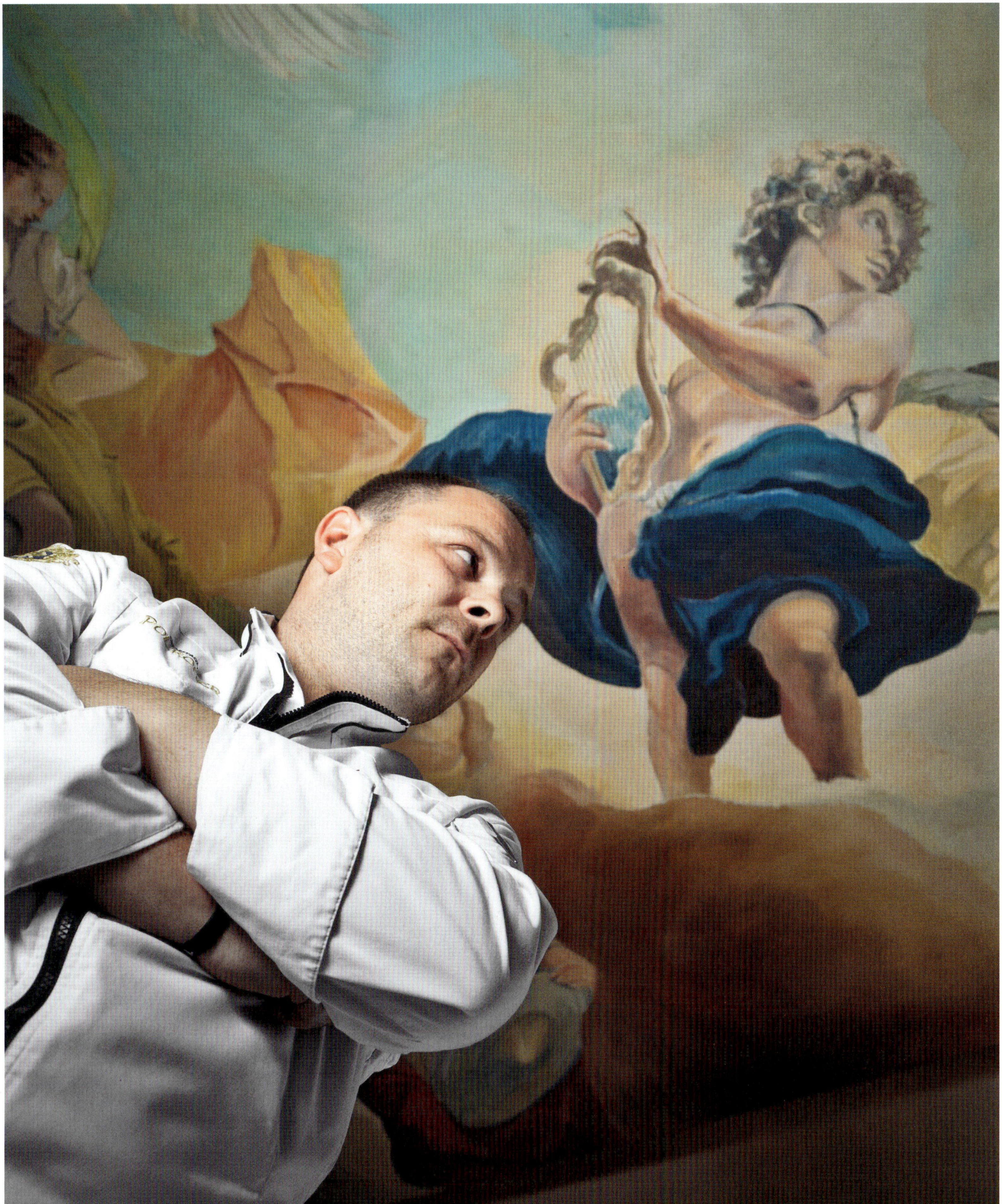

Seehotel & Restaurant Die Ente | Tommy R. Möbius

SCHWEINEREI HOCH VIER

FÜR 4 PERSONEN:

SCHWEINEREI:
300 g Cerdo Ibérico Pluma Bellota von País de Quercus
1 komplette Schweinemaske, gepökelt und ausgelöst
300 g Mirepoix, geschnitten
2 Lorbeerblätter, 5 Nelken
1 TL Pfefferkörner, schwarz
5 Wacholderbeeren, Senfsaat
Korianderkörner
50 ml Champagneressig
Flor de Sal, Pfeffer, schwarz
Basilikum, Olivenöl
Cayennepfeffer

LIEBSTÖCKELCREME:
300 g Mandeln, geröstet
150 ml Milch, 150 g Liebstöckel, blanchiert und ausgedrückt
60 g Blattpetersilie, blanchiert und ausgedrückt
Limone, Kürbiskernöl
Flor de Sal, Cayennepfeffer
Staudensellerie

LIEBSTÖCKELGEL:
100 g Zucker, 20 ml Verjus
80 ml Champagneressig
150 ml Apfelsaft, Liebstöckel
1 g Citras, 6 g Agar-Agar

CRACKER:
500 g Schweineschwarte
150 g Fettabschnitte vom Bellota-Schinken
Majoran, getrocknet
2 Bauchspeckscheiben, fein geräuchert
Geflügelfond, Flor de Sal d'es Trenc
Cayennepfeffer, Kreuzkümmel
Staubzucker, Salz, Kürbiskerne

SCHWEINEREI: Die Schweinemaske im kalten Wasser ansetzen und 5 Stunden weich garen. In der letzten halben Stunde Gemüse, Gewürze und Essig beigeben. Sorgfältig zuerst die Ohren vom Knorpel abpulen, dann das Kinn herausschneiden sowie die Backen vorsichtig heraustrennen. Die Ohren mit Flor de Sal sowie Cayennepfeffer abschmecken und in eine kleine Terrinenform einsetzen. Diese erkalten lassen, später aufschneiden. Das Pluma mit Flor de Sal, schwarzem Pfeffer, Basilikum und Olivenöl würzen, vakuumieren und bei 55 °C 4 Stunden sous-vide-garen. Herausnehmen und in einer heißen Grillpfanne rundherum scharf anbraten.

LIEBSTÖCKELCREME: Die Mandeln mit der Milch aufkochen lassen und diese zum Ziehen beiseitestellen. Die abgekühlte Masse mit den Gewürzen abschmecken, mit dem blanchierten Liebstöckel und der Petersilie vermengen und in einem Pacojet-Gerät mixen. Masse wieder einfrieren und diesen Vorgang wiederholen. Staudensellerie schälen, in exakte Würfel schneiden, in Kürbiskernöl bester Qualität leicht anschwitzen und würzen.

LIEBSTÖCKELGEL: Den Zucker karamellisieren, mit Champagneressig und Verjus ablöschen. Mit dem Apfelsaft auffüllen, reichlich Liebstöckel beigeben und passieren. Danach mit Citras sowie Agar-Agar versetzen, aufkochen, erkalten lassen und fein mixen. Durch ein Microsieb streichen und abfüllen.

CRACKER: Die Schwarten in Geflügelfond weich kochen, herausnehmen und im Salamander ausknuspern. Die noch heißen Schwarten sofort fein mixen, überschüssiges Fett abgießen, mit Gewürzen abschmecken und durch ein feines Sieb durchstreichen. Auf eine Silikonmatte aufstreichen und diese bei 170 °C im Ofen backen. Kürbiskerne mit etwas Staubzucker und Salz karamellisieren, zerkleinern und warm halten.

PROFITIPP:
« Das Fleisch stammt aus Spanien. Pluma heißt Rückendeckel und liegt zwischen Hals und Rücken.
Tommy R. Möbius, Küchenchef

WEINEMPFEHLUNG:

2007 RIESLING SPÄTLESE „WEHLENER SONNENUHR"
WEINGUT JOH. JOS. PRÜM
BERNKASTEL-WEHLEN
Ein Riesling, der sich durch Eleganz und Subtilität sowie ein feines Spiel zwischen Schiefer-Mineralität, ausdrucksstarker Fruchtigkeit und frischer Säure auszeichnet.
www.jjpruem.com

SCHWIERIGKEITSGRAD: SCHWER | **ZUBEREITUNGSZEIT:** 8 STUNDEN

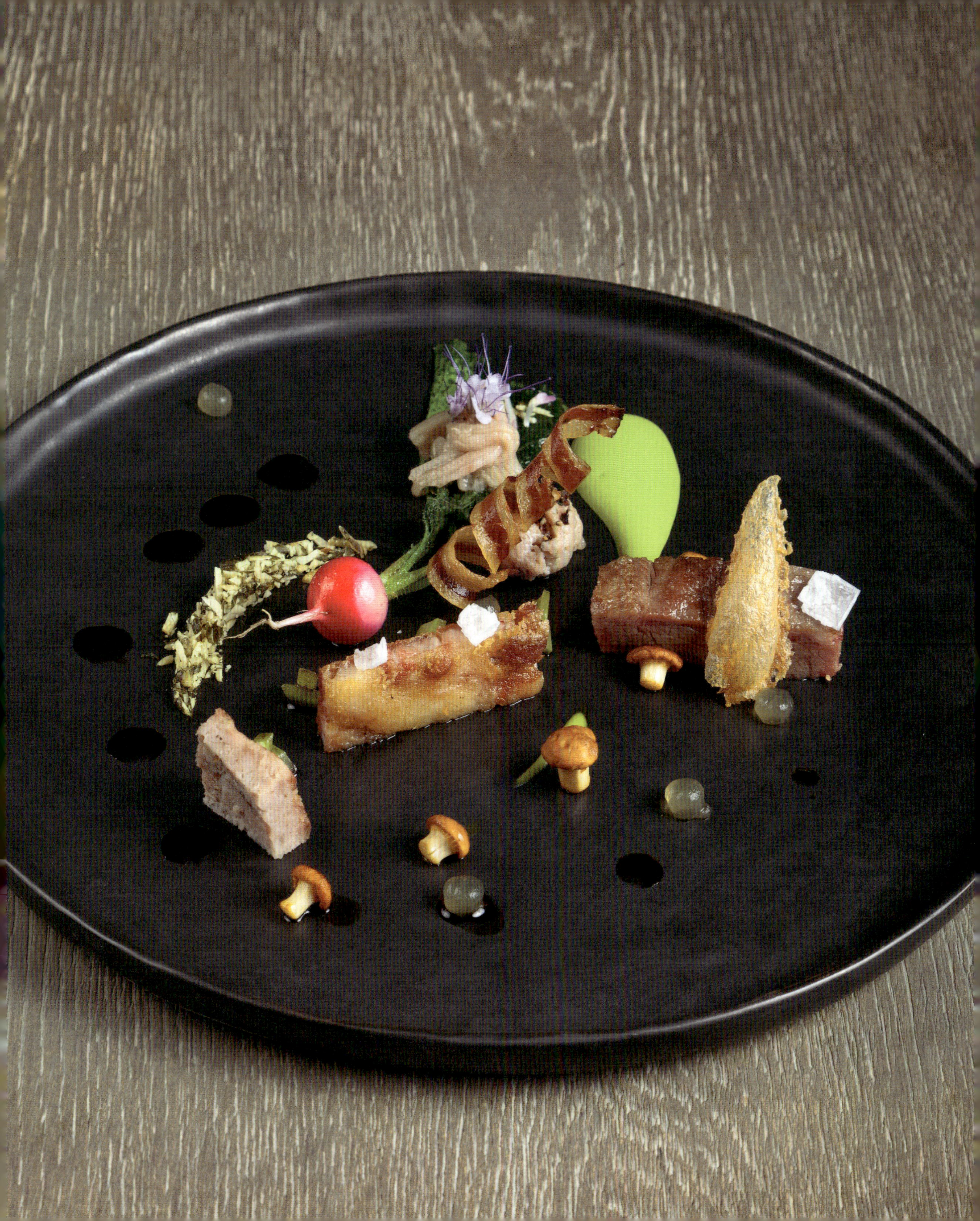

Seehotel & Restaurant Die Ente | Tommy R. Möbius

DAS ZIGEUNERSCHNITZEL

FÜR 4 PERSONEN:

ZIGEUNERSCHNITZEL:
300 g **Kalbsfilets**, geputzt
1 **Kalbszunge**, gegart und sauber zugeputzt
150 ml **Kalbsjus**
50 ml **Trüffelsaft**
1 **Perigordtrüffel**, schwarz
10 **Champignons**, weiß
2 **Paprika**, rot, 2 **Paprika**, gelb
50 g **Chorizo Bellota**
4 **Minipaprika**, 1 **Kartoffel**, gekocht und zerdrückt
4 **Tomaten**, sonnengereift
Thymianzweige
2 EL **Rovira Sobrassada**
Thymianöl von Olicatessen
Butter

RÖSTZWIEBELCREME:
6 **Schalotten**
Butter, **Flor de Sal d'es Trenc**
Zucker, **Cayennepfeffer**

ZIGEUNERSCHNITZEL: Die Paprika aushöhlen und im Backofen grillen. Die Haut abziehen und exakte Streifen schneiden, in Thymianöl konfieren, mit der Sobrassada einstreichen und zusammenrollen. Die Minipaprika im Ofen schmoren, die Haut abziehen und das Kerngehäuse entfernen. Die Chorizo Bellota fein schneiden und in einer Pfanne knusprig auslassen, mit der Kartoffel vermengen und abschmecken. Die Minipaprika damit füllen und warm stellen. Aus den farblich getrennten Paprikaabschnitten einen Lack kochen. Die Tomaten abziehen, filetieren, das Kerngehäuse entfernen und würzen. Im Ofen trocknen und in feine Juliennes schneiden. Das Kalbsfilet in gleichmäßige Scheiben schneiden, plattieren. Aus dem Trüffel Scheiben schneiden und diese in Juliennes schneiden. Den Kalbsjus mit dem Trüffeljus reduzieren und mit Thymian und den Trüffelabschnitten belegen, passieren und mit Butter und Trüffel-Brunoise etwas reduzieren. Die Kalbszunge der Länge nach dünn aufschneiden, mit dem Trüffeljus bepinseln und die Zunge einrollen. Die Trüffel-Juliennes mit Jus beträufeln und vorsichtig auf die eingerollte Zunge anrichten. Die Champignons mit einem Trüffelhobel in dünne Scheiben reiben, marinieren, in Brunoises schneiden und marinieren.

RÖSTZWIEBELCREME: Die geschnittenen Schalotten in Butter anschwitzen und karamellisieren, mit Flor de Sal und Cayennepfeffer würzen. Mixen, durch ein Microsieb streichen und in eine Spritzflasche abfüllen.

PROFITIPP:
« Den Trüffeljus erst am Tisch mit einem Löffel über das Gericht geben. So bleibt die Optik erhalten.
Tommy R. Möbius, Küchenchef

WEINEMPFEHLUNG:

2009 BLAUER SPÄTBURGUNDER QBA RRR
WEINGUT SEEGER
LEIMEN, DEUTSCHLAND
Die Frucht wird von würzigen Aromen und einem Hauch von rauchigem Samt verfeinert. Idealer Begleiter zum Zigeunerschnitzel, da hier der Paprika nach Kraft sucht.
www.seegerweingut.de

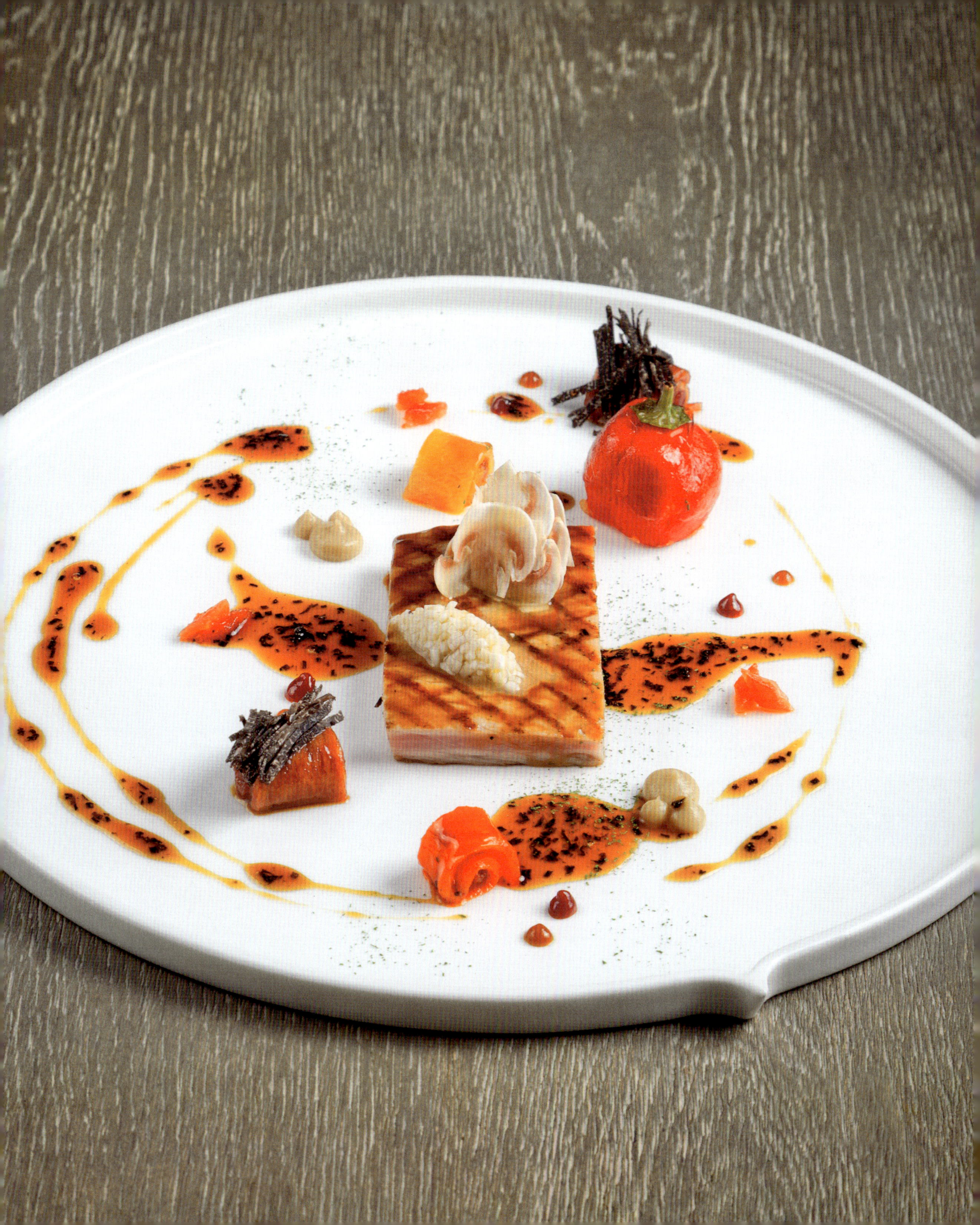

Seehotel & Restaurant Die Ente | **Tommy R. Möbius**

GIB MIR SAURES

FÜR 4 PERSONEN:

ZITRONENGEL:
50 g Zucker, 250 ml Zitronensaft
100 ml Portwein, weiß
6 Zitronenzesten, 30 g Zitronenthymian
5 g Agar-Agar, 2 g Xanthazoon

KANDIERTE ZITRONE:
100 ml Wasser, 100 g Zucker
4 Bio-Zitronen, Kristallzucker

ZITRONENSCHNEE:
50 g Maltodextrin
5 ml Zitronenolivenöl von Llum de Sal
10 g Zitronenzucker, gestoßen

SCHOKOLADENSPHÄRE:
250 ml Sahne
290 g Opalys-Schokolade
125 g Kakaobutter, Zahnstocher

ZITRONENSORBET:
200 g Zitronenpüree von Boiron
120 ml Wasser
40 g Zucker, 1 EL Glucose
Zitronenabrieb, Zitronensaft

SCHOKOLADENMOUSSE:
100 g Opalys-Schokolade
1 Ei
4 Bl. Gelatine
200 ml Sahne

ZITRONENGEL: Den Portwein um ein Drittel einkochen, die Zitronenzesten sowie den Zitronenthymian beigeben und einen Tag ziehen lassen. Aus dem Zucker hellen Karamell entstehen lassen und mit frischem Zitronensaft ablöschen. Passieren, mit Agar-Agar und Xanthazoon ein Gel herstellen, aufkochen, abkühlen lassen, mixen, durch ein feines Sieb streichen und in eine Spritzflasche abfüllen.

KANDIERTE ZITRONE: Das Wasser und den Zucker aufkochen. Die Bio-Zitronen halbieren und vom Fruchtfleisch befreien. Die Schale in gleichmäßige Streifen schneiden und im Zuckerwasserfond so lange kochen, bis sie eine glasige Konsistenz haben. Abseihen, in feinem Kristallzucker wenden und abschütteln.

ZITRONENSCHNEE: Das Llum-de-Sal-Zitronenöl mit Maltodextrin und dem Zucker vermengen, sodass ein Schnee entsteht.

SCHOKOLADENSPHÄRE: Die Sahne und 90 Gramm Opalys-Schokolade aufkochen, in Kugelformen abfüllen, die so entstandenen Schokoladenperlen nappieren und mit eingesteckten Zahnstochern einfrieren. Die restlichen 200 Gramm Opalys-Schokolade mit der Kakaobutter schmelzen, glatt rühren, die Kugeln eintauchen und kalt stellen. Zahnstocher entfernen.

ZITRONENSORBET: Alles in einer Sorbetiere abfrieren.

SCHOKOLADENMOUSSE: Die Schokolade schmelzen. Das Ei mit Eigelb heiß aufschlagen, Gelatine dazugeben, weiterschlagen und danach Schokolade unterheben. Auf Zimmertemperatur abkühlen lassen, die halb geschlagene Sahne unterheben, in eine beliebige Form abfüllen und kalt werden lassen. Danach vorsichtig aufschneiden.

» PROFITIPP:
Es lohnt, einen großen Teller zu nehmen, um alle Zutaten nach Liebe, Lust und Leidenschaft anrichten zu können.
Tommy R. Möbius, Küchenchef

WEINEMPFEHLUNG:

**CHAMPAGNER
EXTRA BRUT PURE
POL ROGER
ÉPERNAY, CHAMPAGNE, FRANKREICH**
Ein brillanter und stilvoller Begleiter zu diesem doch aromenreichen Dessert. Durch seine kaum vorhandene Restsüße unterstreicht er hier die Zitrone und die Schokolade mit seinen Karamelltönen.
www.polroger.com

SCHWIERIGKEITSGRAD: MITTEL | **ZUBEREITUNGSZEIT:** 3 STUNDEN (OHNE RUHEZEITEN)

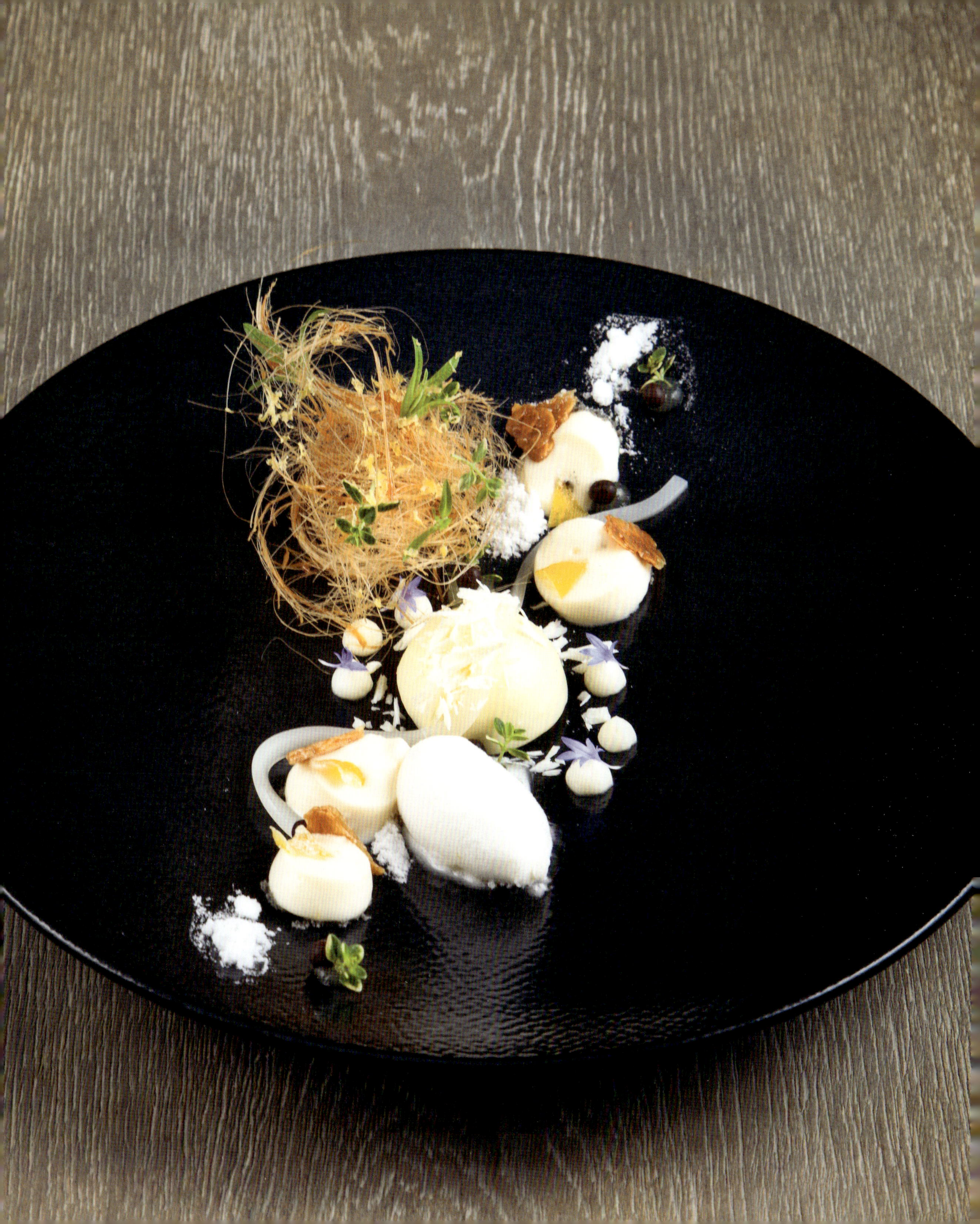

Speisemeisterei | **Frank Oehler**

ZIEGENBART UND UNVERKENNBARE STIMME: **FRANK OEHLER** IST EIN UNIKUM UND DER (JUNGE) WILDE IM SCHLOSS HOHENHEIM. WEIL FÜR IHN IN SEINER **SPEISEMEISTEREI** GEGENSÄTZE DAFÜR DA SIND, AUF DIE GROSSARTIGSTE WEISE ZU FUSIONIEREN.

DER SPEISEN MEISTER

In der Schule hat Frank Oehler nichts fürs Leben gelernt, am Herd umso mehr und heute lehrt er andere, was es heißt, so richtig geil zu kochen. Er kann's auf Sterneniveau – das hat er bereits mehrfach bewiesen – und über der „Speisemeisterei" im Schloss Hohenheim glänzt auch einer. Weil er eben nicht einfach nur kocht. Sondern immer das Besondere herauskitzelt. Produktfetischismus der guten Sorte trifft sich auf seinem Teller mit mutiger Revolution und gefragt, was das denn sein soll, klingt die Antwort nur logisch: „Traditionelle Avantgarde." Weil ein Widerspruch bei dem Kreativhäuptling mit dem Spitznamen FO immer etwas Sensationelles ist. Denn langweilig kann Frank Oehler nicht, dafür ist er zu viel Rebell, dafür ist Kochen zu sehr sein Ding. Oder wie er es ausdrückt: „Kochen ist mein Leben." Sprach's, zupfte am Ziegenbart und verschwand in der Küche.

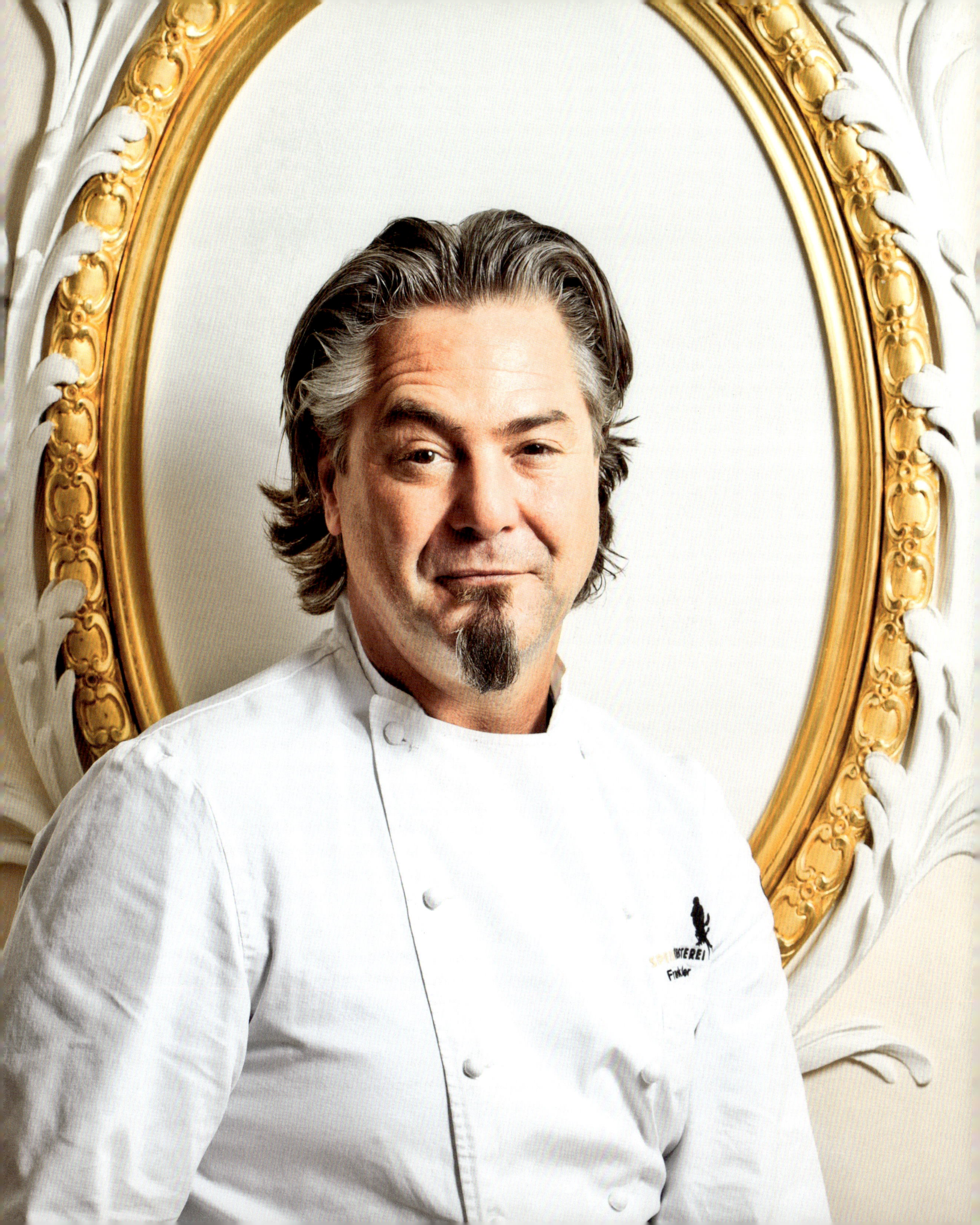

Speisemeisterei | **Frank Oehler**

KULINARISCHER
ROCK 'N' ROLL
IM ROKOKO

Speisemeisterei
Schloss Hohenheim
D-70599 Stuttgart
Tel.: +49 (0) 711/34 21 79 79
E-Mail: info@speisemeisterei.de
www.speisemeisterei.de

Ein Kavaliersbau für einen Gentleman. Das Schloss Hohenheim in dessen Mensa sich die „Speisemeisterei" – die originale und die heutige – befindet, ist ein Prachtbau der Verschnörkelungen, entworfen 1772 von Lebemann Carl Eugen. Aber Frank Oehler wäre nicht Frank Oehler, wenn er keinen gekonnten Stilbruch hineingemischt hätte. Klare Linien in Form von knallroten Sofabänken und quadratisch akkurat platzierten schwarzen Tischen bringen die Stuckverzierungen der Wände in die Moderne zurück. Zeitgenössische Kunstwerke vollenden das eindrucksvolle ästhetische Konzept passend zu Oehlers Fusions-Kochkunst. Und dann ist da ja auch noch der Hausherr selbst, der mit seinem Ziegenbärtchen und ohne Kochjacke doch irgendwie auch sehr gut ins Rokoko gepasst hätte.

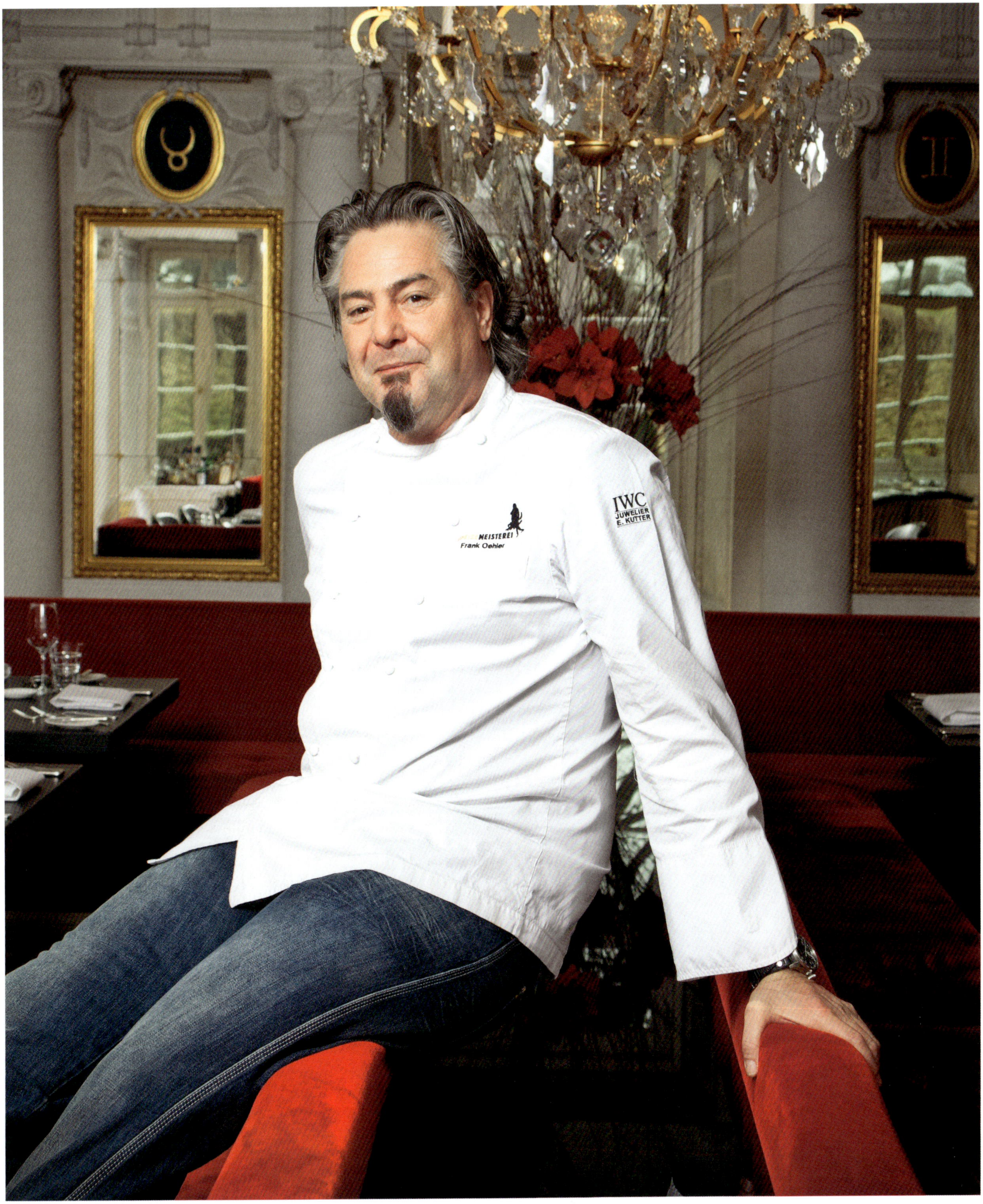
Frank Oehler
IWC
JUWELIER
E. KUTTER

Speisemeisterei | **Frank Oehler**

ZWEI MAL SCHWARZWALDFORELLE
mit Roter Bete, Apfelessig-Gelee und Senfkörnereis

FÜR 4 PERSONEN:

FORELLENTATAR-SANDWICH:
150 g Forellenfilets
10 ml Rapsöl, 10 ml Zitronensaft
¼ Zitronenschale, fein gerieben
¼ Bund Dill, fein gehackt
Salz, Zucker
2 Scheiben Kastenweißbrot, dünn

FORELLENROLLE:
3 Forellenfilets
Salz, Zucker, 1 Bl. Gelatine, Dill

ROTE-BETE-LACK:
400 g Rote Bete
1 Schuss Balsamico Bianco
Salz, Zucker

ROTE-BETE-APFELCHUTNEY:
2 Rote-Bete-Knollen
200 ml Rote-Bete-Saft
100 ml Apfelsaft
50 g Zucker, 1 Apfel
1 Schuss Balsamico Bianco
etwas Kümmel, Nelke, Pfeffer

ROTE-BETE-GEL:
200 ml Rote-Bete-Saft
1 g Agar-Agar, 1 g Gelan
Zimt, Salz, Zucker
30 ml Orangensaft
1 Msp. Vanillemark

SENFKÖRNEREIS:
400 ml Milch, 100 ml Sahne
80 g Eigelb, 80 g Zucker
70 g grober Senf

APFELESSIG-GELEE:
1 kg Elstar-Äpfel
1 Msp. Ascorbinsäure, 0,8 g Gelan
1,2 g Agar-Agar, 30 g Zucker
20 g Apfelessig, 3 ½ Bl. Gelatine

MEERRETTICH-PERLEN:
200 g Crème fraîche
60 ml Sahne, 60 ml Milch
0,5 g Xanthan
40 g Meerrettich, Salz

FORELLENTATAR-SANDWICH: Forellenfilets fein würfeln, alle Zutaten beigeben und mit Salz und Zucker abschmecken. Von den Brotscheiben die Rinde entfernen und das zu einem Würfel geformte Tatar unten und oben mit einer Brotscheibe belegen. Vor dem Anrichten beidseitig anbraten.

FORELLENROLLE: Die Forellenfilets salzen und zuckern. Die Gelatine einweichen, die Filets mit der erwärmten Gelatine bestreichen, aufeinanderlegen und in Klarsichtfolie zu einer Rolle eindrehen. Bei 45 °C für 25 Minuten pochieren und kalt stellen. Vor dem Aufschneiden die Rolle in Dill wälzen.

ROTE-BETE-LACK: Rote Bete entsaften und mit den übrigen Zutaten sirupartig einkochen.

ROTE-BETE-APFELCHUTNEY: Den Zucker karamellisieren, mit Rote-Bete-Saft und Apfelsaft ablöschen und die fein gewürfelten Knollen zugeben. Für 40 Minuten schmoren. Danach den klein gewürfelten Apfel zugeben und mit den Gewürzen und Essig abschmecken.

ROTE-BETE-GEL: Rote-Bete-Saft mit Agar-Agar und Gelan aufkochen. Den Orangensaft mit den restlichen Zutaten beigeben. 4 Stunden im Kühlschrank erkalten lassen und mit dem Zauberstab fein pürieren.

SENFKÖRNEREIS: Milch, Sahne, Zucker, Eigelb auf 82 °C erhitzen und zur Rose abziehen. Danach den Senf unterziehen und in der Eismaschine gefrieren.

APFELESSIG-GELEE: Die Äpfel entsaften und 400 Milliliter des Saftes mit allen Zutaten außer der Gelatine aufkochen. Gelatine zugeben, ausgießen und einen Tag kühl stellen. Anschließend in Form schneiden.

MEERRETTICH-PERLEN: Alle Zutaten verrühren und tröpfchenweise in Stickstoff einfließen lassen.

PROFITIPP:
»Die Forelle kann besser für das Tatar geschnitten werden, wenn sie leicht angefroren ist.«
Frank Oehler, Küchenchef

WEINEMPFEHLUNG:

2007 FELLBACHER LÄMMLER SIMONROTH SPÄTBURGUNDER R
WEINGUT SCHNAITMANN, FELLBACH BEI STUTTGART
Seidene Tanninstruktur, der Wein besitzt am Gaumen eine gewisse Wärme und Kühle, spielt zwischen Mineralität und Frucht. Geprägt von verschiedenen Gewürzen und saftigen Beerenaromen.
www.weingut-schnaitmann.de

SCHWIERIGKEITSGRAD: MITTEL | **ZUBEREITUNGSZEIT:** 2 STUNDEN (OHNE RUHEZEITEN)

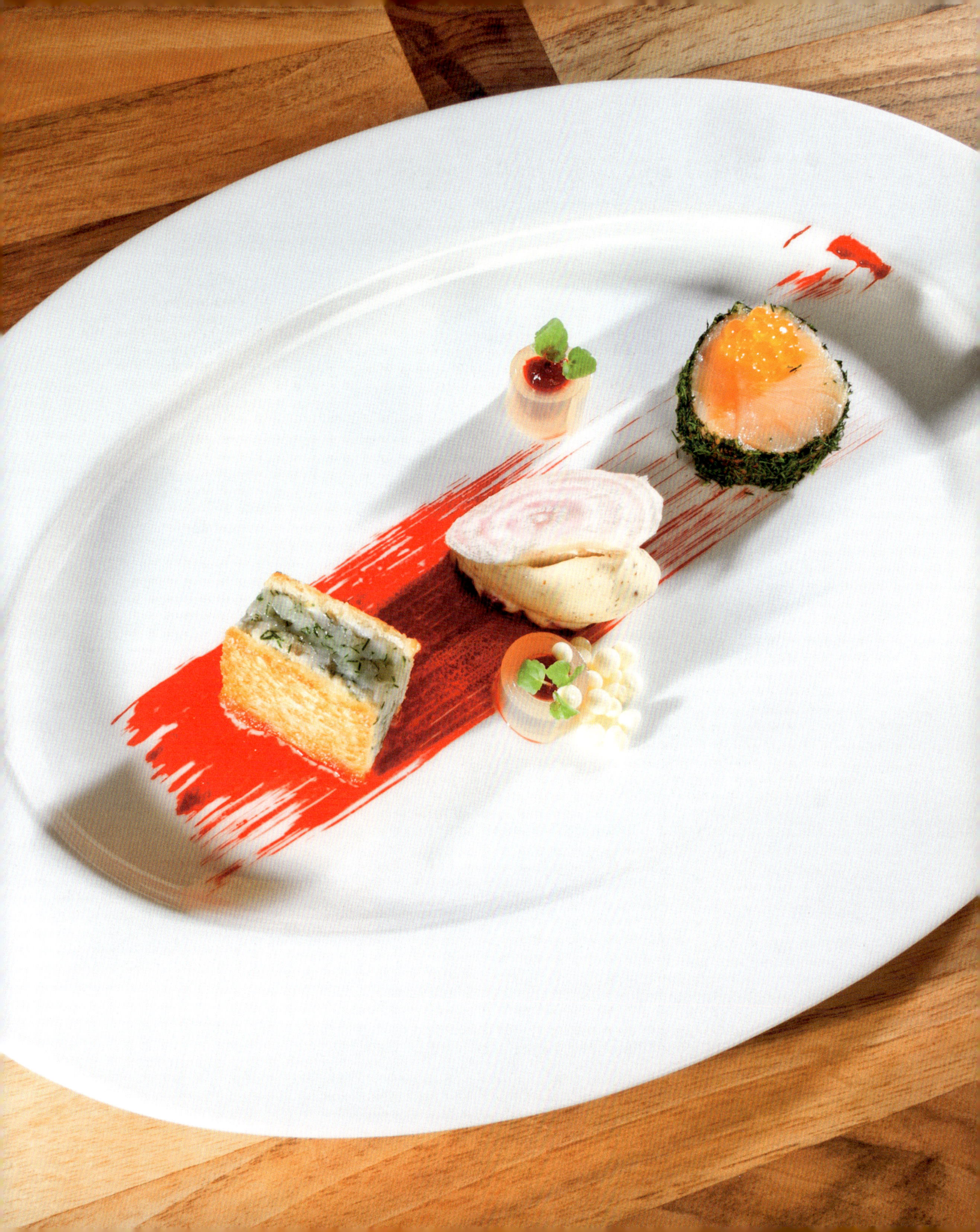

Speisemeisterei | **Frank Oehler**

KNUSPRIGER SCHWEINEBAUCH
mit Bierjus, Sauerkraut, Schmorgemüse und Anna Kartoffel

FÜR 4 PERSONEN:

SCHWEINEBAUCH:
600 g Schweinebauch
125 ml Weizenbier
Kümmel, Senf-Saat, Koriander-Körner

BIERJUS:
500 g Schweineknochen
200 g Zwiebeln, grob gewürfelt
100 g Karotten, grob gewürfelt
100 g Sellerie, grob gewürfelt
50 g Lauch, in Ringe geschnitten
50 g Champignons, geviertelt
30 g Tomatenmark, 2 Knoblauchzehen
100 ml Rapsöl, 2 l Gemüsefond
500 ml Dunkles Bier, 3 Lorbeerblätter
15 schwarze Pfefferkörner
5 Pimentkörner, 5 Nelken, Wasser, Butter

SAUERKRAUT:
300 g Sauerkraut
125 ml Weißwein, 125 ml Apfelsaft
50 g Schalottenbrunoise
50 g Butter, 30 g Honig
1 Lorbeerblatt, 3 Wacholderbeeren
2 Nelken, etwas Kümmel

SAUERKRAUTGELEE:
100 ml Sauerkrautsaft, 25 ml Weißwein
2 Pimentkörner, 1 Lorbeerblatt
1 Wacholderbeere
Salz, 0,64 g Agar-Agar
0,3 g Gelan, 1 Bl. Gelatine

SCHMORGEMÜSE:
4 Baby-Karotten
4 Petersilienwurzeln, 4 Lauchzwiebeln
je Gemüsesorte 50 ml Gemüse- und Schweinejus

ANNA KARTOFFEL:
400 g Kartoffeln, festkochend
100 g Nussbutter
Salz, Pfeffer, Muskat

SCHWEINEBAUCH: Alle Zutaten gemeinsam vakuumieren und bei 68 °C für 24 Stunden sous-vide-garen.

BIERJUS: Die Knochen im Ofen bei 180 °C dunkelbraun rösten. Das Gemüse in Rapsöl dunkel anrösten, Tomatenmark und Knoblauch zugeben, kurz mitrösten und mit 50 Milliliter Wasser ablöschen und wieder einkochen. Diesen Vorgang noch zwei Mal wiederholen. Mit Bier ablöschen, den Gemüsefond aufgießen und 2 Stunden auf kleiner Stufe köcheln lassen. Dann die Gewürze zugeben und nochmals 1 Stunde köcheln lassen. Anschließend die Sauce durch ein Tuch passieren und mit einem Stück kalter Butter montieren.

SAUERKRAUT: Die Schalottenbrunoise in der Butter anschwitzen und das Sauerkraut zugeben. Mit Weißwein und Apfelsaft ablöschen, Honig und Gewürze zugeben und etwa 1 Stunde köcheln lassen.

SAUERKRAUTGELEE: Den Sauerkrautsaft, Weißwein, Gelan und Agar-Agar kalt verrühren. Die Gewürze zugeben, aufkochen und 1 bis 2 Minuten köcheln lassen. Die Gelatine zugeben, passieren und in einer Form kalt stellen. Nach dem Erkalten in Würfel schneiden.

SCHMORGEMÜSE: Das Gemüse abbürsten und jede Sorte für sich mit Strunk und 50 Milliliter Schweinejus vakuumieren. Die Karotte bei 85 °C für 50 Minuten, die Petersilienwurzel bei gleicher Temperatur für 55 Minuten und die Frühlingszwiebeln bei 85 °C für 35 Minuten garen und in Eiswasser abschrecken.

ANNA KARTOFFEL: Die Kartoffeln schälen und in hauchfeine Scheiben hobeln. Mit der flüssigen Nussbutter vermengen, mit den Gewürzen abschmecken und vakuumieren. Zurechtschieben, sodass ein schöner rechteckiger Block entsteht. Bei 100 °C für 60 Minuten garen und in Eiswasser abschrecken. Die erkaltete Anna Kartoffel in schöne Quader schneiden.

PROFITIPP:
»Das Gemüse und der Schweinebauch müssen nicht sous-vide zubereitet werden. Das geht natürlich auch auf klassischem Weg.
Frank Oehler, Küchenchef

WEINEMPFEHLUNG:

2012 GRAUWEISSE REBEN S
WEINGUT KNAUSS, WEINSTADT
Angenehm duftende Burgunder-Cuvée. In der Nase feine Marille, Weinbergpfirsich mit leichten Honigaklängen. Am Gaumen trotz aller Dichte sehr elegant, mit einer leicht salzigen Mineralität. Sehr vielseitig einsetzbarer Speisenbegleiter.
www.weingut-knauss.com

SCHWIERIGKEITSGRAD: LEICHT | **ZUBEREITUNGSZEIT:** 1 ½ STUNDEN

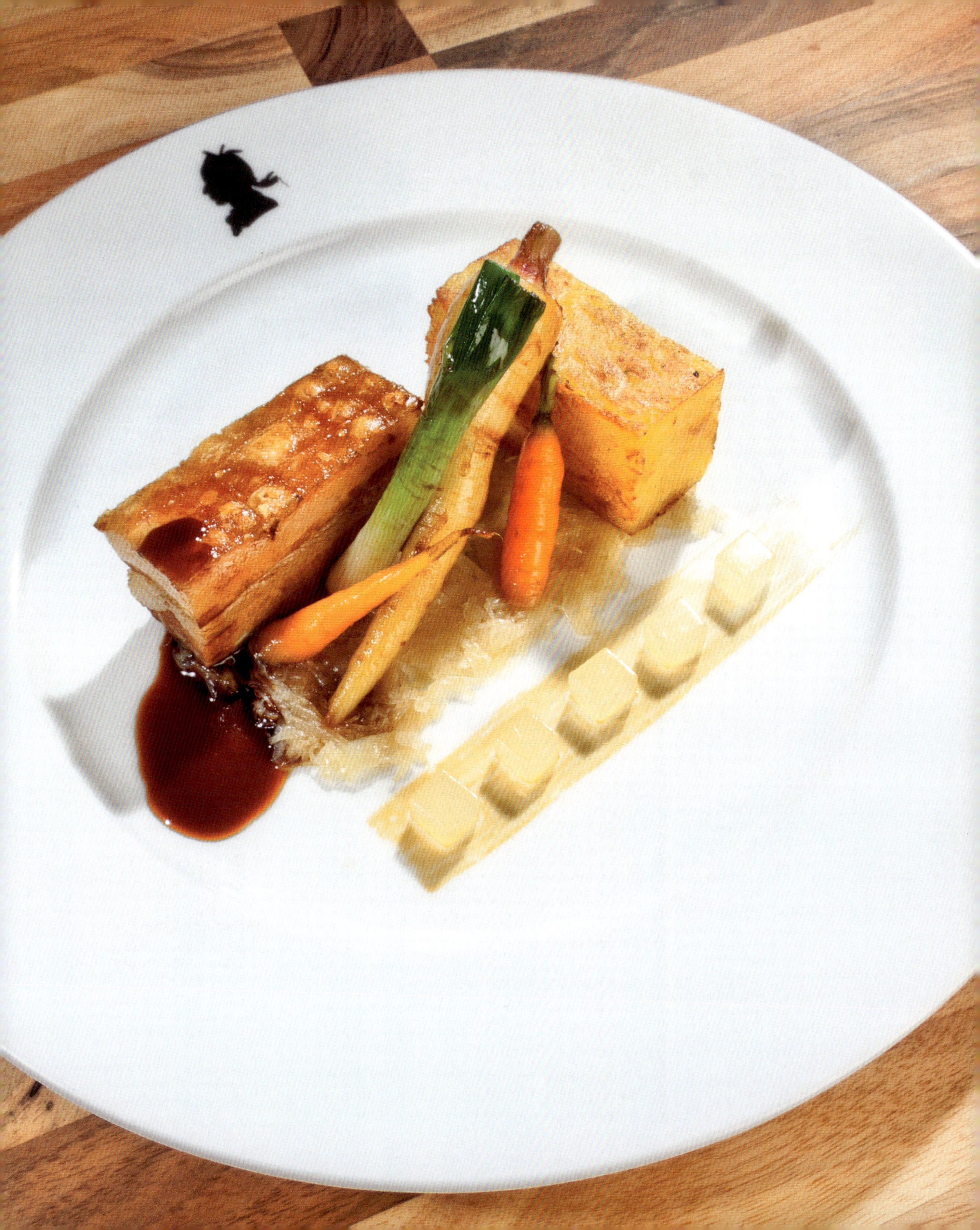

Speisemeisterei | **Frank Oehler**

QUITTE
mit Haferflockencrumbles und Carokaffee-Eis

FÜR 4 PERSONEN:

QUITTENSUD:
1 kg Quitten
100 g Honig
600 ml Apfelsaft
400 ml Weißwein, süßlich
60 g Zucker
1 Vanilleschote

QUITTENBÄLLCHEN:
1 l Quittensud
3 g Xanthan
420 ml Quittensud
25 g Pflanzengelatine (von Sosa)

QUITTENKUGEL:
200 g Isomalt

QUITTENESPUMA:
500 ml Quittensud
3 Bl. Gelatine

QUITTENRAGOUT:
1 Quitte
30 g Zucker
50 ml Apfelsaft
¼ Vanilleschote
¼ Zitronenschale
1 Prise Salz

HAFERFLOCKENCRUMBLES:
50 g Mehl, 50 g Rohrzucker
50 g Haferflocken
50 g Mandeln, gemahlen
50 ml Butter, flüssig

CAROKAFFEE-EIS:
300 ml Milch
200 ml Sahne
100 g Zucker
100 g Eigelb
5,5 g Carokaffee
20 g Vollmilchkuvertüre
1 Prise Salz

QUITTENSUD: Quitten klein schneiden. 12 Stunden oxidieren lassen bis eine braunrote Farbe entsteht. Den Honig leicht karamellisieren. Mit Apfelsaft und Weißwein ablöschen, mit Quitten, Zucker und Vanilleschote 1 Stunde köcheln lassen und abpassieren.

QUITTENBÄLLCHEN: Quittensud mit Xanthan binden, in Halbkugelformen füllen und einfrieren. 2 Halbkugeln zu einer Kugel zusammensetzen. Aus dem Quittensud und der Pflanzengelatine ein Gelee herstellen und die Kugeln gefroren an einem Zahnstocher in das kochende Gelee tauchen. Herausnehmen und im Kühlschrank auftauen lassen.

QUITTENKUGEL: Isomalt in der Mikrowelle schmelzen. Eine kleine Portion abnehmen, zum seidenen Glanz ziehen und mit dem Blasebalg zur Größe eines kleinen Apfels blasen. An einer Stelle der Kugel eine kleine Vertiefung eindrücken. Die Kugel vom Blasebalg lösen und mit einem Bunsenbrenner eine Öffnung für die Füllung hineinschmelzen.

QUITTENESPUMA: Quittensud leicht erwärmen und Gelatine darin auflösen. Eine Espuma-Flasche befüllen, gut schütteln und mindestens 16 Stunden kühl stellen.

QUITTENRAGOUT: Quitte schälen und klein würfeln. Zucker karamellisieren, die Quittenabschnitte beigeben und mit Apfelsaft ablöschen. Mit der Vanilleschote und Zitronenschale weich kochen. Fein pürieren und die Würfel darin weich kochen. Mit Salz abschmecken.

HAFERFLOCKENCRUMBLES: Alle Zutaten vermischen und auf Backpapier verstreuen. 1 Stunde kühl stellen und für 5 Minuten bei 180 °C backen.

CAROKAFFEE-EIS: Milch, Sahne, Zucker, Eigelb und Salz zur Rose abziehen. Carokaffee und Vollmilchkuvertüre hineinrühren und in der Eismaschine gefrieren.

» **PROFITIPP:**
Um die Quittenkugel realer zu gestalten, mit einem Pinsel gelbe Lebensmittelfarbe dezent darauf verteilen.
Frank Oehler, Küchenchef

WEINEMPFEHLUNG:

2009 DOTTINGER CASTELLBERG WEISSER BURGUNDER, ALTE REBEN, BEERENAUSLESE
WEINGUT MARTIN WASSMER, BAD KROZINGEN-SCHLATT
Die Kochberg-Scheurebe-Auslese ist ein ausdrucksstarker Dessertwein mit herrlichen Aromen nach exotischen Früchten wie Litschi, Papaya, Ananas und feinen Zitrusfrüchten, eingebunden in eine schöne Säure.
www.weingut-wassmer.de

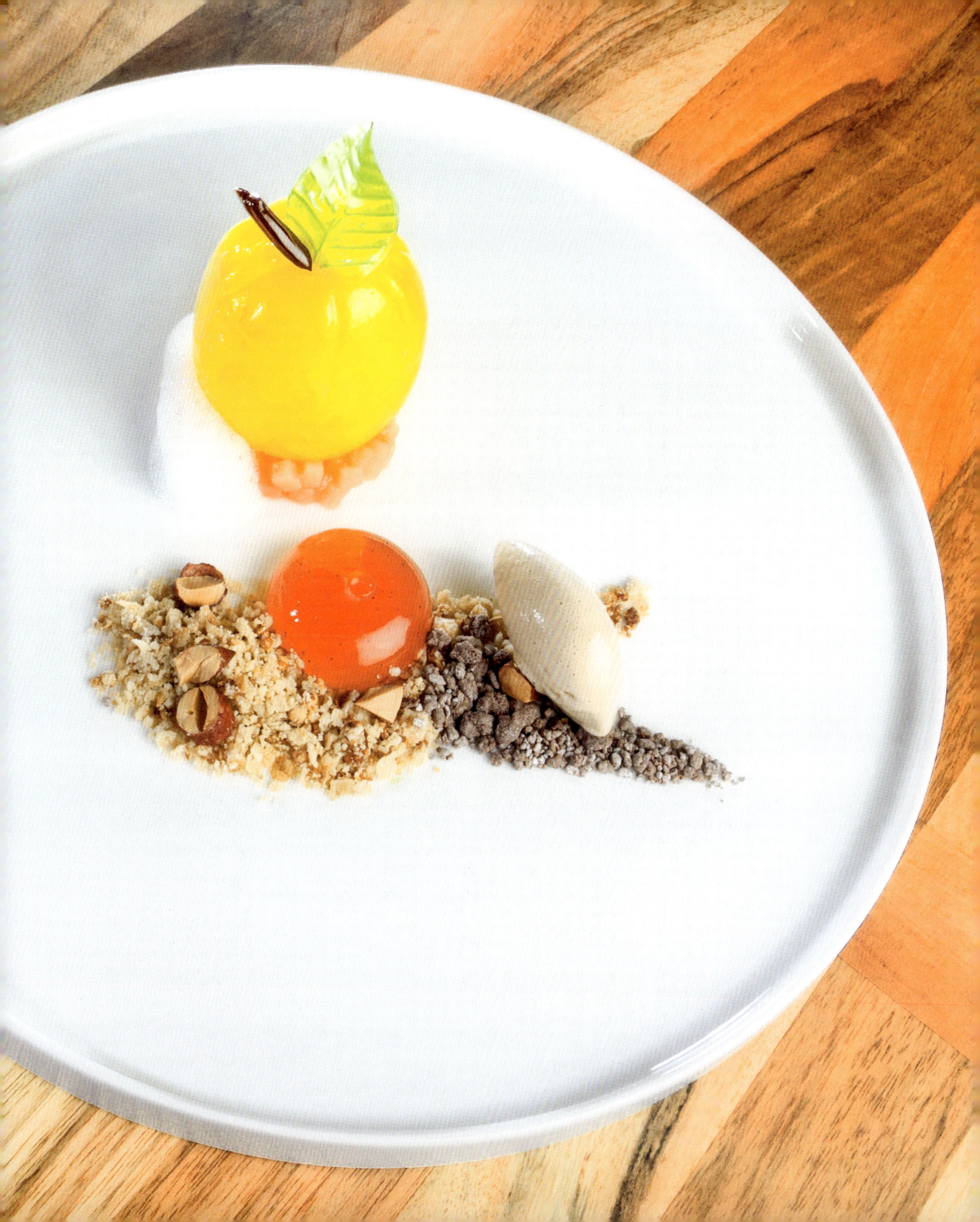

Wilder Ritter | **Christian Baur**

WEINSTRASSEN-IDYLLE HIN ODER HER: **CHRISTIAN BAUR** SETZT NICHT AUSSCHLIESSLICH AUF LOKALKOLORIT AUF SEINEN TELLERN UND LÄDT IM RESTAURANT **WILDER RITTER** MUTIG ZUR KULINARISCHEN GRENZÜBERSCHREITUNG.

EIN MANN VON WELT

Bodenständig ist er als gebürtiger Allgäuer zwar von Natur aus, aber wenn es ums Kochen geht, ist für Christian Baur mit klassischer Bodenhaftung erst mal Schluss. 2008 übernahm der 36-Jährige die Küche des „Wilden Ritters" in Durbach und überzeugte bereits kurz nach Amtsantritt die Guide-Michelin-Tester, die seine fantasievolle, international ausgerichtete und bisweilen provokante Küche mit einem Stern bedachten. Aber Mut ist nicht gleich Abgehobenheit, und so stehen Baurs Kreationen stets auf einem handwerklich soliden Fundament. Regionstypische Produkte lässt er gekonnt in neuem Glanz erstrahlen, und weil Abwechslung die einzige Konstante auf seiner Karte ist, darf die Tradition immer wieder mal in friedlicher Eintracht neben avantgardistisch angehauchten Meisterwerken existieren, für die Baur zu Recht Applaus von international versierten Gaumen erntet.

| LONDON | DURBACH |

Wilder Ritter | **Christian Baur**

ZURÜCK IN DIE
ZUKUNFT AN DER
WEINSTRASSE

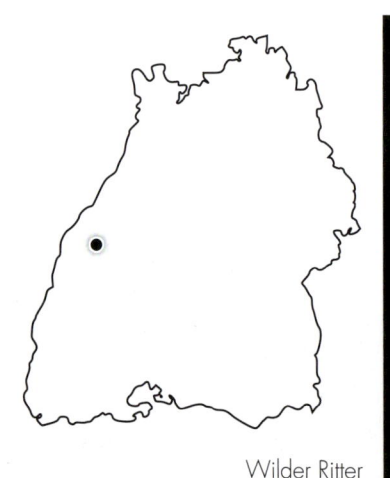

Wilder Ritter
im Hotel Ritter Durbach
Tal 1
D-77770 Durbach
Tel.: +49 (0) 781/93 23-0
E-Mail: info@ritter-durbach.de
www.ritter-durbach.de

Ein traditionsreiches Haus in die Neuzeit zu führen, ohne es seines Charakters zu berauben, zählt zur Königsdisziplin in der gehobenen Hotellerie. Dominic und Ilka Müller ist dieses Kunststück mit dem „Hotel Ritter Durbach", dessen Spuren bis ins Jahr 1656 zurückreichen, gelungen. Seit 2008 wird der imposante Durbacher Fachwerkbau einer behutsamen Frischzellenkur unterzogen, sodass sich heute Moderne und Tradition zu einem bezaubernden harmonischen Ganzen fügen. Die Kombination aus Design, Wein, Wellness, Natur und der außergewöhnlichen Kulinarik aus Christian Baurs Küche unterstreicht den hervorragenden Ruf dieses sehr persönlich geführten Hideaways. Das – so viel ist sicher – auch in Zukunft seinen Platz als Genussoase zwischen Schwarzwald, Rhein und Elsass behaupten wird.

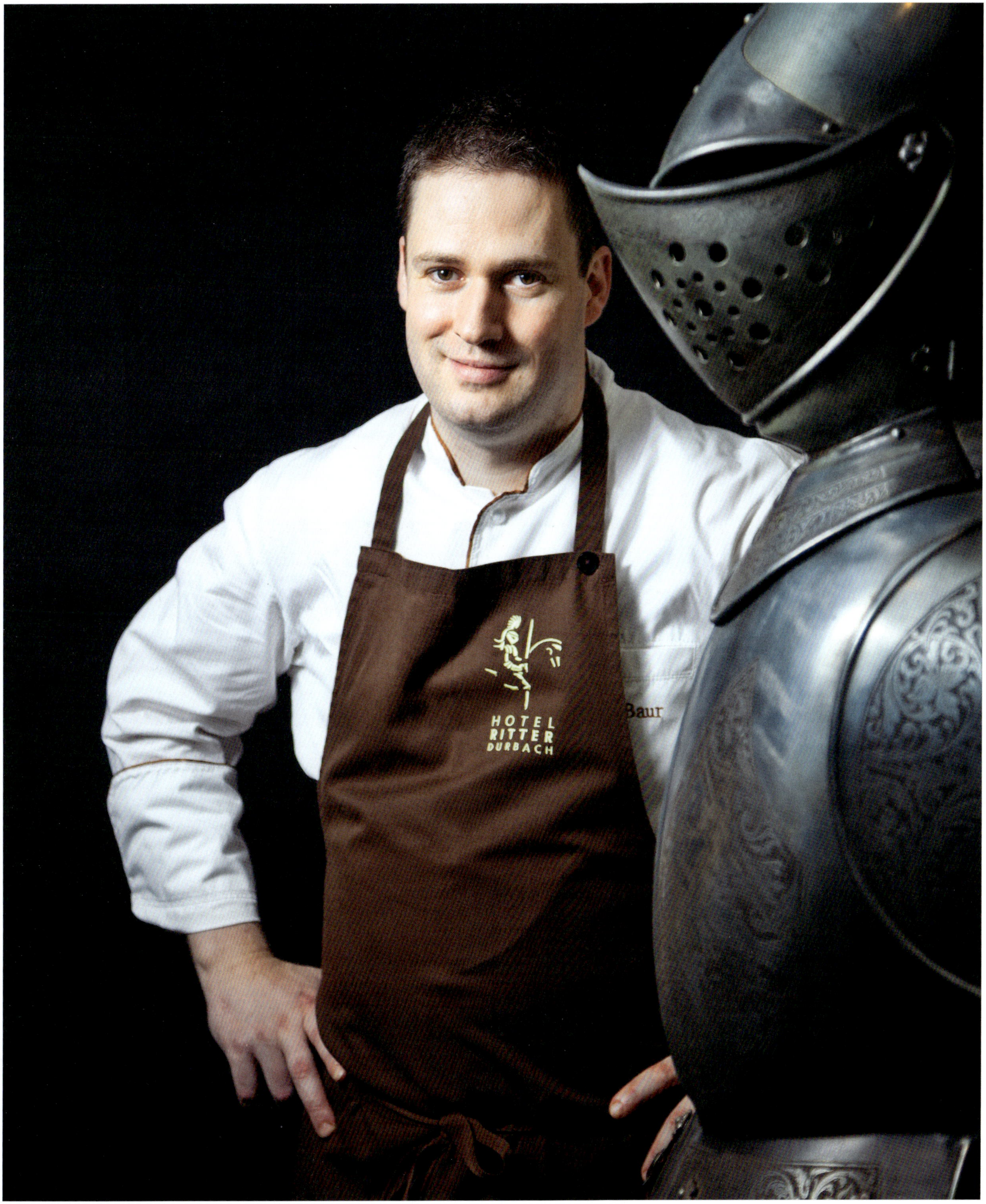
HOTEL
RITTER
DURBACH
Baur

Wilder Ritter | **Christian Baur**

OKTOPUSTATAR IN BOCKBIERESSIGGELEE
Weißbierschaum und Brezenknödelchip

FÜR 4 PERSONEN:

OKTOPUSTATAR:
1 großer **Oktopus**
Fenchelsamen
Kümmel, **Meersalz**
200 ml **Oktopus-Fond**
50 g **Crème fraîche**
½ g **Agar-Agar**
350 g **Oktopuswürfel**, fein
2 EL **Koriander**, frisch und gehackt
Limettensaft und Abrieb
Tabasco

BREZELKNÖDELCHIP:
250 g **Brezelwürfel**, geröstet
1 **Zwiebel**, braun
50 g **Petersilie**, gehackt
1 TL **Kümmel**, geröstet und gehackt
250 ml **Milch**, lauwarm
3 **Eier**
2 **Eiweiß**, geschlagen
Meersalz, **Pfeffer**

BIERESSIGGELEE:
100 ml **Karamalz**
20 ml **Bockbieressig**
7 g **Vegi-Gelatine**

WEISSBIERSCHAUM:
300 ml **Weißbier**
1 EL **Honig**
2½ Bl. **Gelatine**
Thymian

OKTOPUSTATAR: Oktopus bedeckt mit Wasser garen. Fenchelsamen, Koriander und Kümmel zu gleichen Teilen rösten, zermörsern und in den gesalzenen Sud geben. Oktopus zerteilen, die schönen Tentakel als Garnitur verwenden. Den Rest in feinste Würfel schneiden. Fond vom Oktopussud abzweigen. Alle weiteren Zutaten 1 Minute köcheln lassen. Oktopus und die Gewürze in den warmen abgebundenen Fond geben. Diese Masse in Silikonkuppeln von 2 Zentimeter Durchmesser geben. Mit Klarsichtfolie bedecken und 2 Stunden in den Tiefkühler stellen.

BREZELKNÖDELCHIP: Alle Zutaten gut miteinander vermischen, in Klarsichtfolie und Alufolie eindrehen. 15 Minuten bei 85 °C pochieren und abkühlen lassen. In feine Scheiben schneiden und 2 Stunden bei 60 °C im Backofen trocknen.

BIERESSIGGELEE: Alle Zutaten kurz aufkochen. Die gefrorenen Oktopuskuppeln durch das Biergelee ziehen und wie Pralinen abtropfen lassen.

WEISSBIERSCHAUM: Alle Zutaten in eine Espumaflasche füllen, mit 2 Patronen bestücken, kühlen und dressieren.

PROFITIPP:
« Oktopus immer auf kleiner Stufe simmern, nie kochen lassen.
Christian Baur, Küchenchef

WEINEMPFEHLUNG:

RIESLING TAUSEND STERNE 2012
WEINGUT LAIBLE, DURBACH
In der Nase Maracuja, Sternanis und reife Ananas, gedörrte Aprikose umhüllt von Rosenholz. Am Gaumen tolle Spannung. Man ist fasziniert vom Facettenreichtum, der am Gaumen haften bleibt.
www.weingut-alexanderlaible.de

SCHWIERIGKEITSGRAD: MITTEL | **ZUBEREITUNGSZEIT:** 2 STUNDEN

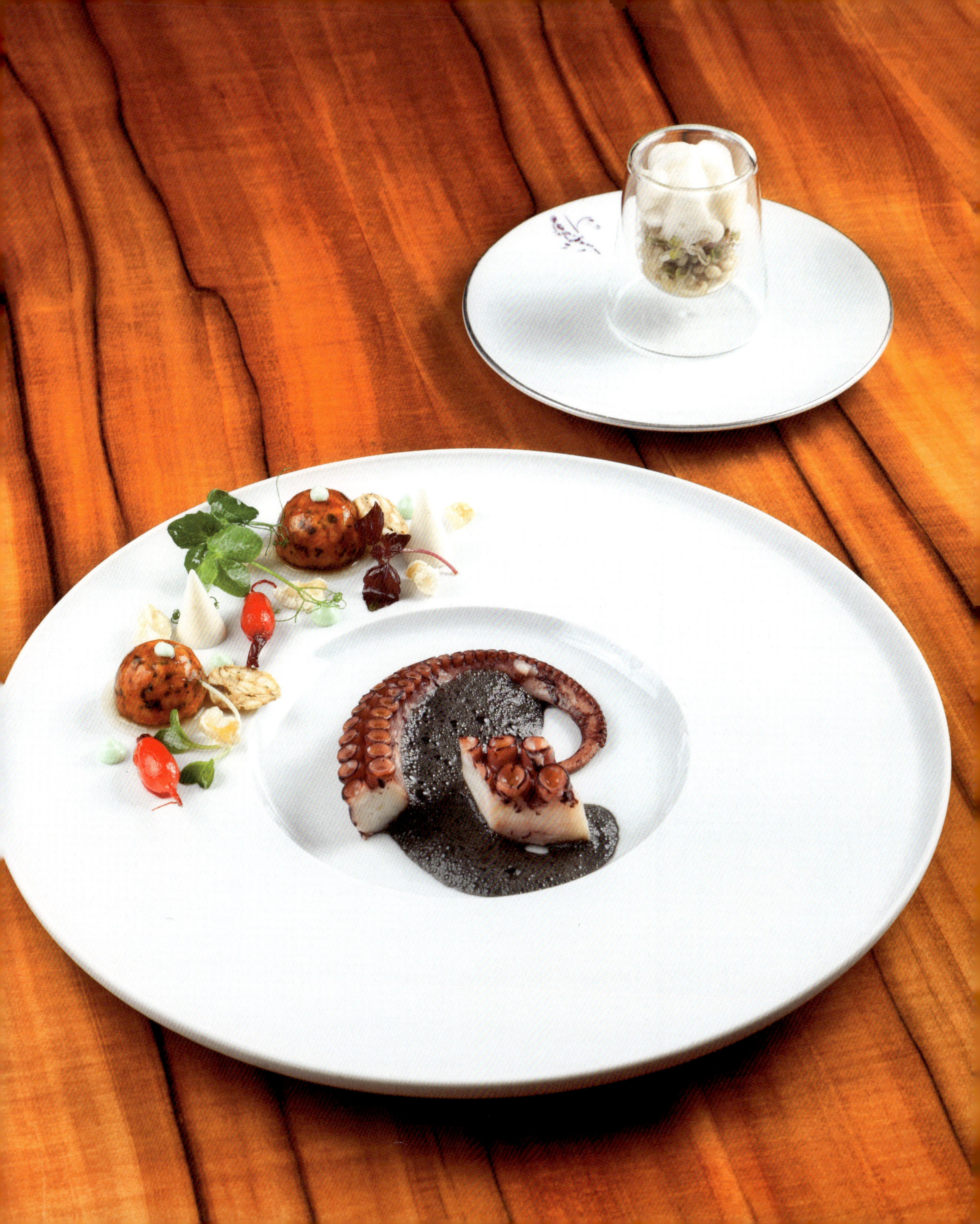

Wilder Ritter | **Christian Baur**

LAMMRÜCKEN MIT SCHALOTTEN-CHIBOUSTE
Burgunderschnecken und Nockerl vom Schabzigerklee

FÜR 4 PERSONEN:

SCHALOTTEN-CHIBOUSTE:
20 g Schalottenbrunoise
40 ml Rotwein
25 ml Rotweinreduktion
5 ml Balsamico, 3 g Zucker, 1 Eigelb
5 g Mondamin, 5 ml Portwein, rot
1 Prise Rote-Bete-Pulver, ½ Bl. Gelatine
1 Eiweiß, 10 g Zucker, Salz
Ducca-Gewürzmischung, Thymian

HIBISKUS-MISO-SUD:
25 g Pfefferkörner, weiß
500 g Abschnitte vom Lamm (Bauchlappen)
500 g Wurzelgemüse, hell
2 Eiweiß, 2 l Mineralwasser
25 g Wakamealgen
25 g Hibiskusblüten, getrocknet
Abrieb von 1 Zitrone
250 ml Traubensaft, weiß
125 ml Limettensaft, 100 g Misopaste
Pfeilwurzelmehl, Traubenkernöl

ROTE ARTISCHOCKEN:
2 Artischockenblätter, geputzt
250 ml Rote-Bete-Saft, Olivenöl
etwas Kümmel, Meersalz, Pfefferkörner
Lorbeer

NOCKERL VOM SCHABZIGERKLEE:
100 g Ziegenkäse, 100 g Quark
100 g Cheddar, gerieben
1 Ei, 50 g Mie de Pain
50 g Hartweizengrieß, Butter
1 TL Schabzigerklee, gemahlen

LAMMRÜCKENFILET:
600 g Lammrückenfilets, ausgelöst

ANRICHTEN:
Schnecken, Kapern

SCHALOTTEN-CHIBOUSTE: Rotweinreduktion mit Balsamico aufkochen. Zucker, Eigelb und Mondamin verrühren. Balsamico-Rotweinreduktion mit Eigelb-Mondamin-Mischung abbinden und 2 Minuten unter Rühren kochen. Gelatine einweichen. Roten Portwein mit Rote-Bete-Pulver aufkochen und Gelatine darin auflösen. Eiweiß mit Zucker zu Schnee schlagen und vorsichtig unterheben. Restliche Zutaten unterheben und abschmecken. Ein Blech mit Backpapier auslegen, die Masse daraufstreichen und einfrieren. In 5 mal 5 Zentimeter große Quadrate schneiden.

HIBISKUS-MISO-SUD: Pfefferkörner in Traubenkernöl frittieren und abtropfen. Fleisch, Pfefferkörner und Gemüse wolfen und Eiweiß leicht angeschlagen zugeben. Algen mit Mineralwasser begießen, alle anderen Zutaten zugeben und vorsichtig aufkochen. 30 Minuten stehen lassen und durch ein Tuch passieren. Zur gewünschten Konsistenz reduzieren und mit Pfeilwurzelmehl binden.

ROTE ARTISCHOCKEN: Artischockenblätter in Olivenöl andünsten. Kümmel, Lorbeer, Pfeffer Meersalz und Zucker zugeben, mit Rote-Bete-Saft ablöschen und einen Sud kochen. Im Sud die Artischocken weich kochen, passieren, über die Artischocken (Gläser) gießen und luftdicht verschließen.

NOCKERL VOM SCHABZIGERKLEE: Alle Zutaten vermengen und Nocken abstechen. Nockerl abkochen, abtropfen und in brauner Butter goldgelb braten.

LAMMRÜCKENFILET: Lammrücken von allen Seiten anbraten, für 3 Minuten in den 180 °C heißen Ofen geben, ruhen lassen und mit dem Chibouste gratinieren.

ANRICHTEN: Schnecken und Kapern als Garnitur reichen. Artischocken im Rote-Bete-Saft erwärmen und dazureichen.

PROFITIPP:
»Artischocken mit Rote-Bete-Saft über Nacht vakuumieren, damit die Artischocken eine noch intensivere Farbe annehmen.«
Christian Baur, Küchenchef

WEINEMPFEHLUNG:

ROTWEIN CUVÉE TYP 3 2009
WEINGUT DANNER, DURBACH
Cuvée aus Cabernet Mitos, Acolon und Pinot noir, die durch eine Fülle intensiver Aromen begeistert. Filigraner Gerbstoff und Tannin, viel Power und tiefschwarze Farbe. Elegante Röstaromen durch die Reifung im kleinen Barrique.
www.danner-weingut.de

SCHWIERIGKEITSGRAD: MITTEL | **ZUBEREITUNGSZEIT:** 1 ½ STUNDEN

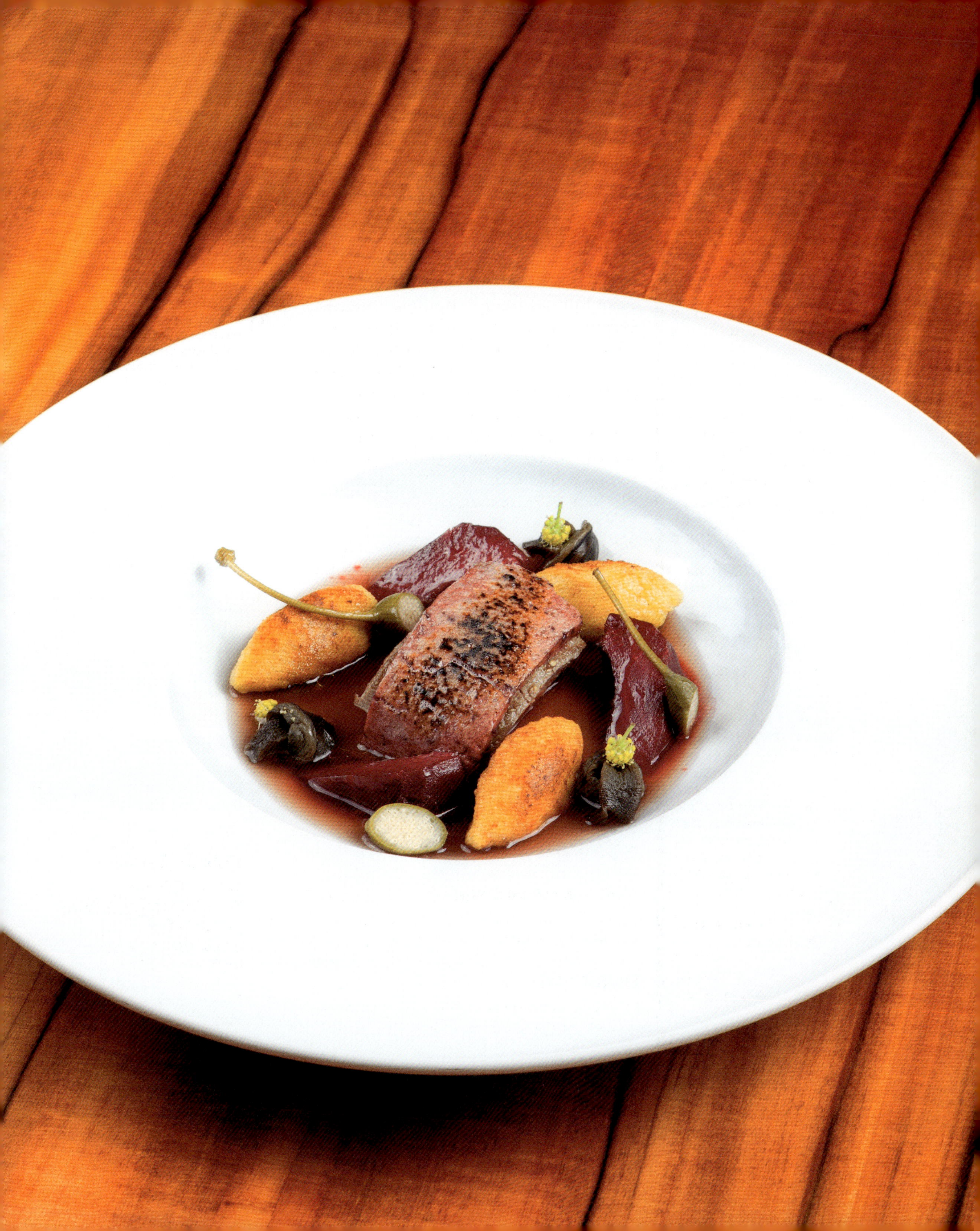

Wilder Ritter | **Christian Baur**

GUAVENSCHAUM UND HIMBEEREN
mit brauner Butter, Rosenwassermurmel, Basmatireis-Eis und Sake

FÜR 4 PERSONEN:

SAKEGELEE:
60 ml Sake
50 g Läuterzucker
60 ml Birnensaft
3 Bl. Gelatine

BASMATIREIS-EIS:
125 ml Milch
10 Kardamom-Kapseln
12 Zimtblüten, 1 Vanilleschote
25 g Basmatireis
100 ml Sahne
200 ml Reismilch
100 g Risotto
2,5 g Eigelb, 100 g Zucker
Sake, Salz, Ingwersaft

GUAVEN-NUSSBUTTER-ESPUMA:
200 g Butter
20 g Magermilchpulver
250 g Guavenpüree
125 g Läuterzucker
60 g Cremant, 3 Bl. Gelatine

REISESSIG-GANACHE:
125 g Milchkuvertüre
75 ml Sahne
30 g Himbeerpüree
5 ml Reisessig, dunkel

ROSENWASSERGELEE-BALL:
100 ml Tonic Water
20 ml Rosenwasser
1,5 g Agar-Agar
1 g Rosenblätter
½ Bl. Vegi-Gelatine

SAKEGELEE: Gelatine einweichen. Restliche Zutaten miteinander vermengen, ausgedrückte Gelatine hinzufügen. Dann das Gelee auf Eiswasser aufschlagen und kurz vor dem Gelieren in eine Form geben.

BASMATIREIS-EIS: Basmatireis waschen. Milch mit Sake, Salz und Ingwersaft aufkochen und ziehen lassen. Basmatireis in der Gewürzmilch mit Zimt, Vanille und Kardamom weich kochen. Sahne und Reismilch aufkochen, Eigelb, Zucker und Risotto verrühren und mit der Reismilch-Sahne zur Rose abziehen. Anschließend im Thermomix mixen.

GUAVEN-NUSSBUTTER-ESPUMA: Butter schmelzen und Magermilchpulver zugeben. Magermilchpulver goldbraun karamellisieren, passieren und auf einem Stück Backpapier verteilen. Karamellisierten Milchzucker mit den restlichen Zutaten vermengen, pürieren und passieren. Masse anschließend in eine Espumaflasche füllen.

REISESSIG-GANACHE: Sahne aufkochen und Kuvertüre zugeben. Masse homogenisieren und restliche Zutaten zugeben. Etwa 2 Stunden durchkühlen lassen.

ROSENWASSERGELEE-BALL: Tonic, Rosenwasser, Vegi-Gelatine, Agar-Agar und Rosenblätter aufkochen und Gelatine zugeben. In einen Luftballon abfüllen, verknoten und abkühlen.

ANRICHTEN: Espuma mit Hilfe eines Ringes auf den Teller spritzen. Kuppel aus weißer Schokolade aufsetzen. Restliche Elemente darum herum setzen.

» PROFITIPP:
Die krosse, karamellisierte Molke vom Magermilchpulver können Sie als Garnitur verwenden.
Christian Baur, Küchenchef

WEINEMPFEHLUNG:

SCHEUREBE AUSLESE
WEINGUT HEINRICH MÄNNLE, DURBACH
Die Durbacher Kochberg-Scheurebe-Auslese ist ein ausdrucksstarker Dessertwein mit herrlichen Fruchtaromen nach exotischen Früchten wie Litschi, Papaya, Ananas und feinen Zitrusaromen, eingebunden in eine schöne Säure.
www.weingutmaennle.de

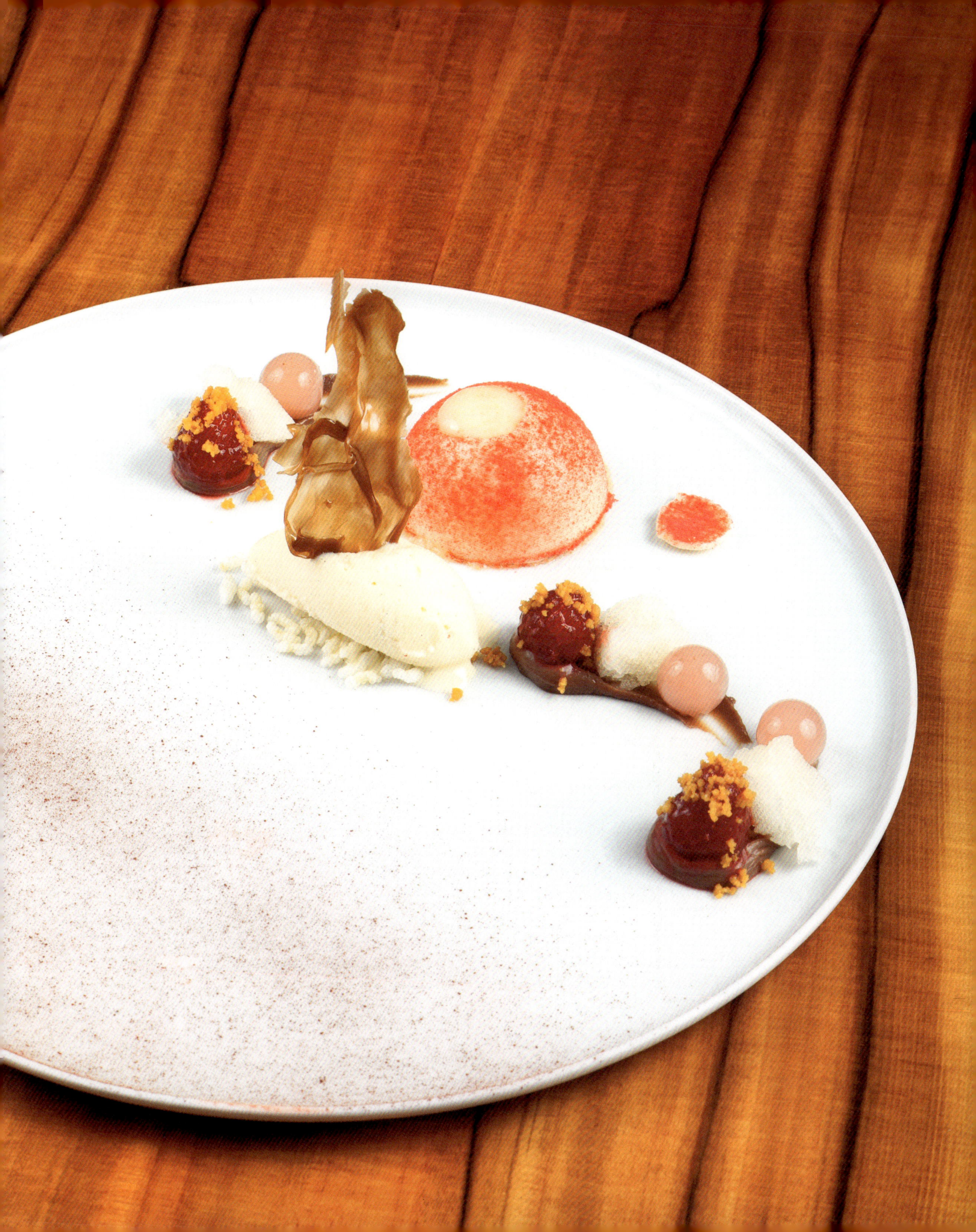

Baden-Württemberg kocht | Rezeptregister

| B |

Banana Split 2013 mit Bananen in Texturen,
Schokolade & Curry 068

Black-Angus-Rind, Onglet vom, mit Baroloessig-Schalottenjus,
Sellerie, Roter Bete und eingelegten Perlzwiebeln 036

| E |

Erdbeeren, Topfen, Holunderblüte:
Mein Erdbeerbeet 048

Erdbeer-Rosenkugel, kandierte Wassermelone, Kadaifi-
bällchen, Rosengelee, Milchkonfitüreneis 058

Entenleber Piña Colada mit Ananas,
Kokos und Muskat 064

Étouffée-Taube mit Akazienhoniglack auf Ras-el-Hanout-Hirse
und Schafgarbe 076

Exotic mit Mango,
Kokosnuss und Passionsfrucht 108

| F |

Forelle, Schwarzwald-, zwei Mal,
mit Roter Bete, Apfelessig-Gelee und Senfkörnereis 144

| G |

Gänseleber, Terrine von der gebratenen, mit Kirschen 034

Gänselebermousse-Röllchen
im Holunderblüten-Honig-Mantel 074

Gelbflossenthunfisch, Avocado, rotes Curry,
Yuzu, Passionsfrucht, Algen 084

Gillardeau-Austern, pochierte, Imperialkaviar,
Sojagelee, Austernwasser und Limonenmarinade 124

Giandujacreme, geeiste, mit Pekannuss-Crumble
und Cassis 038

Guavenschaum und Himbeeren mit brauner Butter,
Rosenwassermurmel, Basmatireis-Eis und Sake 158

| I |

Ibérico-Schwein, Pluma Bellota vom, Liebstöckel, Cracker,
Lauchzwiebeleis: Schweinerei hoch vier 134

| K |

Kabeljaufilet, isländisches, mit Nordseekrabben,
Erbsenpüree, geröstetem Speck und frischen Morcheln 018

Kirsche, Valrhona Ivoire, Kokos, Zimt 088

| L |

Lammrücken mit Schalotten-Chibouste, Burgunderschnecken
und Nockerl vom Schabzigerklee 156

| O |

Ochsenfilet in orientalischen Gewürzen gebraten mit
Knuspertatar und Liebstöckeltortelloni 096

Oktopustatar in Bockbieressiggelee,
Weißbierschaum und Brezelknödelchip 154

| Q |

Quitte mit Haferflockencrumbles und Carokaffeeeis 148

| R |

Rehrücken, gefüllte Champignons, Erbsen, Mangochutney,
Pfifferlinge: Waidmannsheil 026

Rehrücken aus dem Schönbuch, Sellerie, Pimpernelle,
Tamarillo, Rotkohl 086

Rochenflügel, bretonischer, mit gerösteter Focaccia,
Kräuterwiese, Aprikose und Minzöl 104

S

Salatgurke, Kaltschale von der, mit Wildgarnele,
Pata-Negra-Crumble, Wassermelone,
Senfkorn, Pimpernelle 044

Schnecken von der Schwäbischen Alb auf Wildkräuterpüree,
mit Pfifferlingen und kleinen Knoblauchchips 126

Schokolade, Erdbeere, Lavendel, Honig 078

Schwarzwälder Kirsch nach Staufenecker Art 028

Schweinebacke vom Duroc-Schwein à la BBQ,
Zuckermais-Textur, Parmesan, Pimiento 046

Schweinebauch, knusprig,
mit Bierjus, Sauerkraut, Schmorgemüse
und Anna Kartoffel 146

Seeigel mit Kaviar-Romanasalat,
Wachtelei, Zitronenmilch 054

Seezunge in der Yuzu-Kruste,
Grüntee-Wakame-Sud, Daikonrettich 056

Simmentaler Rind, Involtini vom, mit Ofentomaten,
Steinpilzen, Fingernudeln und Steinpilzschaum 106

Spargel, Bietigheimer, mit nass gepökeltem Schweinelax
nach Graved Art 114

Surf 'n' Turf auf Schwäbisch 024

T

Tafelspitz im Gelee mit Ziegenfrischkäsemousse,
Rübchen und steirischer Kürbiskernöl-Vinaigrette 014

Tomatencocktail, geeister, mit Büffelmozzarella und
Scampo im Parmaschinken und Bagna-cauda-Sauce 094

U

Urkarotte, Püree von der, mit Fingermöhren, Graubroterde,
wachsweich gekochtem Wachtelei und Koriandersud 016

Urkarotte und Wurzelgemüse süß-sauer, Quinoa, Tomatengel:
Das Gemüsebeet 066

V

Vaihinger Ross, Fledermausstück vom,
mit Pfitzauf 116

Vergessenes Brot, schwäbischer Salat vom,
mit süß-saurem, eingewecktem Kürbis und Schinken
vom Mohrenköpfle-Eichelschwein 118

Z

Zigeunerschnitzel 136

Zitronengel, -schnee und -sorbet, kandierte Zitronen,
Schokoladensphäre und -mousse: Gibt mir Saures 138

Zitronenmascarponeschnitte, mit süßem Basilikum-
Himbeermark und Thai-Vanillesorbet 098

Zuckerperle Kir Impérial, Waldmeister-Champagner-Schnee,
Waldbeersorbet, Rhabarberkompott 128

BRENNERS PARK-RESTAURANT

Tafelspitz im Gelee mit Ziegenfrischkäsemousse,
Rübchen und steirischer Kürbiskernöl-Vinaigrette 014

Püree von der Urkarotte mit Fingermöhren, Graubroterde,
wachsweich gekochtem Wachtelei und Koriandersud 016

Isländisches Kabeljaufilet mit Nordseekrabben,
Erbsenpüree, geröstetem Speck und frischen Morcheln 018

BURGRESTAURANT STAUFENECK

Surf 'n' Turf auf Schwäbisch 024

Waidmannsheil 026

Schwarzwälder Kirsch nach Staufenecker Art 028

GASTHOF TRAUBE

Terrine von der gebratenen Gänseleber mit Kirschen 034

Onglet vom Black-Angus-Rind mit Baroloessig-Schalottenjus,
Sellerie, Roter Bete und eingelegten Perlzwiebeln 036

Geeiste Giandujacreme mit Pekannuss-Crumble
und Cassis 038

GOURMET-RESTAURANT OLIVO

Kaltschale von der Salatgurke/Wildgarnele/Pata-Negra-
Crumble/Wassermelone/Senfkorn/Pimpernelle 044

Duroc-Schweinebacke à la BBQ/Zuckermais-Textur/
Parmesan/Pimiento 046

Mein Erdbeerbeet: Erdbeeren/Topfen/Holunderblüte 048

GOURMETRESTAURANT SCHLOSSBERG

Seeigel mit Kaviar-Romanasalat,
Wachtelei, Zitronenmilch 054

Seezunge in der Yuzu-Kruste,
Grüntee-Wakame-Sud, Daikonrettich 056

Erdbeer-Rosenkugel, kandierte Wassermelone, Kadaifi-
bällchen, Rosengelee, Milchkonfitüreneis 058

HOTEL & RESTAURANT ROSE

Entenleber Piña Colada mit Ananas, Kokos und Muskat ... 064

Das Gemüsebeet mit Urkarotten
und Wurzelgemüse süß-sauer 066

Banana Split 2013 mit Bananen in Texturen,
Schokolade & Curry 068

LAGO HOTEL & RESTAURANT AM SEE

Gänselebermousse-Röllchen
im Holunderblüten-Honig-Mantel 074

Étouffée-Taube mit Akazienhoniglack auf Ras-el-Hanout-Hirse
und Schafgarbe 076

Schokolade-Erdbeere-Lavendel-Honig 078

RESTAURANT TOP AIR

Gelbflossenthunfisch/Avocado/rotes Curry/
Yuzu/Passionsfrucht/Algen 084

Rehrücken aus dem Schönbuch/Sellerie/Pimpernelle/
Tamarillo/Rotkohl 086

Kirsche/Valrhona Ivoire/Kokos/Zimt 088

RÖTTELE'S RESTAURANT & RESIDENZ

Geeister Tomatencocktail mit Büffelmozzarella und
Scampo im Parmaschinken und Bagna-cauda-Sauce 094

Ochsenfilet in orientalischen Gewürzen gebraten mit
Knuspertatar und Liebstöckeltortelloni 096

Zitronenmascarponeschnitte mit süßem
Basilikum-Himbeermark und Thai-Vanillesorbet 098

RÜBENACKER'S RESTAURANT KAISER

Bretonischer Rochenflügel mit gerösteter Focaccia,
Kräuterwiese, Aprikose und Minzöl 104

Involtini vom Simmentaler Rind mit Ofentomaten,
Steinpilzen, Fingernudeln und Steinpilzschaum 106

Exotic mit Mango,
Kokosnuss und Passionsfrucht 108

SCHILLERS GUTE STUBE

Bietigheimer Spargel mit nass gepökeltem Schweinelax,
nach Graved Art 114

Fledermausstück vom Vaihinger Ross mit Pfitzauf 116

Schwäbischer Salat von vergessenem Brot mit süß-saurem,
eingewecktem Kürbis und Schinken vom Mohrenköpfle-
Eichelschwein 118

SCHWARZWALDSTUBE – HOTEL TRAUBE TONBACH

Pochierte Gillardeau-Austern, Imperialkaviar,
Sojagelee, Austernwasser und Limonenmarinade 124

Schnecken von der Schwäbischen Alb auf Wildkräuterpüree
mit Pfifferlingen und kleinen Knoblauchchips 126

Zuckerperle Kir Impérial, Waldmeister-Champagner-Schnee,
Waldbeersorbet, Rhabarberkompott 128

SEEHOTEL & RESTAURANT DIE ENTE

Schweinerei hoch vier 134

Das Zigeunerschnitzel 136

Gib mir Saures 138

SPEISEMEISTEREI

Zwei Mal Schwarzwaldforelle mit Roter Bete,
Apfelessig-Gelee und Senfkörnereis 144

Knuspriger Schweinebauch mit Bierjus, Sauerkraut,
Schmorgemüse und Anna Kartoffel 146

Quitte mit Haferflockencrumbles und Carokaffeeeis 148

WILDER RITTER

Oktopustatar in Bockbieressiggelee,
Weißbierschaum und Brezelknödelchip 154

Lammrücken mit Schalotten-Chibouste,
Burgunderschnecken und Nockerl vom Schabzigerklee 156

Guavenschaum und Himbeeren mit brauner Butter,
Rosenwassermurmel, Basmatireis-Eis und Sake 158

Baden-Württemberg kocht | **Outtakes**

OUTTAKES: WIR TRAFEN AUF UNSERER REISE
15 CHARMANTE, HOCH MOTIVIERTE KÜCHENVIRTUOSEN –
UND DIE WAREN NICHT NUR SEHR GEDULDIG,
SONDERN AUCH ZU SPÄSSEN AUFGELEGT.

DIE LUSTIGSTEN SEITEN DIESES KOCHBUCHS

Bei Paul Stradner durfte Autor Georg Hoffelner endlich mal Teil der Bullyparade sein. So schnell werden Träume wahr. Traumhaft amüsierte sich hingegen der Küchenritter aus Durbach, Christian Baur, ob Autorin Stephanie Fuchs' athletischen Beitrags zum perfekten Bild. Das Gastro-Brüderpaar Benjamin und Christian Maerz probte derweil den geschwisterlichen Infight vor Fotograf Wolfgang Hummers Kamera. Der, wie das Bild mit Armin Röttele beweist, auch über ausgeprägte Qualitäten als Visagist verfügt. Als Stephanie Fuchs versuchte, Nico Burkhardt zum etwas anderen Olivenverzehr zu bewegen, blieb er dann aber doch lieber wieder hinter der Kamera. Zu Recht ...

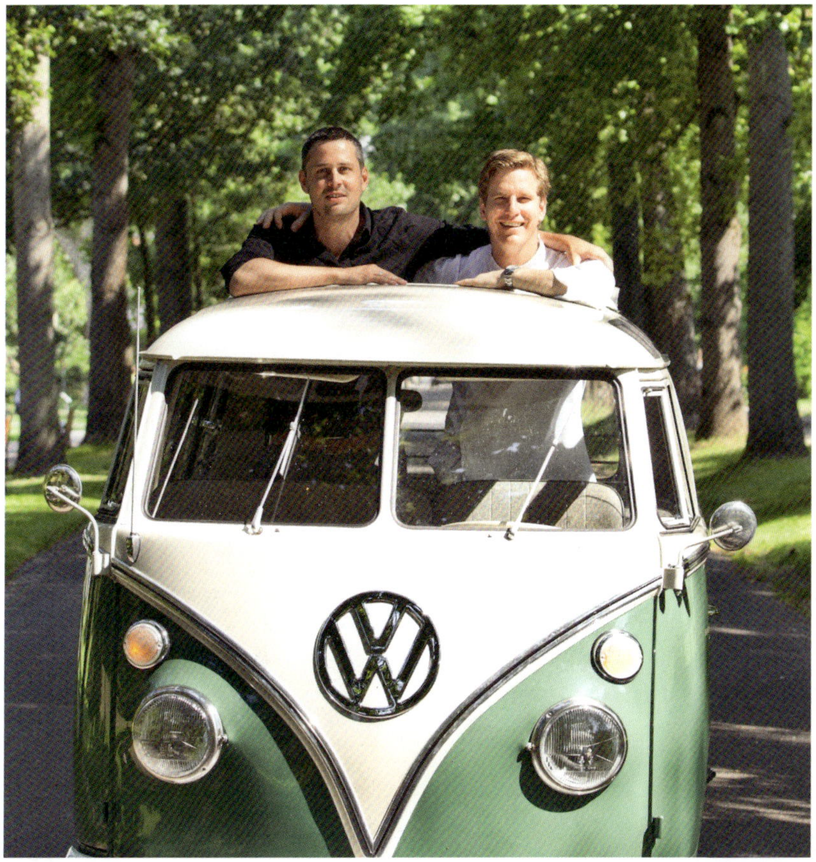

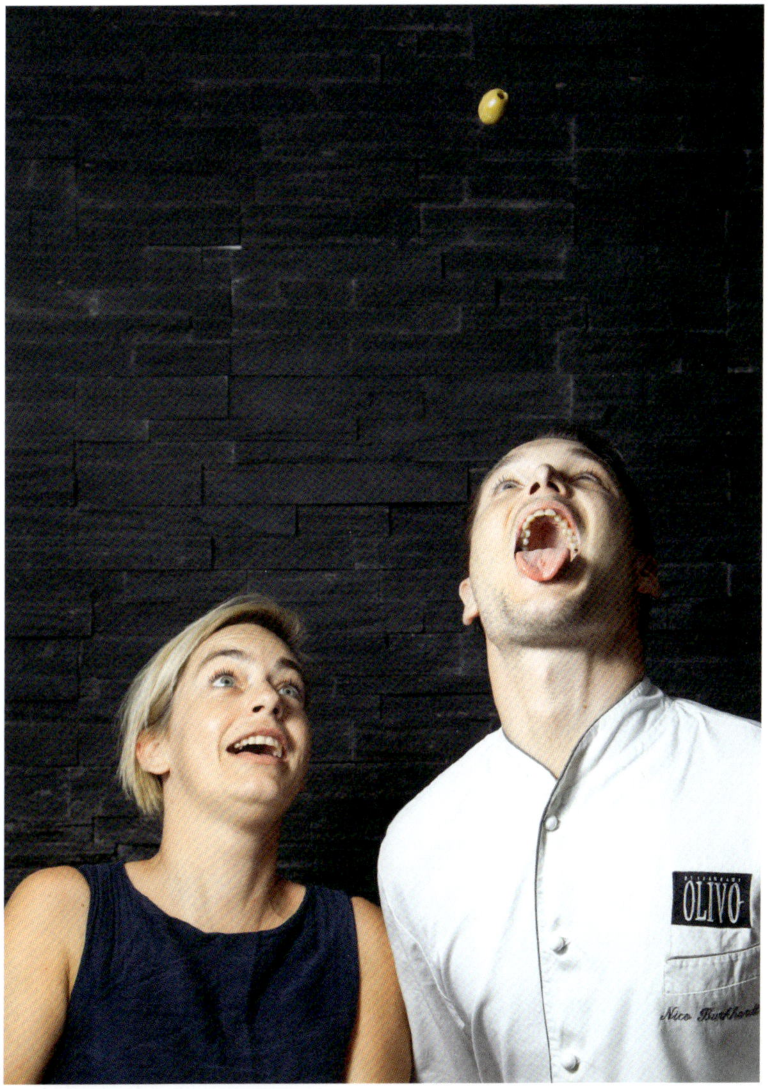
OLIVO

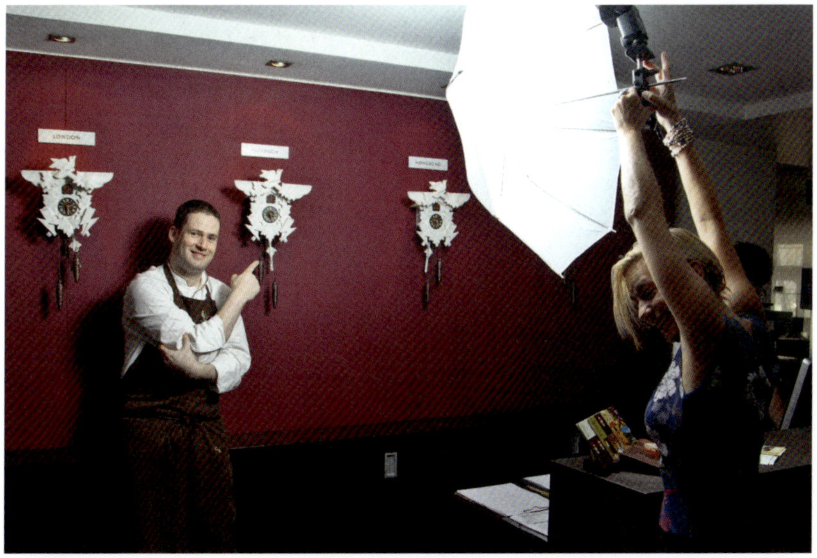

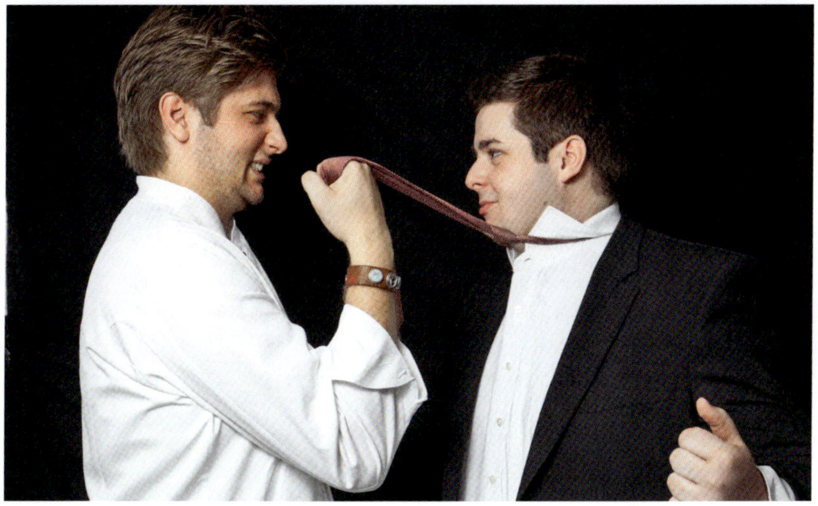

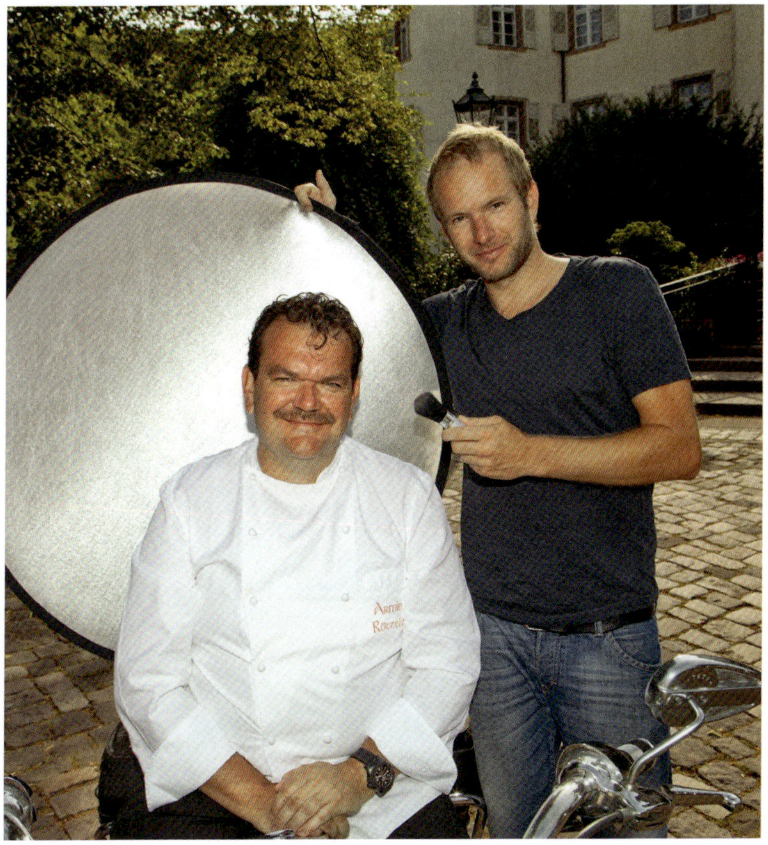

Baden-Württemberg kocht | Outtakes

Im Hotel „Lago" hat Klaus Buderath den perfekten Spielplatz für seine kulinarischen Visionen gefunden. Aber offensichtlich nicht nur für die, sondern auch für sich selbst. Wenn Sie sich jetzt fragen, ob Tommy R. Möbius die Blutwiese der Blümchenwiese vorzieht, seien Sie beruhigt: Ja, der mag Rammstein, aber nein, der tut nix – nur sehr gut kochen. Das behauptet Autor Georg Hoffelner übrigens auch von sich, dieser Schnappschuss lässt allerdings eher komödiantische Kompetenz vermuten. Bei Schiller wiederum kennt er sich ziemlich gut aus, und in Burkhard Schork fand er gleich einen begeisterten Mitschmökerer. Der allerdings – und da wären wir wieder beim Thema – auch wirklich gut kochen kann. Letzteres braucht Harald Wohlfahrt eigentlich nicht mehr unter Beweis zu stellen – tat er aber trotzdem, und hielt dabei sogar noch einen Schirm in der Hand. So erreichte Autorin Stephanie Fuchs trockenen Hauptes Henrik Weiser und sorgte nur noch für Nässe auf dessen Wangen – vor Lachen, wohlgemerkt.

|167|

Baden-Württemberg kocht | **Outtakes**

Sturschädel meets Sauschädel. Unter diesem Motto entstand das Foto von Marco Akuzun. Im Kopf des Schweinchens, das für Akuzuns Kreationen sein Leben ließ, ging zu diesem Zeitpunkt wohl nichts mehr vor. In dem des Küchenchefs – wie sein kritisch prüfender Blick verrät – dafür umso mehr. Einen tiefen Blick in die Augen einer hübschen Garnele durfte auch Autor Georg Hoffelner werfen, bevor sie Rolf Straubinger ihrer endgültigen Bestimmung zuführte. Dass die Bestimmung eines Pinsels übrigens nicht die Zahnreinigung ist, weiß Georg sehr gut – das tat dem Spaß an der Zweckentfremdung des Objekts in Benjamin Maerz' Küche aber keinen Abbruch. Während der eine Schabernack mit Pinseln trieb, blieb Jörg Sackmann lieber beim Wesentlichen. Sprich, bei seinem Teller. Aber ein kleines Lächeln hatte er zwischendurch trotzdem über. Ein richtig herzhaftes Lachen hatte dafür Dietmar Rübenacker auf den Lippen, und zwar auch noch nach zweieinhalb Stunden Shooting-Marathon.

|169|

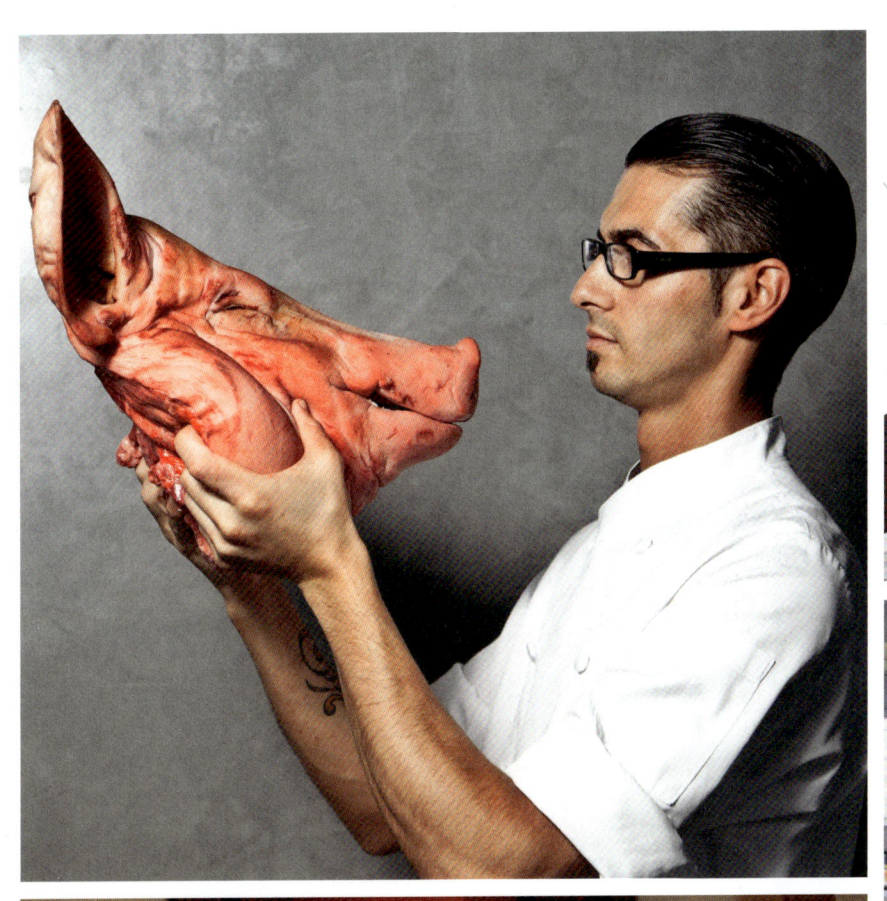

ADRESSEN ALLER BETRIEBE

BRENNERS PARK-HOTEL & SPA BADEN-BADEN
Schillerstraße 4–6 | D-76530 Baden-Baden
Tel.: +49 (0) 72 21/90 00
E-Mail: information@brenners.com
www.brenners.com

BURGRESTAURANT STAUFENECK
Burg Staufeneck | D-73084 Salach
Tel.: +49 (0) 71 62/933 44-0
E-Mail: info@burg-staufeneck.de
www.burg-staufeneck.de

GASTHOF TRAUBE
Alemannenstraße 19
D-79588 Efringen-Kirchen/Blansingen
Tel.: +49 (0) 76 28/942 37 80
E-Mail: info@traube-blansingen.de
www.traube-blansingen.de

GOURMET-RESTAURANT OLIVO IM HOTEL STEIGENBERGER GRAF ZEPPELIN
Arnulf-Klett-Platz 7 | D-70173 Stuttgart
Tel.: +49 (0) 711/204-277
E-Mail: olivo@stuttgart.steigenberger.de
www.olivo-restaurant.de

GOURMETRESTAURANT SCHLOSSBERG IM HOTEL SACKMANN
Murgtalstraße 602 | D-72270 Baiersbronn
Tel.: +49 (0) 74 47/28 90
E-Mail: info@hotel-sackmann.de
www.hotel-sackmann.de

HOTEL & RESTAURANT ROSE

Kronenbergstraße 14 | D-74321 Bietigheim-Bissingen

Tel.: +49 (0) 71 42/420 04

E-Mail: info@hotel-rose.de

www.hotel-rose.de

LAGO HOTEL & RESTAURANT AM SEE

Friedrichsau 50 | D-89073 Ulm/Donau

Tel.: +49 (0) 731/20 64 00-0

E-Mail: hotel@lago-ulm.de

www.hotel-lago.de

RESTAURANT TOP AIR

D-70629 Stuttgart Airport

Tel.: +49 (0) 711/948 21 37

E-Mail: info@restaurant-top-air.de

www.restaurant-top-air.de

RÖTTELE'S RESTAURANT & RESIDENZ

Mauerbergstraße 21| D-76534 Baden-Baden

Tel.: +49 (0) 72 23/800 870

E-Mail: info@armin-roettele.de

www.armin-roettele.de

RÜBENACKER'S RESTAURANT KAISER

Bachstraße 41| D-75210 Keltern-Dietlingen

Tel.: +49 (0) 72 36/62 89

E-Mail: info@ruebenackers-kaiser.de

www.ruebenackers-kaiser.de

SCHILLERS GUTE STUBE

Marktplatz 4+5 | D-74321 Bietigheim-Bissingen

Tel.: +49 (0) 71 42/90 20 0

E-Mail: anfrage@hotelschiller.de

www.hotelschiller.de

**SCHWARZWALDSTUBE –
HOTEL TRAUBE TONBACH**

Tonbachstraße 237 | D-72270 Tonbach

Tel.: +49 (0) 74 42/492-0

E-Mail: reservations@traube-tonbach.de

www.traube-tonbach.de

SEEHOTEL & RESTAURANT DIE ENTE

Kreuzwiesenweg 5 | D-68775 Ketsch

Tel.: +49 (0) 62 02/69 70

E-Mail: info@seehotel.de

www.seehotel.de

SPEISEMEISTEREI

Schloss Hohenheim | D-70599

Tel.: +49 (0) 71 13/42 17 97-9

E-Mail: info@speisemeisterei.de

www.speisemeisterei.de

**WILDER RITTER
IM HOTEL RITTER DURBACH**

Tal 1 | D-77770 Durbach

Tel.: +49 (0) 781/93 23-0

E-Mail: info@ritter-durbach.de

www.ritter-durbach.de

Baden-Württemberg kocht | **Impressum**

BEREITS ERSCHIENEN

„GOURMETREISE" – DAS REISEMAGAZIN FÜR GENIESSER
Top-Storys und Reportagen von kreativen und versierten Reise-, Food- und Weinjournalisten führen Sie zu den außergewöhnlichsten Orten und geheimen Genussstempeln rund um den Globus – Insidertipps inklusive! Das und die bestechende Bildsprache machen GOURMETREISE zu dem Magazin für Reisen, Essen und Trinken.
EUR 4,90 – alle drei Monate neu am Kiosk oder als Abo!

„SALZBURG KOCHT"

Genussvolle Momentaufnahmen:
15 der angesagtesten Kochstars aus
Salzburg wie Johanna Maier & Söhne,
Karl & Rudi Obauer oder Andreas
Döllerer gewähren einen exklusiven
Blick hinter die Kulissen und präsen-
tieren ihre Ideen und besten Rezepte.

EUR 29,90

„BERLIN KOCHT"

In Berlin geht der kulinarische Punk
ab. Die herausragendsten Akteure
der Berliner Genusswelten wie die
2-Sterne-Köche Hendrik Otto und
Tim Raue oder Gourmet-Rocker Kolja
Kleeberg servieren in diesem Buch je
ein raffiniertes Menü.

EUR 29,90

„OBERÖSTERREICH KOCHT"

Oberösterreich hat sich als eines
der facettenreichsten Genussziele für
Gourmets etabliert. Fine-Dining-Größen
wie Elisabeth Grabmer und Jürgen Ha-
medinger ebenso wie junge Kreative
vom Format eines Rainer Stranzinger
präsentieren die genussreichsten Seiten
ihrer Heimat. **EUR 29,90**

„BAYERN KOCHT"

Kulinarische Spielwiese für Genießer:
15 Kochkünstler, unter ihnen Legenden
wie Alfons Schuhbeck, Heinz Winkler
oder auch Otto Koch sowie Küchen-
punk Bernd Arold zeigen je ein drei-
gängiges Menü, das so einzigartig ist
wie die kreativen Köpfe, die dahinter
stecken. **EUR 29,90**

Baden-Württemberg kocht | **Impressum**

IMPRESSUM
Vielen Dank an alle beteiligten Köche und Gastgeber.

Ein „GOURMETREISE-Edition"-Kochbuch des M.V. Verlages.
www.gourmetreise.com

© 2013 by M.V. Medienconsulting & VerlagsgmbH, Graz
Alle Rechte, auch die des auszugsweisen Abdrucks oder der Reproduktion einer Abbildung, sind vorbehalten. Das Werk einschließlich aller seiner Teile ist urheberrechtlich geschützt. Jede Verwertung ohne Zustimmung des Verlages ist unzulässig. Dies gilt insbesondere für Vervielfältigungen, Übersetzungen, Mikroverfilmungen und die Einspeicherung sowie Verarbeitung in elektronische Systeme.

Redaktionell verantwortlich für den Inhalt: Mag. Georg Hoffelner, Mag. Stephanie Fuchs
Autor: Mag. Georg Hoffelner, Mag. Stephanie Fuchs
Layout: DI (FH) Philipp Wagner
Fotografie: Wolfgang Hummer/www.wohu.at
Weitere Fotos im Innenteil: Hotel Traube Tonbach, Martin Ebert, Maik Scholl
Druck: Niederösterreichisches Pressehaus
printed in Austria
ISBN 978-3-9503065-5-2
www.gourmetreise.com